Rochambeau Branch

BUENA NUTRICIÓN, CERO INFARTOS

Erwin Möller

BUENA NUTRICIÓN, CERO INFARTOS

Lo más reciente y efectivo para
evitar los males cardiacos

Grijalbo

Buena nutrición, cero infartos
Lo más reciente y efectivo para evitar los males cardiacos

Primera edición: enero, 2008

D. R. © 2007, Erwin Möller

Derechos exclusivos de edición en español reservados
para todo el mundo:

D. R. © 2008, Random House Mondadori, S. A. de C. V.
        Av. Homero No. 544, Col. Chapultepec Morales,
        Del. Miguel Hidalgo, C. P. 11570, México, D. F.

www.randomhousemondadori.com.mx

Comentarios sobre la edición y contenido de este libro a:
literaria@randomhousemondadori.com.mx

ISBN: 978-970-810-124-0

Impreso en México / *Printed in Mexico*

Índice

Introducción

SEGUNDA PARTE
CÓMO LA BUENA ALIMENTACIÓN PUEDE AYUDARNOS

TERCERA PARTE

LOS ALIADOS NATURALES CONTRA EL INFARTO

CUARTA PARTE

INFORMACIÓN DECISIVA QUE PUEDE SALVARLE LA VIDA

APÉNDICES

Introducción

Uno de cada cuatro infartos afecta a personas
menores de 40 años. Y uno de cada dos, a
quienes están por debajo de los 65 años.
Muchos de ellos con su colesterol normal.

ASOCIACIÓN ESTADOUNIDENSE DEL CORAZÓN

Un automóvil que lleve recorridos más de 100 mil kilómetros, generalmente ya es candidato a un ajuste. Un televisor de plasma cumple su vida útil en 6000 horas de uso. Un refrigerador con más de 10 años ya suele pedir a gritos (¿o zumbidos?) su reemplazo. Y todavía no acabamos de pagar nuestra última computadora, cuando ya es demasiado lenta y obsoleta.

En contraste, un corazón humano puede latir todos los días durante 70 años a un ritmo de 70 latidos por minuto (lo que equivale a 2725 millones de latidos) sin agotarse. Es más, si se hace todo lo posible por conservar el corazón en óptimas condiciones, éste puede durar activo más de 100 años.

Y eso que su tarea no resulta nada fácil: nuestro órgano cardiaco impele seis litros de sangre cada minuto. Esto significa que empuja toda la sangre de su cuerpo cada 60 segundos. ¡Vaya potencia para una bomba que apenas ocupa el volumen de un puño cerrado! Pero aún hay más.

Trabajando a ese ritmo, impulsa cada día hasta 10 toneladas de sangre a través de los 96 500 kilómetros de vasos sanguíneos de su organismo. Diez toneladas es el equivalente a 10 tinacos grandes llenos de agua, 96 500 kilómetros equivale a 80 veces la distancia entre la ciudad de México y Monterrey. Suena abrumador, pero un corazón sano es fuerte, y puede hacer eso, y mucho más.

Si su corazón está físicamente apto, bien nutrido y entrenado por medio del ejercicio cotidiano, bien podría propulsar no sólo 10, sino 20, y hasta 30 litros de sangre por minuto. ¡Esto equivale a hacer que su sangre recorra todo su cuerpo cada 10 segundos! Y de hecho, eso es precisamente lo que ocurre cuando usted se extenúa corriendo, haciendo aeróbics o jugando futbol.

¿Ahora se explica por qué son tan caros los trasplantes de corazón? Pero no es un trasplante lo que usted necesita, sino conservar en excelente forma a esa maravilla que lleva dentro de su pecho, y que cumple en forma silenciosa y eficiente su labor.

Si usted tiene este libro en sus manos, ello significa que su salud le preocupa. Y con base en ello, seguramente acude con regularidad a su cardiólogo, se somete a chequeos periódicos y conoce bien sus niveles de colesterol. Asimismo, es muy probable que también haga ejercicio, evite el huevo, la leche entera y las carnes rojas, se mantenga en peso, se revise cada tanto la presión y haya dejado de fumar (o fume menos).

De acuerdo con los cánones actuales de la medicina, estaría usted haciendo todo lo correcto para evitar enfermarse del corazón. Sin embargo, conforme a los últimos hallazgos médicos —y a toda la evidencia epidemiológica disponible—, todo ello resulta claramente insuficiente. Y al decirle esto no queremos desanimarlo, ni mucho menos.

Pero con seguridad habrá observado casos insólitos en los que personas que se cuidaban y hacían exactamente lo mismo que usted, terminaron infartadas. Y quizás hasta estaban más jóvenes, hacían más ejercicio, eran vegetarianos y jamás habían fumado. ¿Nunca se preguntó por qué les ocurrió lo impensable?

Seguramente sí, y aquí tenemos la respuesta. De la seriedad con la que la tome, dependerá que se convierta o no en una estadística más entre los casos de infarto. La cuestión es que por uno de los rasgos más arraigados entre los científicos (el aferrarse demasiado a las teorías dominantes y repetidas hasta el cansancio), el consenso para muchos médicos y especialistas en el corazón aún sigue siendo que si uno se cuida de las maneras mencionadas, está completamente a salvo de un infarto o una embolia.

Suena demasiado bueno para ser verdad. Y no lo es. Las ciencias de la salud son muy dinámicas y están en constante evolución. Y a los parámetros que tradicionalmente se manejaban se han ido añadiendo otros, menos conocidos, pero no menos importantes. Saber cuáles son los nuevos factores de riesgo y cómo neutralizarlos puede salvarle la vida. Con esto no queremos decirle, por ejemplo, que el colesterol no importe. Pero sí que no es nuestro peor enemigo.

Primera parte

La naturaleza del problema

1. El colesterol es bueno para su salud

Más que para hacernos más sanos, la
colesterofobia ha servido para vender
más margarina que mantequilla, más
pollo que carnes rojas, más aceites
que manteca de cerdo y más
cereales que huevos.

RICHARD A. PASSWATER, PhD.

Lo más curioso de todo en esta búsqueda de la salud cardiaca es que la preocupación por el colesterol es universal, y desproporcionadamente alta. Tan sólo en Estados Unidos, 7% de la población adulta (más de 12 millones) se mide habitualmente los niveles de colesterol. A su vez, 5% de la población adulta (unos 9 millones de personas) consume de manera regular medicamentos para reducir el colesterol. En México los ingieren mucho menos personas, pero la cifra es no menor a 50 mil. Y el número de consumidores sigue aumentando, conforme más y más personas llegan a la edad madura.

Pero detrás de todo esto hay una gran paradoja. Desde la década de 1960, cuando se nos empezó a recomendar cuidarnos del colesterol, ha habido una constante reducción en las muertes por males cardiovasculares. Sin embargo, en ese mismo lapso —unos 50 años—, el promedio en los niveles del colesterol de la población no ha bajado igual. Es más, no ha cambiado gran cosa: de 220 a 200.

Doscientos miligramos de colesterol por decilitro de sangre es una cifra mágica en el ámbito médico. Se supone que esta concentración es el parteaguas a partir del cual, hacia arriba, comienzan los problemas. Y hacia abajo, la protección contra los problemas cardiovasculares. Pero las cifras no cuadran. La reducción en la incidencia de problemas cardiovasculares ha sido más pronunciada que el descenso en los índices colectivos de colesterol.

Éste es un dato que merece mucha más atención de la que reviste a simple vista. Cualquiera diría: "Lo importante es que la mortalidad ha bajado. ¿Qué importa si se debe al colesterol, o a alguna otra cosa?" Sin embargo, tal diferencia sí importa. Porque si se le sigue otorgando la misma importancia a un solo elemento (el colesterol), podrían descuidarse otros factores, tanto o más importantes. Y de hecho, así es.

De acuerdo con las pruebas acumuladas, nadie se atrevería a negar que hay una relación directa entre colesterol alto y los males cardiovasculares. Que los valores elevados de colesterol malo (LDL) ponen en riesgo nuestra salud y nuestra vida. Y que ocurre todo lo contrario si éstos bajan, y los niveles de colesterol bueno (HDL) son altos. Sin embargo, nos engañaríamos si pensamos que eso es todo.

Los expertos en este campo han identificado cerca de 250 factores que contribuyen al desarrollo de los males cardiovasculares. Los desequilibrios en el colesterol sanguíneo son los más notorios y ciertamente, constituyen la punta más visible del iceberg. Pero debajo de éste se ocultan muchos más, que no deberíamos desconocer y mucho menos dejar pasar.

La parte medular de esta obra versa precisamente sobre esos factores; mas no es posible desconocer al colesterol sanguíneo y sus diversas fracciones. Y puesto que este libro está dirigido a personas que no están versadas en cuestiones médicas o clínicas, vale la pena comenzar por explicar algunos términos. Empecemos por decir que el colesterol es una materia amarillenta y cerosa, que no es precisamente una grasa, aunque pertenece al grupo de sustancias grasosas denominadas lípidos.

Aunque actualmente en el habla popular se manejan muchos colesteroles, básicamente sólo hay dos: el que está afuera y el que está adentro del organismo. Al primero se le conoce como colesterol dietético o alimentario, y al segundo como colesterol sanguíneo o sérico. El colesterol dietético es el que está presente en la comida, y es exclusivo de los productos de origen animal (como la leche, el huevo y las carnes). Ningún producto de origen vegetal lo contiene.

Y está presente en dichos alimentos porque los animales de donde proceden lo produjeron. Es decir, el colesterol es un componente normal y esencial que fabrican los organismos animales superiores. Se le considera normal, porque el cuerpo lo necesita para llevar a cabo diversas funciones corporales. Y esencial, porque si el organismo no lo produjera, necesitaríamos ingerirlo con los alimentos, so pena de enfermar y morir. Y aquí surge la pregunta del millón de dólares: si tan bueno es el colesterol, entonces, ¿por qué se le considera potencialmente mortal?

Bueno, en sí el colesterol es como un arma de fuego. No es ni bueno ni malo por sí mismo, todo depende del uso que se le dé. Es decir, del uso que el cuerpo le dé. En condiciones normales el colesterol corporal cumple calladamente con sus funciones, posibilita la salud y la vida, y no ocasiona el menor problema. Y es tan importante para nuestro bienestar, que todas las células del cuerpo tienen la capacidad de fabricarlo.

Entre otras cosas, el colesterol forma parte de la membrana de las células, entra en la composición de la capa protectora de las neuronas y sirve de materia prima para la fabricación de hormonas, ácidos biliares y vitamina D. Con su ayuda fabricamos hormonas sexuales (DHEA, estrógenos, progesterona, testosterona) y suprarrenales (cortisol, aldosterona). Para llevar a cabo estas funciones, el colesterol circula por el torrente sanguíneo adoptando diferentes formas. Éste es precisamente el colesterol sérico. Para circular en la sangre se liga con proteínas formando moléculas de varios tamaños conocidas como lipoproteínas.

Las de mayor tamaño se denominan lipoproteínas de alta densidad (HDL, por sus siglas en inglés). Éste es el llamado colesterol bueno. A las de menor tamaño se les conoce como lipoproteínas de baja densidad (LDL, por sus siglas en inglés), y constituyen el colesterol malo. Existen también las lipoproteínas de muy baja densidad (VLDL) y otras fracciones más, que desempeñan funciones hasta hace poco insospechadas. La suma de HDL, LDL y demás fracciones constituye el colesterol total, y es la cifra que usualmente se nos reporta en laboratorio.

Y entre las funciones insospechadas de las fracciones del colesterol, está una recientemente identificada del LDL. Aunque no es un antioxidante, si hubiese escasez de antioxidantes nutricionales puede sustituirlos de manera parcial, sacrificándose para preservar otros valiosos componentes celulares. Eso a veces ocasiona que se acumule colesterol LDL oxidado, el cual resulta muy agresivo para las arterias, y puede desencadenar o empeorar la arterioesclerosis (de ahí lo de "colesterol malo").

Y con esta última afirmación comenzamos a pisar terreno pantanoso, porque muestra que no todo es miel sobre hojuelas. Nos recuerda que el colesterol también puede perjudicarnos. Y es cierto, pero vamos por partes. Acabamos de afirmar que uno de los dos tipos de colesterol es el interno, que nuestros cuerpos fabrican. El otro tipo es externo, y nos llega con los alimentos de origen animal.

Esto quiere decir que nuestro organismo cuenta con dos fuentes de este compuesto: la fabricación interna, y el que nos llega con la alimentación. El cuerpo normalmente puede habérselas muy bien con los dos, y la mejor muestra de ello es que antes del siglo XX la enfermedad coronaria era desconocida. Los médicos pioneros y las grandes escuelas de medicina de la Antigüedad no mencionan nada equivalente a "ataques cardiacos", "embolias" o "corazones infartados". Es cierto que se han llegado a encontrar rastros de formas leves de arterioesclerosis en cuerpos momificados, pero nada comparable a la verdadera epidemia que hemos presenciado en los últimos 50 años.

Desde hace varias décadas las enfermedades cardiovasculares se han colocado en el primer lugar como causa de muerte en las naciones occidentales, incluido México. Tan sólo en Estados Unidos, los problemas cardiacos cobran casi un millón de vidas anualmente, sin que pueda hacerse mucho por evitarlo. La paradoja es que sigan ocurriendo decesos pese a que cada vez se ingiere menos colesterol y grasa saturada, y más grasa vegetal (a la que se considera protectora). Y ésa es apenas una de las tantas paradojas que rodean al colesterol.

Otra paradoja es el por qué gran parte de los fallecidos por ataque cardiaco o embolia no eran pacientes con arterioesclerosis. Es más, muchos de ellos tenían su colesterol sanguíneo dentro de rango y no presentaban ningún otro riesgo conocido. Todo esto tiene que ver con diversos factores que iremos viendo en los próximos capítulos, pero en lo que corresponde al colesterol, tiene mucho que ver con el empobrecimiento nutricional de nuestra dieta.

El procesamiento de los alimentos iniciado a fines del siglo XIX los fue despojando de vitaminas, minerales, fibra dietética y otros elementos imprescindibles para el buen manejo corporal del colesterol. Algunos de ellos son tan cruciales para la buena salud cardiovascular, que ha habido científicos que sostienen que la arterioesclerosis es el producto final de una larga carencia de la vitamina C.

Otros, siguiendo otras líneas de investigación, han propuesto lo mismo, pero para el complejo B. Y otros más, con base en todas las pruebas científicas disponibles, le apuestan a las carencias de vitamina E. Mucho hay de cierto en ello. Si revisamos todas esas propuestas, inevitablemente llegaríamos a las mismas conclusiones.

Pero de acuerdo con toda la evidencia acumulada, podríamos ir un poco más allá, y concluir que muchos problemas cardiacos (incluidas la arterioesclerosis y la formación de coágulos anormales) son producto no de una, sino de múltiples deficiencias nutricionales. Es decir, de la falta crónica (y a veces leve) de muchos nutrientes. Según veremos después, algunas carencias desencadenan desequilibrios entre las diversas fracciones del colesterol; otras más permiten que el colesterol se oxide; otras favorecen el inicio, la progresión, o ambas, de las placas de colesterol. Y para colmo, hay otras que parecieran listas para dar "la puntilla": activan directamente la formación de coágulos capaces de provocar infartos o embolias.

Con base en todo esto, y como razonamiento preliminar, podemos concluir que el colesterol con frecuencia es apenas un actor circunstancial en ese drama que son las afecciones cardiacas. Para comprenderlo mejor, analicemos cómo se inician y progresan los problemas cardiacos. Una arteria sana es un conducto viviente, que está en equilibrio con la sangre que conduce. Pero todo cambia cuando el organismo se resiente al faltarle uno o más factores nutricionales. Y esto es así, porque los nutrientes son indispensables para que se lleven a cabo las miríadas de reacciones químicas que posibilitan el citado equilibrio.

El proceso arterioesclerótico aún no está del todo comprendido, pero se han identificado algunos pasos clave. Y una serie de deficiencias nutricionales se ocultan detrás de ellas. Por ejemplo, al escasear vitamina c se perturba el balance del colesterol corporal. El colesterol malo se eleva, el colesterol bueno disminuye y el colesterol total aumenta. Y muy importante: esto tiene lugar independientemente del consumo de colesterol alimentario.

Es decir, una sola carencia vitamínica puede ser el factor desencadenante, aun en quienes evitan las carnes rojas o en vegetarianos. Al mismo tiempo, otras carencias conducen a la formación de compuestos químicos dañinos. Uno de ellos es el colesterol oxidado (cuando escasea la vitamina E). Otro, particularmente temible, es la homocisteína (que se acumula en ausencia de vitaminas del complejo B).

También podrían generarse numerosos radicales libres, que son aún más agresivos (y capaces de formarse en ausencia de licopeno, betacaroteno y otros antioxidantes nutricionales). Otro riesgo latente es el exceso de hierro (común en los granes consumidores de carne), que en ausencia de antioxidantes origina átomos de hierro oxidantes. Cualquiera de ellos (homocisteína, radicales libres, colesterol oxidado, hierro oxidado) ataca a las células endoteliales del revestimiento interno de las arterias, ocasionando lesiones en forma de estrías.

Estas estrías son, a final de cuentas, heridas. Y como tales, el organismo trata de repararlas. Inicialmente la lesión atrae plaquetas circulantes, las cuales forman un coágulo protector. Si en esta etapa las deficiencias alimenticias se corrigieran, la lesión cicatrizaría sin problemas. Pero lo más común es que evolucione en forma anormal, bajo la influencia de radicales libres y moléculas oxidantes, a los que viene a agregarse más colesterol.

Este último también se oxida, formando oxicolesteroles que se adhieren a la masa tóxica que recubre la estría. A éstos se agregan más moléculas oxidadas como fibrina, triglicéridos, dienos y calcio, todo lo cual no hace sino empeorar el panorama. La presencia de toda esta mescolanza atrae a los glóbulos blancos llamados monocitos, que se encargan de la limpieza. Entran en acción, tratando de despejar el área y facilitar la recuperación. Para ello se convierten en células gigantes llamadas macrófagos, que actúan como aspiradoras, devorando desechos y residuos.

Pero debido al desequilibrio nutricional imperante, terminan saturándose de grasa oxidada, oxicolesteroles y radicales libres. Una vez rebasada la capacidad de los macrófagos, se transforman en células espumosas (formas globosas, inmóviles y estorbosas). Y en vez de solucionar el daño, las células espumosas acaban empeorándolo, al agregarse a la creciente masa tóxica que da lugar a la placa arterioesclerótica.

En esta etapa tampoco está todo perdido. Aunque serio, el problema aún suele ser reversible, a condición de modificar de inmediato diversos factores personales, entre ellos, la alimentación. Y, lo más importante: la corrección de deficiencias nutricionales. El organismo puede encargarse del problema, siempre que reciba en tiempo y forma las vitaminas, los minerales y los fitonutrientes que está necesitando.

Por desgracia, como este trastorno no genera síntomas y no están disponibles exámenes de laboratorio que lo evidencien, quienes lo presentan se creen sanos y continúan con su alimentación desordenada. Si a esto le agregamos otros factores de riesgo, como el tabaquismo, el estrés, la obesidad abdominal o el sedentarismo, entonces no debe extrañarnos que, por lo general, en el sistema circulatorio de dichas personas estén presentes no sólo una, sino muchas lesiones de ese tipo.

En un momento dado, nadie se imagina que puede llevar en su cuerpo incontables placas arterioscleróticas que son pequeñas bombas de tiempo. Y por lo mismo, nadie se toma la molestia de corregirlo y con ello evitarse un ataque cardiaco. Para colmo, muchos de nosotros presentamos como riesgo no solamente la malnutrición, sino uno o más factores adicionales poco conocidos. Por lo tanto, no debe sorprendernos la desmedida incidencia de infartos y embolias.

2. Nuevos y viejos factores de riesgo

Un problema cardiaco puede matarlo
en un minuto, pero por lo general se
desarrolla a lo largo de toda una vida.

Geoffrey Cowley

El cardiólogo que se infartó

Quizás el nombre de Albert Starr no le diga nada. Y es natural,
pues aunque se trata de un famoso médico estadounidense, su
fama se remonta a la década de 1960. Su gran destreza en cirugía cardiovascular lo llevó a ocupar en 1967 un puesto muy
importante. Era el director del comité de estudios de la influencia
de la dieta sobre los riesgos cardiacos, dependiente de la Asociación Médica Estadounidense (AMA por sus siglas en inglés). En
junio de ese año recayó en él un honor más: estaba programado
para inaugurar el congreso anual de la AMA, a la cual asistirían
cardiólogos de los cinco continentes.

En aquel entonces la recomendación típica de los médicos para
protegerse contra los ataques cardiacos no difería mucho de la
actual. Y era la misma que el doctor Starr había seguido por años.
Una dieta pobre en grasas de origen animal, abundancia de frutas

y verduras, conservarse en peso, mucho ejercicio físico y cero tabaco y alcohol. Él mismo se lo había recomendado a miles de pacientes a lo largo de su carrera.

Pero, a pesar de todo eso, el doctor Starr no pudo inaugurar el congreso cardiológico de ese año. En pleno inicio del evento se sintió mal, y tuvo que ser llevado de urgencia a una sala de terapia intensiva; había sufrido un ataque masivo al corazón. Por increíble que parezca, ese cardiólogo de 47 años, cuya dieta era impecable, con un peso adecuado, físicamente atlético, que jamás había fumado y no tenía antecedentes de dolencias cardiacas en su familia, tuvo que ser operado a corazón abierto, una intervención que él mismo había realizado unas tres mil veces.

Sin duda se trataba de una ironía del destino. Pero, con todo lo irónico que pudiera parecer su caso, ¿podríamos considerarlo como una excepción, o por el contrario, algo relativamente frecuente? Bueno, no es común que un médico tan experto y renombrado se infarte, pero sí suele serlo el que también se vean afectados médicos de otras especialidades que también creyeron estar haciendo lo suficiente para no enfermarse del corazón. Y junto con ellos, muchas otras personas saludables cuyo perfil simplemente no auguraba tal desenlace. Veamos algunos ejemplos.

Stephen Lesher, un reportero sobre cuestiones de salud de la revista *Newsweek,* sufrió un ataque cardiaco no fatal a la edad de 38 años. Era un hombre delgado, no fumador, con un colesterol y una presión arterial normales, que salía a correr por las mañanas y cuya alimentación era semivegetariana. ¿Mala suerte? Quizás en apariencia, pero lo más probable es que no.

James B. Irwin, uno de los astronautas de la cápsula espacial Apolo 15, sufrió a los 43 años un infarto que casi le quita la vida mientras jugaba ping-pong. También se trataba de un hombre saludable, en excelentes condiciones y con hábitos de vida impecables. Lo más paradójico de su caso es que la tecnología de punta que lo llevó a dar una caminata por la Luna no haya podido protegerlo contra un muy terrenal ataque cardiaco.

Y si la tecnología médica del siglo XX no pudo evitar un ataque cardiaco, tampoco el ejercicio (al menos por sí solo). Ron Rice, quien fue alguna vez entrenador de diversos equipos de futbol americano (entre ellos los Acereros de Pittsburgh) se ejercitaba diariamente junto con sus muchachos. Solía correr cinco kilómetros diarios, para estar en buena condición. Y quizás el resto de su cuerpo lo estaba, mas no su corazón: se infartó a los 34 años, durante un viaje de reclutamiento.

¿Se trataba de un caso excepcional, quizá producto de los presiones a las que suelen estar sujetos los entrenadores deportivos? Tal vez, pero aun sin ser un entrenador profesional se puede estar en riesgo. Burt Jeremy, por ejemplo, era un joven reservista de los Orioles de Baltimore que se desvaneció en pleno juego. Apenas tenía 27 años y un excelente estado físico. Sin embargo, tras su colapso no alcanzó a llegar vivo al hospital más cercano: había fallecido víctima de un ataque cardiaco masivo.

Así como los ejemplos enumerados, gran parte de las víctimas de ataques cardiacos muestran niveles de colesterol normales, o muy cercanos. Pero eso no bastó para mantenerlos a salvo. Indudablemente, otros factores están en juego, y obran en contra (o a favor nuestro), según sea el caso. Entre los más conocidos están el sedentarismo, el exceso de peso, la hipertensión, el tabaquismo y la diabetes. No obstante, al menos 25% de los infartos afecta a personas que no califican para esta clase de riesgos. Y en el colmo de las paradojas, tenían su colesterol normal (o incluso más bajo).

A la hora de intentar prevenir los males cardiovasculares es donde vemos como casi cualquier cosa que hagamos puede ser usada en nuestra contra. Los factores de riesgo abundan, y muchas cosas inesperadas o a las que no prestábamos la menor atención, resulta que sí aumentan el peligro de enfermar del corazón.

Entre los riesgos menos conocidos o recién descubiertos, se hallan varios que obedecen a la abundancia en el torrente sanguíneo de una serie de sustancias, no necesariamente asociadas al colesterol. Entre ellas podemos contar la homocisteína, la fibrina, la proteína c reactiva, y la lipoproteína (a). Todos estos términos —que pueden resultarle confusos y hasta lejanos— se refieren a sustancias habitualmente presentes en el torrente sanguíneo.

En efecto, se trata de componentes normales de nuestro organismo, de los cuales casi no se habla, pero que si se salen de control significan problemas. Es decir, si sus concentraciones sanguíneas se mantienen bajo ciertos límites, todo irá bien. Pero lo contrario también es cierto. Por lo tanto, vale la pena irlos conociendo. Y a esa lista hay que agregar también factores a los que hasta hace poco se tenía por inofensivos: la insulina, la glucosa e incluso el hierro.

Lo curioso de todos ellos es que sean componentes normales de nuestro metabolismo, que formen parte de la rueda bioquímica de la vida, y que sin algunos de ellos, pereceríamos. Pero esto, como muchas otras cosas en la vida, es cuestión de balance. En determinadas concentraciones ayudan y no perjudican. Pero al superarse ciertos valores, esos aliados se tornan en contra nuestra, y como si fuesen mascotas enloquecidas y fuera de control, atacan, muerden y destrozan.

Nuestra responsabilidad es mantener todo bajo control. Que las "mascotas" traigan siempre su correa. Pero el primer requisito para lograrlo es saber que están ahí, que existen. El segundo, es saber cómo hacerlo. Y ése es el propósito de esta obra: enseñarle de la manera más sencilla posible a identificar cada uno de esos riesgos. Y mejor aún, detallar cuáles son las mejores maneras de neutralizarlos.

Pero no se preocupe, los analizaremos en forma exhaustiva, y aprenderemos a neutralizar a cada uno de ellos con sus correspondientes antídotos —si es que los hay. Esto último significa que así como existen factores de riesgo perfectamente controlables (como hacer más ejercicio o dejar de fumar), hay otros que no podemos modificar (como la edad o el ser del sexo masculino) y, por lo tanto, resultan imposibles de combatir. Entonces, de veras, ¿será imposible someterlos? Tal vez no. Para confirmarlo, comencemos por abordarlos uno por uno.

A. Factores de riesgo no controlables

1) Los antecedentes familiares

Si nuestros padres, antepasados o familiares directos tienen o tuvieron problemas cardiacos, debemos cuidarnos el doble, ¿cierto? Por supuesto. Herencia no es destino, pero en tales condiciones los genes pueden jugarnos malas pasadas. Los problemas cardiacos no se heredan directamente, pero sí la propensión a ellos, en especial a los infartos y embolias precoces.

Y esto puede manifestarse desde la etapa del nacimiento mismo. En estudios hechos con la sangre del cordón umbilical de recién nacidos, se halló que de aquellos cuyos padres habían sufrido un infarto antes de los 50 años, 33% de ellos ya presentaban anomalías en sus lípidos sanguíneos. Por lo tanto, cualquier antecedente que haya afectado a un familiar del sexo masculino antes de los 55 años (o de una mujer antes de los 65), debería hacernos poner en guardia. Aún no está claro cómo es que esto se lleva a cabo, pero ha habido algunos avances.

Por ejemplo, se sabe que distintos componentes sanguíneos, llamados apolipoproteínas, influyen en el desarrollo precoz de los males cardiovasculares. Se han identificado por lo menos tres, denominadas Apo e2, Apo e3 y Apo e4. De ellas, la más peligrosa es esta última. Quienes la heredan, están programados para tener mayores niveles de colesterol total y colesterol malo y, por lo general, provienen de familias en las que abundan los infartos y las embolias. Para colmo, están más propensos a la hipertensión y los males de Alzheimer y Parkinson. Como compensación, dichos individuos responden muy bien a una reducción en el consumo de grasas saturadas y colesterol, y reaccionan favorablemente a la inclusión de fibra dietética en su alimentación.

Algunos genes, normalmente buenos, pueden volverse en contra nuestra cuando presentan variantes. El doctor François Cambien, del hospital Saint Louis de París (Francia), descubrió un gen en el cromosoma 17 humano que está implicado de manera directa en ciertos ataques cardiacos. Este gen gobierna la producción corporal de la angiotensina II, un potente vasoconstrictor que reduce el diámetro de los vasos sanguíneos. El gen existe en dos variantes, la larga (o L) y la corta (o D). Esta última induce una mayor producción de angiotensina II y está asociada a un mayor riesgo de infartos. Por ello, casi podría considerarse al citado gen como el "gen de los infartos".

Asimismo, otros genes producen problemas cuando están defectuosos. Entre otras cosas, pueden permitir que sustancias agresivas (como la homocisteína) se acumulen en niveles peligrosos. Los mecanismos son diversos, pero si nuestro padre, tíos o abuelos fallecieron del corazón, seguramente también somos candidatos a un ataque cardiaco. Y en este sentido, resulta aún más preocupante si el infartado fue un hermano, y se enfermó antes de los 55 años.

Tal antecedente eleva aún más el riesgo que cuando los padres o los tíos fueron los afectados. Eso es lo malo. Lo bueno, es que si nos proponemos vigilar los factores de riesgo controlables, reduciremos enormemente las probabilidades de enfermar del corazón. ¿Cuánto? Bueno, quizá no igual que quienes no portan genes peligrosos, pero sí mucho más que quienes los heredaron y no han hecho nada. Y el resto del libro abunda en consejos para protegerse. Debería aprovecharlos todos.

2) La edad

¿Hay algo más inevitable que el paso del tiempo? Quizá sólo los estragos corporales que nos produce. Y uno de ellos es el desgaste de nuestro sistema circulatorio. El ser joven no garantiza nada, pero innegablemente conforme pasa el tiempo las probabilidades de enfermar y morir del corazón aumentan.

Durante mucho tiempo se creía que el principal factor para que esto fuera así es el envejecimiento de la pared de las arterias. Sin embargo, el simple paso del tiempo no siempre coincide con una propensión a la arterioesclerosis. Lo que sí puede empeorar con la edad, y mucho, son los efectos nocivos de las carencias nutricionales. Para colmo, las deficiencias crónicas de algunos nutrientes producen daños acumulativos o irreversibles.

Muchas veces la estría de colesterol que desembocará en un infarto o una embolia fatales comienza en la infancia. De niños o jóvenes desconocíamos esto, pero ahora que lo sabemos, de nosotros depende que esa estría siga avanzado, se detenga o retroceda. Este libro abunda en consejos sobre cómo lograrlo. No importa si merced a nuestros descuidos ya hemos enfermado de algún mal cardiaco. Aquí también se aplica aquella máxima que dice: "Mientras hay vida, hay esperanza".

Incluso aquellos pacientes que ya han sido sometidos a una derivación cardiaca (*bypass*) pueden aumentar significativamente su pronóstico y su tiempo de sobrevida. Y mejor aún, también minimizarán las probabilidades (por lo general altas) de que se haga necesaria otra operación.

3) El sexo

Anualmente mueren del corazón más hombres que mujeres. Ése es un dato indiscutible. El ser del sexo masculino eleva nuestro riesgo de sufrir males cardiacos. Y no sólo eso: también adelanta su aparición hasta en 10 años. Detrás de estas diferencias se ocultan una serie de factores. Lo más obvio es el contraste en cuanto a concentración de hormonas femeninas. Antes de la menopausia, las mujeres tienen diez veces más estrógenos que los hombres. Sin embargo, no parece residir aquí la protección cardiovascular.

Asimismo, durante la etapa fértil de la mujer, ésta suele tener un mejor balance lipídico: menores niveles de colesterol malo y colesterol total, y mayores de colesterol bueno. Ésta sí puede ser una buena razón, debido a los papeles que desempeñan cada uno de estos componentes sanguíneos en la enfermedad cardiaca. Sin embargo, tras la menopausia los niveles femeninos de colesterol total se disparan, y su mayor colesterol bueno no parece resultar suficiente para proveer una protección.

Es decir, parece haber "algo más" en el organismo femenino, que hace a las mujeres menos vulnerables a los infartos que los hombres. Y ese factor podría ser la pérdida de sangre menstrual. Hoy en día se considera que la concentración corporal elevada de hierro puede elevar notablemente las probabilidades de enfermar del corazón. Y la gran ventaja de la mujer, en este caso, es que puede deshacerse del hierro a través de la pérdida de sangre mensual.

Sin embargo, y para desgracia del bello sexo, esa diferencia es cada vez menor. Las estadísticas señalan que cada vez más mujeres están falleciendo por problemas cardiovasculares. Y el solo hecho de que este tipo de males sea la principal causa de muerte femenina en México (por encima del cáncer de seno o de útero) habla por sí solo.

Una de las razones de esta tendencia es que algunos factores de riesgo antes casi exclusivos de los hombres (estrés, tabaquismo, exceso de trabajo, obesidad localizada, alimentación desordenada), ahora lo están afrontando las mujeres en un plano de igualdad, o en cuotas aún mayores. Antes, el hecho de nacer varón se consideraba un factor de riesgo. Ahora, el ser mujer también lo es: 40% de los fallecimientos femeninos se deben a males cardiovasculares.

Y conforme avanza la edad, el riesgo aumenta en la mujer: llega al máximo entre siete y diez años después de la menopausia. Como no es práctico cambiar de sexo (ni creo que esté dentro de sus planes), lo más aconsejable es cambiar nuestros malos hábitos y combatir los demás factores de riesgo, según aconsejamos en las páginas siguientes. Si logra hacerlo exitosamente, poco importará la desventaja cardiovascular de ser mujer (o varón).

4) El bajo peso al nacer

Las causas por las que se puede nacer bajo de peso son muy diversas. Y aun cuando el pronóstico de supervivencia para quienes nacen así es con frecuencia bueno, parece que tales niños presentan una desventaja insospechada: suelen ser más vulnerables a ciertas enfermedades durante la adultez.

El doctor David Barker, un investigador británico, ha aportado importantes pruebas de que al crecer, tales bebés están más expuestos a padecer diabetes, hipertensión y males cardiacos. El riesgo es particularmente alto para quienes pesaron 2.5 kilos o menos, aun habiendo nacido a término. Si se toma como riesgo medio el que tiene un niño que nació pesando entre 3 y 3.5 kg, entonces los que pesen menos de 2.5 kg tendrán un riesgo 34% mayor. Inversamente, quienes hayan pesado 3.8 kg o más, tienen un riesgo de 23% menor.

Todavía se discute cómo están relacionadas tales características, pero aparentemente la escasez de peso va ligada a un subdesarrollo de los órganos internos, lo que a futuro podría debilitarlos frente a las enfermedades crónico degenerativas. Si usted está en ese caso, ¿cree que no hay nada que hacer? Piense otra vez. El ejercicio, una buena alimentación, manejar el estrés y el evitar agresiones internas (como el humo de tabaco o las drogas) pueden fortalecer sus órganos internos frente a las amenazas modernas... incluidos los infartos. Continúe leyendo.

B. Factores de riesgo controlables

1) El sedentarismo

Adivinanza: tenemos a dos hombres de la misma edad. Uno tiene su colesterol normal, pero es sedentario, y el otro tiene colesterol alto, pero es físicamente activo. ¿Cuál de los dos tiene mayores probabilidades de sufrir un ataque al corazón? Si dijo usted que el primero, acertó. Para el corazón y las arterias el sedentarismo resulta aún más perjudicial que el colesterol elevado. Por sí solo, el hecho de no hacer ejercicio aumenta las probabilidades de infartarse en 100%.

Probablemente ya lo sabía, y tal vez la sola mención de la palabra *ejercicio* le produzca cansancio. Si es así, entonces quizá sea más fácil convencerlo de firmar un cheque en blanco, que de ejercitarse durante media hora cinco veces a la semana. Eso es lo malo. Lo bueno: no es imprescindible que tenga que hacerlo exactamente así para conservar en forma a su corazón. La documentación acumulada al respecto señala que casi cualquier tipo de ejercicio produce beneficios al sistema circulatorio.

Y lo contrario es válido para el sedentarismo. Las pruebas pioneras recopiladas en el estudio Framingham ya señalaban que la mortalidad coronaria es mayor en las personas sedentarias que en las físicamente activas. Luego se descubrió que el ejercicio aumenta el colesterol bueno (HDL) y reduce el malo (LDL). Al mismo tiempo, normaliza los triglicéridos, la presión arterial y la tolerancia a la glucosa. Desde entonces no ha hecho sino acumularse prueba tras prueba de las múltiples formas en que el ejercicio nos puede proteger contra los males cardiovasculares.

Cardiólogos alemanes descubrieron en 1999 que las mujeres mayores de 45 años que caminan al menos una hora a la semana pueden reducir a la mitad su riesgo de sufrir un infarto. Y en Estados Unidos, se halló que quienes lo hacen media hora al día, todos los días, disminuyen la posibilidad de un infarto hasta en 40%. ¿No suena alentador? Y lo mismo es válido para los hombres maduros que realizan actividades ligeras, como el golf, el tai chi, la natación, la jardinería o la carpintería.

Otro hallazgo interesante es que la práctica del ejercicio hace más elásticos al corazón y las arterias. Una investigación hecha con dos grupos de adultos mayores (unos deportistas y otros inactivos) demostró que los corazones de los primeros eran hasta 50% más elásticos, lo que hace menos probable las fallas cardiacas. Si usted nunca ha hecho ejercicio, empiece cuanto antes; los deportistas veteranos de quienes estamos hablando comenzaron a hacerlo después de los cuarenta.

Tan importante como empezar cuanto antes es hacerlo en forma adecuada. Si es usted menor de 30 años, está sano y físicamente apto, no debería haber problema para comenzar sin mayores preámbulos. Pero si no es así, lo más recomendable es hacerse un chequeo médico y de laboratorio antes de iniciar cualquier programa de ejercicio. Especialmente si siempre ha sido sedentario, o tiene sobrepeso (u obesidad), o es fumador, o tiene antecedentes familiares de males cardiacos, o tiene algún padecimiento crónico (como diabetes, angina de pecho o hipertensión).

La finalidad de todo eso es asegurarse de que la práctica del ejercicio no vaya a producir ninguna sorpresa desagradable. Se puede comenzar haciendo ejercicio 15 minutos 2–3 veces por semana, e ir aumentando poco a poco tanto en duración como en frecuencia. Por ejemplo, una buena meta es llegar a hacer ejercicio 30 minutos diarios 5–7 veces por semana. Practicarlo en pareja o con amigos quizá sea un aliciente, a la vez que lo hace más divertido.

Otro aspecto importante a observar es no esforzarse demasiado. Tan mala puede ser la falta de actividad física como el exceso de ésta. Lo ideal es hacer trabajar al corazón a 60–70% de su capacidad máxima. Para calcular dichos porcentajes, réstele su edad en años a 220. La cifra resultante es su ritmo cardiaco máximo. Multiplicándolo por 0.6 se obtiene 60%; por 0.7 70%, etc. Por ejemplo, en alguien de 50 años, 80% es: 220–50=170. 170 x 0.8=136. Su ritmo cardiaco recomendable será de 136 latidos por minuto.

Para saber el número de pulsaciones por minuto, detenga su actividad un instante, cheque su pulso en la muñeca o en el cuello, y cuente durante 10 segundos. Luego, multiplique dicha cifra por 6. Ése será su ritmo cardiaco. Si obtenerlo así se le dificulta, actualmente existen monitores y hasta relojes que miden el pulso y permiten saber cuánto se está esforzando.

Una manera empírica de averiguar si no nos estamos esforzando demasiado es tratar de hablar mientras se realiza el ejercicio. Si se pierde el aliento, significa que tal vez deba bajar la intensidad.

Pero quizá su mayor problema sea el tiempo. Si es así, le tenemos buenas noticias. Si no puede robarle media hora diaria a su tiempo, pruebe a dividir el ejercicio en dos sesiones de 15 minutos. La ciencia ha descubierto que esto resulta aún más provechoso para el corazón, las arterias y la figura.

Esto último es particularmente importante, porque el ejercicio no sólo fortalece el corazón y estimula la circulación sanguínea, sino que por sí mismo ayuda a combatir otros factores de riesgo, como el sobrepeso, la diabetes, la hipertensión, la depresión, y el colesterol y los triglicéridos elevados. También ayuda a suavizar los efectos del estrés. Y ésos son muchos beneficios en uno, ¿no le parece?

2) El sobrepeso

"¿Obeso, yo? ¡Qué va! Soy robusto, que es distinto." ¿Cuántas veces no hemos escuchado esto, o lo hemos dicho, o pensado? Pero es posible que sólo nos estemos engañando a nosotros mismos. Técnicamente se considera obesa a la persona cuyo peso excede en 15% a su peso normal. Pero no se ponga a hacer cálculos. Por lo general no es necesario; usualmente la ropa nos lo dice cada mañana.

Y más confiable aún, el averiguarlo a través del llamado índice de masa corporal, o IMC. De acuerdo al consenso actual, este factor puede mostrarnos con gran exactitud lo alejados que estamos de nuestro peso ideal. Se obtiene dividiendo el peso corporal (en kilogramos) entre la estatura (en metros) elevada al cuadrado.

Pero bueno, confiamos en que usted no esté pasado de peso. Por que si no, al llegar a esta sección se le esfumará el entusiasmo que le despertaron los beneficios que produce el ejercicio. Y es que el exceso de peso favorece exactamente lo contrario: aumentan el colesterol, los triglicéridos y la presión arterial. Y a la vez dispara las posibilidades de desarrollar hipertensión, arterioesclerosis, angina de pecho, infartos y embolias. Algo de lo cual seguramente ya estaba enterado.

A menos que haya de por medio un serio problema interno, la obesidad obedece generalmente a la excesiva ingestión de calorías, en forma de alimentos y bebidas poco nutritivos y ricos en grasa y carbohidratos. Y el problema a menudo se ve empeorado por el sedentarismo. La fórmula es sencilla, pero infalible: muchas calorías + poco ejercicio = sobrepeso. Y esa combinación termina por traducirse en un exceso de grasa y colesterol corporales. En ese sentido, cuídese inclusive de los atracones ocasionales. La frase según la cual "Una vez al año no hace daño" es falsa.

Un estudio hecho en Estados Unidos en 2002 mostró que, en promedio, los adultos consumen 345 calorías adicionales cada fin de semana, merced al consumo de tacos, hamburguesas, pizzas o carnitas. Resultado: 2.5 kilos extra al año. Si usted está en un caso similar, y su sobrepeso es mucho (15 o más kilos), el adelgazar puede parecer más difícil que escalar el Everest.

Asimismo, tampoco se confíe de los que dicen: "Esta hamburguesa doble no es nada. Mañana la quemo corriendo." No hay nada más difícil que eso, ya que el organismo es, energéticamente hablando, muy eficiente. Muy poca energía le basta para realizar cuotas enormes de actividad física. Para deshacerse de —digamos— 1200 calorías, tendría que pasar varias horas corriendo. Y para colmo, no toda la energía gastada provendría de la grasa excedente.

Pero no se desanime. Si se fija metas pequeñas, más fáciles de conquistar, es bien probable que lo logre. Bajando el exceso de cinco en cinco kilos, por ejemplo. O de tres en tres. E ir bajando de esa manera no es poca cosa. Los beneficios sobre la salud cardiovascular son palpables desde los primeros 3–5 kilos que se reduzcan. En especial si la disminución se refleja en el diámetro abdominal.

Resulta increíble la influencia que tiene la circunferencia del abdomen sobre la salud (como veremos en un momento). Por lo tanto, no debe sorprendernos que al reducir tal circunferencia, la presión baje. Y el manejo de la glucosa sanguínea mejora. La resistencia a la insulina se reduce. Y los perfiles de colesterol y triglicéridos se hacen más saludables. Pero para lograr todo esto hay formas más efectivas que otras.

Por ejemplo, con fines de "quemar grasa", la actividad de tipo anaeróbico (pesas, pilates, boliche, golf, volibol) suele dar mejores resultados que la aeróbica (correr, bailar, aeróbics, futbol). Y contrariamente a lo que se cree, el ejercicio moderado permite bajar de peso más rápidamente que el ejercicio intenso. Pero el puro ejercicio no es suficiente. Hay que agregar una dieta de reducción calórica y una serie de buenos complementos nutricionales.

Los más recomendables para bajar de peso son el polinicotinato de cromo (200 mcg), el extracto de garcinia cambogia (ácido hidroxicítrico) 1500–3000 mg; la lecitina de soya (3000–9000 mg) y los aceites de prímula y de borraja (1500–3000 mg).

3) La obesidad abdominal

Muchos hombres envidiamos secretamente el abdomen "de lavadero" de los galanes de moda. Pero más allá del *look* y de la vanidad personales, más vale que hagamos algo para aplanar lo más posible nuestra barriga. Cada vez se acumulan más pruebas científicas de que el tamaño del abdomen está directamente relacionado con dolencias mortales como la diabetes, el cáncer y los infartos.

Los investigadores están tomando esto tan seriamente, que ya consideran dicha medida tanto o más importante que las cifras de colesterol o triglicéridos. Uno de los estudios que se tomó en cuenta para tal veredicto mostró que las mujeres con una cintura de más de 88 cm (en los varones más de 100 cm) tienen un riesgo 200% mayor de sufrir un ataque al corazón.

Un detalle al cual debemos prestar atención es que no importa si estamos muy obesos, algo sobrepasados, o en nuestro peso; en ningún caso las medidas abdominales deberían exceder las cifras anteriores. Y para todos aquellos que crean que el riesgo cardio-vascular de tener una cintura amplia tiene solución de un día para otro, les tenemos malas noticias.

Una liposucción indudablemente mejora la figura, pero no hace nada por proteger al corazón. Un estudio realizado en la universidad Washington de Saint Louis (Estados Unidos) mostró que la extracción de hasta 10 kg de grasa abdominal no mejora los niveles de colesterol, la presión sanguínea, la inflamación o la sensibilidad a la insulina. En cambio, adelgazar mediante dieta y ejercicio sí los modifica favorablemente.

Por último: a la hora de medirse el diámetro abdominal, hágalo en forma correcta. Use una cinta métrica flexible, de las que emplean las modistas. No mida a la altura del ombligo ni por debajo de él. Para que la lectura sea más exacta, debe hacerla a la altura de la punta del hueso de la cadera (tenemos una a cada lado del ombligo). Mientras lo hace, no meta el estómago ni aguante la respiración.

Ochenta y ocho centímetros para la mujer y 100 para el hombre son el límite, pero no presuma si está apenas 2–3 centímetros por debajo. Lo mejor es estar alejados lo más posible de tales cifras… y no es exageración. En un estudio hecho con más de 44 mil mujeres, se halló que aún 80 centímetros de cintura significan un riesgo. ¿Hasta qué punto? Hasta de 100% mayor que las mujeres que tenían vientres con un diámetro menor. En los varones, 88 cm de abdomen también ya implican un riesgo cardiovascular.

Junto con bajar de peso, usted puede hacer muchas otras cosas para combatir la grasa abdominal: deje de fumar; consuma menos azúcar; aprenda a manejar su estrés; asista a un gimnasio para tonificar su vientre; haga 4 o 5 comidas ligeras al día, en vez de las tres tradicionales; sustituya las grasas comunes con aceite de oliva; use complementos nutricionales.

Entre los más eficaces están los mismos que nos ayudan a adelgazar. Son inofensivos y las dosis diarias recomendables son: polinicotinato de cromo (200 mcg), extracto de garcinia cambogia (ácido hidroxicítrico) 1500–3000 mg; lecitina de soya (3000–9000 mg).

Específicos para la obesidad abdominal, están el ácido linoleico conjugado (CLA) 3000 mg; los aceites de prímula y de borraja (1500–3000 mg) y la carnitina (1500–3000 mg).

4) La glucosa elevada

¿Padece usted diabetes? Si su primera reacción es responder con un "no", piense dos veces. La razón es que podría ser diabético o prediabético sin saberlo. La forma típica de averiguarlo suele ser la medición de la glucosa sanguínea en ayunas. Si da por resultado 120 mg/dl o más, y ese valor se confirma, generalmente se considera que la diabetes está presente. Si usted afirma no ser diabético, podría ser porque tal vez está consciente de tener índice menores a ésos. Pero no se confíe.

Hasta no hace mucho tiempo se consideraba como normal cualquier valor entre 75 y 119 mg/dl de glucosa. Actualmente ya no. Conforme las investigaciones han avanzado, se han llegado a la conclusión de que los problemas de salud comienzan en umbrales más bajos. Hoy en día suele ponerse como límite superior 109 mg/dl. A partir de 110 se considera presente un estado nebuloso, pero reversible, llamado prediabetes.

Aún no se ha perdido del todo el control de la glucosa sanguínea, pero casi. Sin embargo, existen investigadores que consideran cualquier valor mayor a 110 como sinónimo de diabetes. Eso está por confirmarse, pero demuestra que deberíamos preocuparnos más por conservar niveles de glucosa tanto bajos como estables.

De acuerdo al consenso actual, la prediabetes es el estado inmediatamente previo a la diabetes, que de no regularizarse desemboca de manera irremediable en dicha afección. Esta definición hace ya bastante ominosa a la prediabetes. Pero esconde algo peor: el daño que puede ocasionar la glucosa elevada. Y en ese sentido, cualquier exceso de glucosa genera problemas. Si no se procesa de inmediato para transformarla en energía, se convertirá en triglicéridos y colesterol, que no presagian nada bueno.

Y —peor aún— mientras son procesadas de esa manera, gran parte de las moléculas de glucosa tienden a reaccionar químicamente con su entorno. Por lo general se ligan con componentes estructurales de las células, entorpeciendo su función o volviéndolas inactivos. A esta reacción se le conoce como glicosilación, y es una de las peores cosas que pueden ocurrirnos internamente.

Porque los objetivos usuales de la glicosilación son las enzimas, las hormonas, los ácidos nucleicos, las proteínas estructurales, y muchos componentes de la membrana celular esenciales para mantenernos llenos de vitalidad. El mejor método para prevenir la glicosilación es no abusar de los carbohidratos. Pero también resulta notable la acción protectora de algunos nutrientes como el cromo y el magnesio, que al optimizar la utilización de la glucosa también reducen las posibilidades de que el cuerpo haga usos anómalos de ella.

Los efectos serán mejores con ayuda de la vitamina E. Apenas 100 UI diarias de esta vitamina bastan para reducir casi en 20% el índice de glicosilación en pacientes con diabetes. Pero el factor con mayor rango de acción es la carnosina, un complemento nutricional algo caro, pero sumamente efectivo. Entre 500 y 1000 mg diarios pueden reducir los niveles de glicosilación hasta en 46%

Pero, atención: para que el exceso de glucosa nos perjudique ni siquiera es necesario sufrir de diabetes o prediabetes. Aun en personas sanas, los científicos han identificado un riesgo que puede darse en forma habitual, dependiendo del tipo de alimentación: los llamados picos de glucosa posprandiales. *Posprandial* significa "después de comer". Por lo tanto, se trata de las elevaciones que siguen a la ingestión de comidas que contienen carbohidratos.

Si se consumen alimentos que no los contengan (por ejemplo, un huevo tibio), la glucosa no variará. Si se consumen alimentos con carbohidratos de bajo índice glicémico (por ejemplo, pan negro; consúltese el apéndice 4), la glucosa sanguínea ascenderá en forma lenta y sostenida, de manera que será fácilmente controlable. Pero si se ingieren carbohidratos con alto índice glicémico (por ejemplo, pan blanco), la glucosa se disparará en forma rápida y acentuada, de manera que se dificulta controlarla.

En estos picos posprandiales suele producirse la perniciosa glicosilación, y la glucosa excedente fácilmente se transforma de grasas perjudiciales. Por lo tanto, no debe sorprendernos que hoy en día se les considere como un auténtico factor de riesgo que eleva la mortalidad cardiovascular. De hecho, hay estudios clínicos según los cuales una elevación incontrolada de glucosa sanguínea en las dos horas posteriores a la ingestión de comida eleva la probabilidad de sufrir un infarto en 200%.

Por lo tanto, es primordial que aunque usted esté libre de diabetes, aprenda a controlar su glucosa sanguínea, y muy particularmente, los picos posprandiales. Esto se logra mediante tres estrategias básicas: sacar de la dieta a los carbohidratos de alto índice glicérico (apéndice 4); disminuir el tamaño de las raciones; y consumir los alimentos del día no en dos o tres comidas fuertes, sino en cuatro, cinco y hasta seis más pequeñas.

A todo esto valdría la pena agregar otras medidas complementarias. Una de ellas es el ejercicio, que acelera la conversión de glucosa en energía, disipando cualquier excedente antes de que nos perjudique. Otra, no menos importante, es dejar el tabaco si se es fumador. El humo de tabaco favorece la intolerancia a la glucosa y puede empeorar la resistencia a la insulina.

Otra medida recomendable es ingerir complementos nutricionales que aporten factores que normalmente escasean en la dieta, pero que resultan indispensables para un buen metabolismo de los carbohidratos. Los más decisivos son las ocho vitaminas del complejo B, el ácido alfa lipoico, el cromo, el magnesio y el zinc.

Un enfoque diferente —pero no menos útil— para suavizar los picos posprandiales es el uso de bloqueadores de la absorción de carbohidratos. Se trata de concentrados de origen natural (generalmente de soya, habas o frijoles) que inhiben la acción de enzimas digestivas como la alfa amilasa, necesarias para la asimilación de los carbohidratos alimentarios. Ingeridas junto con una comida rica en carbohidratos, 2–3 tabletas de tales productos llegan a bloquear la absorción de hasta 500 calorías y suavizar bastante el pico posprandial.

Algo similar puede lograrse con medicamentos como la acarbosa, cuyo mecanismo de acción es también inhibir la absorción intestinal de los carbohidratos. Por lo general se prescribe a los diabéticos, en quienes reduce notablemente el riesgo de muerte cardiovascular. En los prediabéticos abate el riesgo de padecer diabetes hasta en 36%.

Sin embargo, a diferencia de los extractos de soya y de frijol, la acarbosa es un medicamento y, por lo tanto, debe evitarse la automedicación. Como cualquier fármaco, tiene contraindicaciones, interacciones con otros medicamentos y posibles efectos indeseables, y sólo debe usarse bajo vigilancia médica.

5) El síndrome metabólico

Acabamos de ver en la sección anterior lo poco recomendables que son esas elevaciones de la glucosa sanguínea que siguen a una comida rica en carbohidratos, llamados "picos posprandiales". Los riesgos que implican no son pocos, y deberían desanimarnos de seguir abusando del azúcar, los carbohidratos refinados, las harinas blancas y todo lo que los contengan. Pero quizá falta por agregar lo más importante. Otro de los riesgos ligados a los picos posprandiales es la sobreestimulación del páncreas.

Ya sabemos que éste es el órgano encargado de producir la insulina, una hormona esencial para utilizar los carbohidratos. En un organismo sano, siempre que se ingieren estos últimos, el páncreas segrega insulina. Esto es bueno, porque permite asimilar correctamente los carbohidratos. Pero si dichos picos se hacen muy frecuentes, muy pronunciados, o ambos, con el tiempo suelen conducir al hiperinsulinismo.

En esta última condición, el páncreas se torna hipersensible a la glucosa, y segrega fuertes cantidades de insulina a la menor provocación. Peor aún, la insulina así producida tiende a mantenerse elevada, incluso en ayunas. Cualquier exceso crónico es malo, y demasiada insulina termina por producir intolerancia a la glucosa, resistencia a la insulina, niveles excesivos de colesterol y triglicéridos, y sobrepeso (u obesidad).

Las primeras observaciones científicas sobre el hiperinsulinismo se dieron en 1924. Y tuvieron que transcurrir muchos años, hasta 1988, para que el doctor Gerald M. Reaven se ocupara nuevamente de ello. Este último, un distinguido investigador de la universidad de Stanford (EUA), ha dedicado los últimos 30 años de su vida a estudiar el tema. Llegó a las conclusiones que acabamos de exponer, e incluso le dio un nombre a la condición en la cual se presentan las anteriores anormalidades. Le llamó inicialmente "síndrome X", y luego síndrome metabólico, un calificativo más científico.

El consenso científico actual es que a esta afección la caracterizan la presencia simultánea de tres o más de las siguientes anormalidades: colesterol bueno bajo, triglicéridos altos, presión alta (o limítrofe), concentraciones persistentemente elevadas de glucosa e insulina, y sobrepeso (en especial obesidad abdominal). Todo esto no debería asombrarnos, ya que la combinación de glucosa e insulina elevadas tarde o temprano desemboca en una mayor producción de grasa (obesidad y triglicéridos elevados), colesterol (hipercolesterolemia) y cortisol (hipertensión).

Si consideramos por separado cada uno de estos factores de riesgo, veremos que por sí mismos son de respeto. Imagínese si tenemos tres o más de ellos en contra. El problema es que el síndrome metabólico es mucho más frecuente de lo que podría pensarse. Siempre que estén presentes la obesidad general o la abdominal, debe sospecharse su presencia.

6) La diabetes

¿Es usted diabético? Si su respuesta es afirmativa y ha recibido buena orientación médica, entonces a estas alturas ya sabe que sólo por eso necesita cuidarse mucho más del corazón. De los dos principales tipos de diabetes que existen, la de tipo 2 comporta uno de los mayores riesgos para llegar a sufrir males cardio-vasculares. Y a su vez, estos últimos constituyen la principal causa de mortalidad entre quienes padecen diabetes.

El solo hecho de ser diabético multiplica por cuatro el riesgo de sufrir un ataque cardiaco. Y cuando ocurre, también sus probabilidades de fallecer son mayores. Si efectivamente usted es diabético, perdón por asustarlo con todas estas afirmaciones, pero es necesario que cobre conciencia del peligro que corre. Y también del grado en que puede reducirlo, más de lo que se imagina.

Para comenzar, una medida inteligente sería adelgazar. Si aún no tiene diabetes, apenas un exceso de dos kilos sobre su peso ideal aumenta su riesgo de llegar a padecerla. Si ya la padece, cada kilo excedente hace más difícil controlar su enfermedad y empeora los pronósticos para llegar a sufrir complicaciones serias. Por lo tanto, lo más recomendable es tratar de conservarse en peso. Y si es posible, incluso algo abajo del peso ideal para su estatura y complexión.

Una vez logrado esto, la principal medida a llevar a cabo es mantener controlados lo más posible sus niveles de glucosa. Esto no es tan difícil como parece. En una diabetes de tipo 2 reciente, que aún no presente complicaciones, con frecuencia sólo con la dieta se puede mantener estable la glucosa sanguínea. Esto se logra de una manera más precisa y científica si la alimentación se acompaña de complementos nutricionales como el cromo, el magnesio y vitaminas como las del complejo B y la E.

Si la diabetes ya está avanzada o es especialmente agresiva, entonces se hace imprescindible un control médico estrecho, aunado a las medidas anteriores. La razón es que cualquier exceso de glucosa, temporal o permanente, es perjudicial. Al igual que el oxígeno, este carbohidrato es indispensable para la vida, pero bioquímicamente muy poderoso; ambos necesitan estar controlados muy de cerca para que no hagan de las suyas.

Entre las ayudas nutricionales para mantener la glucosa bajo control, están el complejo B (una tableta diaria); el polinicotinato de cromo (200 mg) y el magnesio (400 mg), todo ello diariamente. Muy importantes resultan también los antioxidantes como las vitaminas C (500 mg), E (200–400 UI) y el ácido alfa lipoico (100 mg). Estos últimos protegen también contra complicaciones circulatorias, oculares y nerviosas.

Un notable investigador estadounidense, el doctor James Anderson, centró sus estudios en los efectos de la fibra sobre el control de la glucosa en los diabéticos, y llegó a conclusiones asombrosas. Descubrió, por ejemplo, que una dieta rica en fibra ayuda a reducir las necesidades diarias de insulina en pacientes de diabetes, y en algunos llega a hacerla innecesaria.

Al mismo tiempo, su glucosa se mantuvo más estable y en promedio 20 puntos más abajo de los niveles previos. Como efecto adicional, halló que la fibra produce reducciones significativas en los niveles de colesterol y otros lípidos sanguíneos, algo también importante, ya que los males cardiovasculares son la principal causa de mortalidad entre los diabéticos (mayor información en la sección dedicada a la fibra dietética).

Una de las razones del riesgo aumentado para un infarto entre los diabéticos es que son mucho más propensos a fabricar tromboxano A2 en mayores cantidades que las personas sanas. Y el tromboxano A2 es una de las sustancias corporales que más estimulan la formación de coágulos peligrosos. Este compuesto de nombre raro es una de tantas sustancias que cuando están en equilibrio son inofensivas, pero que al salirse de nivel pueden afectarnos.

Todo eso se traduce en que los diabéticos tienen 2 a 4 veces más probabilidades de fallecer por complicaciones de los males cardiovasculares. El uso cotidiano de una dosis baja (150–300 mg) de aspirina bloquea la sobreproducción de tromboxano A2, y con ello reduce la incidencia de infartos entre los diabéticos hasta en 67%. Empero, algo similar puede lograrse con ayuda de complementos nutricionales como la vitamina E (200–400 UI) y el aceite de pescado (3–6 cápsulas), sin exponerse a los efectos indeseables del medicamento.

7) La presión arterial alta

Tradicionalmente se ha considerado a la presión arterial alta (o hipertensión) como una seria amenaza para el corazón. Y lo es. Aún elevaciones leves de la presión sanguínea hacen trabajar más al músculo cardiaco, debilitan los vasos sanguíneos y propician la formación de placas de colesterol. Imagine a la sangre que circula a alta presión como una lija líquida que termina por desgastar las paredes arteriales. Y como la hipertensión suele ser crónica, tales agresiones se hacen permanentes. Por lo tanto, nunca hay que echar en saco roto el tener alta la presión arterial.

Por lo general se aceptan como normales para un adulto sano los valores de 120/70. Cualquier cifra por encima de éstas nos indica que algo puede andar mal. Y en ese aspecto, hay que tomar en cuenta a ambas cifras. Al valor más alto se le llama presión sistólica, y al valor más bajo, presión diastólica. Pueden tenerse altas ambas, solamente la sistólica o sólo la diastólica.

Cuando se vaya a medir la presión arterial, para obtener valores más precisos, tome en cuenta los siguientes detalles. Tómese la presión todos los días a la misma hora. De preferencia de noche y cuando ya esté tranquilo (el estrés puede aumentar temporalmente la presión). Si se la checa un médico o una enfermera, la medición tal vez resulte algo más alta, por la tensión que producen las batas blancas. El ejercicio reciente, algunos medicamentos y las emociones (preocupaciones, disgustos) producen resultados hasta 20% superiores.

Sistólica (la cifra superior)					
Óptima	Normal	Fronteriza	Alta (I)	Alta (II)	Alta (III)
120 o menos	129 o menos	130–139	140–159	160–179	180 o más

Diastólica (la cifra inferior)					
Óptima	Normal	Fronteriza	Alta (I)	Alta (II)	Alta (III)
80 o menos	81–84	85–89	90–99	100–109	110 o más

Ya sea que ambas estén fuera de rango, o sólo una de ellas, siempre hay que tomar medidas al respecto. La inquietud debe ser mayor si la presión diastólica está elevada. Es la más difícil de tratar, y la que mayores problemas augura. ¿Le suena preocupante todo esto? Qué bueno, porque así se animará a actuar de inmediato. Existen medios nutricionales, medicamentosos y de otros tipos para tratar la hipertensión.

Si le recetan fármacos, siga el tratamiento al pie de la letra. No los descontinúe aunque se sienta mejor o su presión se normalice. Si esto último ocurre, no significa que ya esté curado. Y para obtener mejores resultados, al mismo tiempo limite su consumo de carnes rojas, grasa saturada, bebidas alcohólicas, sal (sodio) y azúcar. Beba suficiente agua a lo largo del día.

Mejor aún, si está sano y quiere permanecer así, entonces tome en cuenta nuestros consejos: haga ejercicio regularmente; manténgase en su peso ideal; aprenda a manejar su estrés, coma muchas frutas y verduras; consuma pocas carnes rojas; beba alcohol con moderación, evite la sal y el azúcar; e ingiera más pescado (o cápsulas de aceite de pescado).

Muy importante: si es hipertenso y mantiene controlada su presión, aún así deberá preocuparse por normalizar su colesterol y demás componentes sanguíneos. De lo contrario, el riesgo de infarto seguirá vigente. Ah, y no crea que si su presión arterial está ligeramente más alta que la normal, el riesgo es mínimo. En adultos sanos, los valores considerarse como óptimos son iguales o menores a 120/70.

Normalmente resultados de hasta 130/90 no suelen considerados como preocupantes. Pero cardiólogos estadounidenses que estuvieron observando a un grupo de casi siete mil voluntarios durante 12 años encontraron que los pertenecientes al grupo denominado "normal alto" (cuya presión sistólica era de 130 a 139 y la diastólica de 85 a 89) tenían una probabilidad casi dos veces mayor de sufrir infartos o embolias que quienes estaban dentro del límite.

Ya sea que sus valores estén o no dentro de los límites, para obtener mejores resultados a mediano y largo plazo, le sugerimos mejorar su nutrición con ayuda de complementos nutricionales. Los básicos para mantener una presión arterial saludable son la vitamina c (500 mg diarios), el potasio (a través de frutas y verduras), el calcio (600–1200 mg), y el magnesio (200–400 mg).

También importantes resultan la lecitina de soya (3–6 gramos), el aceite de pescado (6–9 cápsulas), de prímula (3–6 cápsulas) y de borraja (3–6 cápsulas), y la niacina (en megadosis). Y entre los fitoterapéuticos, los más recomendables son el ajo (1–3 tabletas) y la linaza molida (1–3 cucharadas).

Si está tomando medicamentos para la presión, el uso de los anteriores complementos seguramente mejorará la acción de éstos. Incluso es probable que llegue a necesitar reducir la dosis de alguno(s) de ellos, lo cual podrá hacer bajo la orientación de su médico. Otras maneras de lograr esto es haciendo ejercicio y aprendiendo a controlar su estrés. De acuerdo a una investigación hecha en Londres (Inglaterra), cuando se está siendo víctima de una fuerte carga de estrés, ni siquiera los medicamentos más avanzados surten efecto.

8) El hipotiroidismo

Normalmente no suele relacionarse los males cardiovasculares con la glándula tiroides. Pero cada vez se acumula más evidencia de que existe una relación muy estrecha. Y esto es lógico. La glándula tiroides se encuentra en la base del cuello, y produce un par de hormonas, la triyodotironina (T3) y la tiroxina (T4). Se trata de dos moléculas de acción muy potente, que estimulan el crecimiento y la regeneración de los tejidos. Tanto su déficit como su exceso afectan profundamente al cuerpo humano.

El tipo de síntomas que se producen cuando la tiroides funciona mal nos da una idea de la gran variedad de funciones en las que participa esta glándula: palpitaciones, ganancia o pérdida de peso, hipersensibilidad al frío, sueño incrementado o insomnio, piel reseca, caída del cabello, menstruación irregular, estreñimiento. Y en el caso del metabolismo de proteínas, grasas (lípidos) y carbohidratos, la participación de las hormonas tiroideas es fundamental.

Un déficit de tiroxina (como el que ocurre en el hipotiroidismo) hace que se eleven los niveles del colesterol total y en especial del colesterol malo (LDL). También hay indicios de que produce elevaciones en la homocisteína corporal. El tratamiento médico de esta condición involucra de manera invariable el uso de la hormona tiroidea. Cuando los niveles de ésta se normalizan, lo mismo ocurre con el colesterol.

Con frecuencia no es posible precisar el origen de los trastornos tiroideos. A veces hay predisposición genética, en otros casos una reacción autoinmune, e incluso puede ser consecuencia de un tratamiento médico. Entre las causas del hipotiroidismo están medicamentos como el litio (usado para el trastorno bipolar) y la amiodarona (prescrita para arritmias cardiacas). Si usted los está utilizando y aún no presenta hipotiroidismo, pida a su médico que le cambie los anteriores fármacos por otros inofensivos.

También ocurre que a pacientes que no habían sido diagnosticados con hipotiroidismo, se les detecta este mal cuando se investiga el origen de un colesterol alto. O peor aún, la angina de pecho o un ataque cardiaco pueden ser el primer síntoma de dicho mal. Por lo tanto, no es mala idea hacerse un chequeo de la función tiroidea cada 2–3 años (o antes, si hay antecedentes familiares) para adelantarse a posibles complicaciones.

Esto es importante porque si hay problemas tiroideos presentes, la probabilidad de un ataque cardiaco se eleva 200%. A veces ni siquiera es necesario que esté presente el hipotiroidismo para que el riesgo aumente. Una tiroides ligeramente "perezosa" puede ser suficiente. A esta condición, que se caracteriza por una T4 normal (con una TSH baja), se le llama hipotiroidismo subclínico.

El tratamiento medicamentoso del hipotiroidismo es con la hormona tiroxina. Dependiendo de cada caso, será la dosificación. Si se logra que los niveles de T3 y T4 lleguen a la normalidad, por lo general también el colesterol y los triglicéridos altos se corrigen. Empero, la tiroxina inicialmente puede empeorar la angina, algo que deberá tomar en cuenta el médico.

Normalmente el tratamiento médico es todo lo que se necesita para corregir el hipotiroidismo, y junto con él, el colesterol elevado. Pero si se desea mejorar los resultados con la terapia nutricional, puede ensayar con la carnitina (1500 mg diarios), el selenio (100–200 mcg), la betaína (250–500 mg) y con el complejo B (una tableta). De los fitoterapéuticos, el que mejor resultado da es el extracto de coleo (100–200 mg).

Para la prevención de problemas tiroideos, es importante que consuma suficientes proteínas y yodo (a través de pescados, mariscos y algas marinas, de un multivitamínico, o todos ellos), y que evite abusar de alimentos que antagonizan a las hormonas de la tiroides: col, coliflor, brócoli, colecitas de Bruselas, rábanos y pescado crudo.

9) La depresión

Si la incidencia de depresión a nivel mundial sigue creciendo como hasta ahora, se calcula que acabará por convertirse en la principal amenaza contra la salud en menos de dos décadas. Y es que a la depresión en cualquiera de sus variantes (leve, moderada, grave) cada vez más se la relaciona con otros problemas de salud. Ahora se sabe incluso que estar deprimido aumenta el riesgo de cáncer, osteoporosis y problemas cardiacos.

Aún no está claro si existe una relación orgánica entre tales afecciones y la depresión, o si todo se debe a que los deprimidos tienden a ser sedentarios, comen poco y mal, y no se hacen chequeos médicos. Los síntomas típicos de la depresión son desinterés por la vida, falta de iniciativa, baja autoestima, perderle gusto a lo que antes se disfrutaba, fatiga, problemas de sueño (o ambos), descuido personal, tendencia al llanto y pensamientos suicidas.

Pero cualquiera que sea el caso, tal relación cobra víctimas. Las investigaciones más recientes señalan que, al menos en los mayores de 55 años, la depresión moderada aumenta las probabilidades de un infarto en hombres 100%, y quienes sufren depresión grave son hasta 300% más propensos que los varones sanos. Es decir, quien esté deprimido, ¡puede tener tantas probabilidades de enfermar del corazón como quien fume, consuma demasiada grasa o padezca de hipertensión!

Algunas formas muy leves de depresión, como la distimia, tienden a pasar inadvertidas. Pero no debería restárseles importancia: aún en los distímicos, la frecuencia de mortalidad cardiaca es 50% mayor. Por lo tanto, si usted padece de alguna forma de depresión, es urgente que haga algo al respecto. Una forma de combatirla es checar sus niveles de estrés.

De hecho, con frecuencia la depresión surge de una incapacidad para hacer frente a las exigencias de la vida. En otras ocasiones, la depresión es el medio para escapar a lo que se juzga una situación intolerable. Para colmo, algunos medicamentos actúan como precipitantes de la depresión. Entre ellos están las estatinas (página 183), que se prescriben en un intento por evitar un infarto, pero irónicamente favorecen tendencias depresivas y hasta suicidas.

Ya sea que se trate de depresión leve, moderada o profunda, se puede lograr bastante con los complementos nutricionales. Contra la depresión leve a moderada dan buen resultado las vitaminas del complejo B (1–3 tabletas diarias), el PABA (200–400 mg), el ácido glutámico (500–1000 mg) y el 5–HTP (50–100 mg).

Mención aparte merece el aceite de pescado, porque detrás de una depresión podría estarse ocultando una carencia de los ácidos grasos omega 3 de cadena larga. El uso de este aceite suele dar resultados entre buenos y excelentes, porque a menudo la gente deprimida tiene bajos niveles de omega 3. Haga la prueba con seis cápsulas (pero puede llegar a ingerir hasta 12 cápsulas diarias).

Si hubiere distimia, serían útiles todos los complementos anteriores, pero el NADH (5–10 mg) es el específico. Y para las depresiones profundas, nada como el s–adenil metionina o SAM–e (200–400 mg). En el campo de la fitoterapia, podemos recurrir a la valeriana, la damiana, el sauzgatillo o el ginseng coreano. Empero, lo más efectivo es el extracto de la hierba de San Juan (una cápsula diaria).

No obstante, el uso de esta planta tiene condicionantes: no debe ingerirse por tiempo prolongado, en forma simultánea con otros antidepresivos, ni con medicamentos que necesiten receta médica. Además, esta planta suele producir fotofobia (intolerancia a las luces intensas) y fotosensibilidad en la piel (las quemaduras solares se producen con mayor facilidad).

10) El estrés

¿Cuánto lo irritan los hechos de la vida diaria como el que otro conductor le cierre el paso, que alguien más se lleve el ascenso que usted anhelaba o que un virus informático borre los archivos de su computadora? Por su propio bien, es mejor que haya contestado que no le afectan gran cosa, porque las salas de emergencias coronarias están llenas de gente que reacciona en forma desproporcionada.

El estrés es uno de los factores más dañinos para el corazón y, al mismo tiempo, uno de los más olvidados. Sin embargo, eso era algo ya conocido hace más de 200 años. John Hunter, un famoso médico inglés que padecía del corazón lo puntualizó diciendo: "Mi vida está en las manos del primero que logre encolerizarme". Y así fue. Aunque aparentemente lleno de vida, falleció en forma repentina unos instantes después de una áspera discusión durante una reunión del consejo del hospital en donde laboraba.

Desde entonces se han ido acumulando pruebas de que la actitud hacia la vida es muy importante para la salud del corazón. Investigadores de la universidad de Maryland en Baltimore (Estados Unidos) entrevistaron en 2001 a dos grupos de 150 personas, uno de ellos sano, y el otro con males cardiacos. Las personas sanas resultaron 60% más inclinadas a no dar importancia a los contratiempos cotidianos, y a tomar con filosofía las adversidades. Es decir, a sublimar el estrés de la vida diaria.

Entre los pioneros en dar a conocer los nexos entre la tensión nerviosa y los males cardiovasculares están los doctores Milton Friedman y Ray Rosenman, autores del libro *Comportamiento tipo A y su corazón*. Se trata de un clásico publicado en 1974 en el que por primera vez se colocaba en el banquillo de los acusados a un factor distinto del colesterol. En su obra mencionan numerosas pruebas sobre cómo influyen la personalidad, la actitud hacia la vida y hacia los demás, y el estrés que todo ello causa.

De acuerdo a esos y otros hallazgos, los candidatos más fuertes al infarto son aquellos individuos que exhiben dos o más de estas características: el ser intolerante, fácilmente irritable, dado a ocultar sus sentimientos y emociones, propenso a discutir o a regañar, siempre de prisa, sin tiempo ni paciencia para los detalles, que interrumpe constantemente en las conversaciones a los demás, o termina las frases por ellos, y es competitivo hasta para dar la propina más generosa.

Pero a veces ni siquiera se necesita un detonante como una discusión. En un estudio médico hecho en Estados Unidos, en el que se checaron los niveles sanguíneos de colesterol durante seis meses a un grupo de 200 contadores, se halló que cuando se aproximaba el fin del plazo para las declaraciones anuales de los contribuyentes, sus niveles de colesterol se elevaron en 20%, en promedio. Y la presión arterial en 7%. No se trata de cifras definitorias para un infarto, por supuesto, pero demuestran que la actitud mental y emocional produce cambios corporales.

El estrés no solamente cambia la química sanguínea y eleva la presión arterial, sino que en algunas personas puede interferir con el ritmo cardiaco. A través de trastornar el proceso mediante el cual se regulan los latidos, desencadena arritmias que —en casos extremos— desembocan en paros cardiacos. Por ello, el estrés llega a ser tanto o más funesto que el tabaquismo, la obesidad o la diabetes mal controlada. Para calcular sus niveles aproximados de estrés, consulte el apéndice 3.

Consejos para manejar el estrés

A nivel laboral

Aprenda a identificar las fuentes de su estrés, y trate de solucionarlo; delegue tareas y responsabilidades; evite roces y enfrentamientos; manténgase al margen de chismes y disputas; no trate de controlar a los demás, sino de hacer equipo con ellos; evite llevarse trabajo a casa; relájese física y mentalmente cada cierto tiempo; haga lo más agradable posible su sitio de trabajo, y no postergue sus vacaciones. Por último: si su entorno es verdaderamente hostil o su jefe es insoportable, búsquese otro trabajo (en donde sí lo valoren).

A nivel personal

No se endeude de más; cultive buenas amistades; haga ejercicio todos los días; practique un hobby; reciba masajes relajantes; trate de reír más; piense positivamente y propóngase ser optimista; no le haga a los demás lo que no le gustaría que le hicieran; sea tolerante con los defectos de las otras personas; aprenda a perdonar y a pedir perdón; cultive la espiritualidad, la oración, o ambas; duerma suficientes horas (o una siesta), escuche música relajante; sea romántico y detallista con su pareja; practique sexo seguro y evite la infidelidad.

En ambas áreas se puede recurrir también a vitaminas (como la c y el complejo b) y a fitoterapéuticos (como el té de siete azahares y el ginseng). También da resultados la difusión de esencias relajantes (por ejemplo, las de naranja, neroli y jazmín). Entre los métodos no recomendables para relajarse están el alcohol, el tabaquismo y las drogas.

11) El tabaquismo

A la larga, el único riesgo de fumar es terminar con bronquitis crónica, enfisema pulmonar o con cáncer de pulmón, ¿cierto? ¡Falso! El humo de tabaco resulta tan nocivo para el corazón como para los pulmones. A grado tal, que se calcula que el tabaquismo está detrás de 20% la mortalidad cardiovascular. Eso es así, porque el humo de tabaco afecta al sistema circulatorio en más de una manera.

Disminuye el diámetro de los vasos sanguíneos, con lo que dificulta la circulación y eleva la presión arterial. Reduce el aporte de oxígeno y nutrientes al corazón. Favorece la formación de coágulos. Disminuye los niveles del colesterol bueno y aumenta los del malo. Destruye vitaminas valiosas, como la c y la e. Contiene docenas de tóxicos capaces de lesionar las arterias e iniciar un problema cardiaco. Una vez sabiendo esto, no sorprende que el tabaco sea la causa de 20% de la mortalidad por cardiopatías.

Seguramente ya tenía antecedentes de que fumar no es bueno para la salud cardiaca, pero quizá no sabía hasta qué punto. El siguiente resultado de un estudio médico lo resume muy bien: incluso el ser fumador pasivo (respirar el humo de otros) aumenta en 30% las probabilidades de sufrir un infarto. Imagínese el porcentaje de riesgo de quienes han estado fumándose una cajetilla diaria o más.

Eso es lo malo. Lo bueno es que reducir el consumo de tabaco ayuda. Y abandonarlo, ayuda aún más. Dos a tres años después de haber dejado el hábito, el riesgo de un ataque cardiaco disminuye hasta la mitad de quienes nunca han fumado. Y tras cinco años de abstinencia, las probabilidades son aproximadamente las mismas de un no fumador.

En la primera parte del libro mencionamos que la reducción en la incidencia de problemas cardiovasculares en los últimos años ha sido más pronunciada que el descenso en los índices colectivos de colesterol. Y una posible explicación a esto es la reducción simultánea en el consumo de tabaco (8–10%). En un momento dado, es más importante dejar de fumar que reducir su colesterol. Una investigación hecha en la universidad de Harvard (EUA) en 2000, descubrió que las probabilidades de un paro cardiaco son 72% mayores en un fumador con su colesterol bajo, que en un no fumador con colesterol elevado.

Por lo tanto, si usted fuma, es urgente buscar ayuda para ir reduciendo su consumo de tabaco hasta dejarlo. Mientras lo hace, convendría reforzar su nutrición con una serie de complementos nutricionales. Para empezar, antioxidantes: vitamina C (500–1000 mg diarios); vitamina E (400 UI diarias); betacaroteno (3–6 mg diarios); selenio (200 mcg diarios). A todo esto, agregarle una cápsula diaria de algún multivitamínico bajo en hierro o que no lo contenga (página 73).

12) La disfunción sexual

El solo hecho de mencionar una merma en su potencia sexual perturba a la mayoría de los hombres. Es quizá por eso que cuando los médicos los examinan, casi nunca les mencionan el tema. Si hubiere algún problema ellos obviamente se lo callan, sin imaginar que su debilidad sexual podría estar enmascarando algo peor. En efecto: diversas afecciones ocultas se manifiestan a través de una disminución de la potencia sexual o de la libido. Y hay que estar alertas, porque en ciertas circunstancias, las disfunciones masculinas pueden arruinar algo más que nuestra vida sexual.

Entre las enfermedades que afectan el desempeño en la cama están la diabetes, la depresión y los problemas de la tiroides. Y por supuesto, también los males cardiovasculares. La dificultad para tener (y hacer durar) la erección es una señal común de problemas cardiacos. Y esto es así porque una mala circulación sanguínea no sólo se manifiesta a nivel de las coronarias; también en el área genital.

El desempeño sexual masculino depende de por lo menos tres variables. Una hormonal (suficiente abasto de testosterona y otros andrógenos), nerviosa (un buen funcionamiento de la red nerviosa que coordina la excitación, la erección y el orgasmo) y circulatoria (una óptima irrigación sanguínea). Con sólo saber esto, ya suena complicada la actividad sexual del hombre.

Cualquier factor que afecte una o más de dichas variables suele ser suficiente para desencadenar problemas. Eso lo saben bien los diabéticos, ya que en ellos se conjugan con frecuencia más de un factor. Sin embargo, es poco conocido que la disminución del diámetro arterial que produce la arterioesclerosis también se pueda manifestar a nivel genital. Cuando las arterias que nutren al corazón ya están afectadas por el colesterol, generalmente también lo están otros grandes vasos sanguíneos, entre ellos, los que irrigan el área pélvica y genital.

Y así como a veces un infarto es la primera alerta de que se sufre hipotiroidismo, la disfunción eréctil puede ser el primer aviso de que existe una cardiopatía. Como ya vimos, puede haber otras causas para una mengua en la potencia masculina, pero la falta de irrigación sanguínea suele ser frecuente. Este desbasto de sangre —tan necesaria para obtener erecciones firmas y duraderas—, también puede ocasionarlo el tabaquismo.

La nicotina es vasoconstrictora (disminuye el calibre de los vasos sanguíneos), y merma bastante la capacidad de mantener un coito. En algunos varones se suman los efectos, y esto desemboca en impotencia. Pero el fenómeno suele darse incluso en no fumadores. El tener problemas de erección también podría estar delatando una deficiencia de óxido nítrico, un mediador químico muy importante tanto para las coronarias como para las arterias que nutren al miembro viril. Aun cuando no hubiese arterioesclerosis, la falta de óxido nítrico en el organismo es un factor de riesgo tanto para el corazón como para la disfunción eréctil.

Hemos colocado a la disfunción sexual en esta lista de factores de riesgo aunque no lo es exactamente. La disfunción eréctil no propicia ataques cardiacos; más bien los presagia. Por lo tanto, si estuviese presente, constituye una llamada de atención para averiguar si existe alguna conexión. Claro que no siempre se cumple esta última, pero valdría la pena averiguarlo a través de exámenes médicos especializados.

Esperamos sinceramente que haya leído esta sección por pura curiosidad, y que esté a salvo de cualquier disfunción sexual. Pero si así no fuese, y mientras encuentra ayuda médica, queremos hacerle una serie de sencillas recomendaciones para mejorar su desempeño sexual. Adelgazar es imperativo. Todos esos kilogramos de grasa excedentes, lejos de hacer vibrar a la pareja, dispersan a la circulación sanguínea, debilitándola.

Practique ejercicio. Los hombres que practican algún deporte o hacen ejercicio a diario tienen mejor desempeño sexual. Esto es así al menos por dos razones: tienen una mejor circulación sanguínea y una mayor producción de testosterona. La actividad física a su vez puede ayudarle a manejar mejor su estrés. Este último cambia la química corporal, inundándola de hormonas (adrenalina, cortisol, prolactina) que interfieren con la actividad sexual.

Si tiende a la depresión, consulte la sección pertinente en este mismo libro, o busque ayuda médica. El aspecto emocional es tanto o más importante que el físico, y los estados depresivos pueden conducir a un pobre desempeño sexual. Las depresiones leves responden muy bien a la terapia nutricional; para la depresión profunda tal vez sea necesario el uso de fármacos. Sólo tenga cuidado con el tipo de antidepresivo que utiliza: el efecto colateral de algunos es precisamente la impotencia sexual.

13) Las arritmias

La palabra *arritmia* significa que los latidos del corazón no tienen una sucesión estable y regular, y ello no necesariamente denota que algo anda mal. Cuando el corazón late más rápido de lo normal (100 latidos por minuto o más), se dice que tenemos taquicardia. Pero si el ritmo se hace más lento (menos de 60 latidos por minuto), entonces se presenta la llamada bradicardia.

Todos alguna vez hemos tenido acelerado el corazón, o hemos notado cómo se nos "salta" un latido de cuando en cuando, lo cual normalmente no tiene mayor significado médico. Sin embargo, algunas formas de arritmia sí pueden poner en peligro la vida. No todos los infartos se originan en una arteria bloqueada por un coágulo; a veces el problema comienza con una pérdida del ritmo cardiaco. Entre las arritmias preocupantes se encuentra la fibrilación ventricular, a la cual se deben generalmente los paros cardiacos.

Si en su familia hay antecedentes de este tipo de anormalidades, o sospecha padecerlas, al visitar a su cardiólogo pídale que le haga un electrocardiograma de esfuerzo, pues muchas arritmias "silenciosas" sólo se manifiestan al hacer ejercicio. Si es necesario, para detectar estas anormalidades su cardiólogo puede solicitarle el llevar puesto durante todo un día un monitor Holter (un electrocardiógrafo portátil).

Este último resulta útil especialmente si está sujeto a mucho estrés negativo. En un estudio hecho en Canadá, el uso de monitores cardiacos portátiles demostró que el estrés, aun en cuotas pequeñas, aumenta el riesgo de una arritmia fatal. Si no tiene acceso a uno de tales monitores, averigüe de una manera más sencilla cómo anda su ritmo cardiaco. Durante un ejercicio intenso, el corazón suele acelerarse, lo cual es normal. E igualmente normal es que al terminar, y tras un periodo de recuperación, el ritmo cardiaco se normalice.

Por lo tanto, la próxima vez que haga ejercicio (ver la página 148 para saber cuán intensamente), cheque sus latidos por minuto. Cuando termine, deje pasar dos minutos en descanso y vuelva a verificar su ritmo cardiaco. Reste el resultado del primer valor que obtuvo. Si el resultado es menos de 55, está usted en riesgo de sufrir un ataque cardiaco en los próximos 10 años. A menos que haga algo, claro.

Hoy en día los cardiólogos de vanguardia manejan un nuevo concepto, el de variabilidad del ritmo cardiaco o VRC. Este término se refiere a la facilidad o dificultad con que el corazón se adapta a las circunstancias. Una VRC disminuida significa que el músculo cardiaco no se adapta con facilidad a los desafíos de la vida diaria, y está más propenso a arritmias o paros. El chequeo de su VRC aún no está disponible en todos los consultorios, pero vale la pena que lo busque.

Usualmente las arritmias no requieren tratamiento. Otras sólo se controlan con medicamentos, cirugía o un marcapaso. Si la posibilidad de todo esto le atemoriza, recuerde: la forma más natural, sencilla y económica de prevenir las arritmias es aprender a relajarse y controlar el estrés. Otra es moderar su consumo de alcohol. Este compuesto tiende a hacer que el ventrículo izquierdo del corazón se agrande, deformidad que se suele asociar con arritmias potencialmente peligrosas

En el aspecto nutricional, usted puede fortalecer su ritmo cardiaco (y su VRC) asegurándose de recibir todos los días ciertos nutrientes. Uno fundamental es el aceite de pescado, que protege directamente de la taquicardia y de la fibrilación cardiacas. Este efecto depende de la abundancia de EPA y DHA que se logre en las células pulsátiles del corazón.

Si hubiese un conato de infarto, estos ácidos grasos estabilizan eléctricamente al corazón, bloqueando cualquier arritmia. La dosis diaria recomendable es de 3–6 cápsulas de aceite de pescado, reforzadas con 400 mg de magnesio, 500–750 mg de carnitina y una cápsula de 400 UI de vitamina E.

La tiamina o vitamina B_1 también resulta de gran importancia para el mantenimiento de un ritmo cardiaco fuerte y estable. Ya existía evidencia científica de ello, pero pudo verificarse nuevamente en un estudio hecho por los doctores T. Takeda y M. Tanaka de la universidad central de Kioto (Japón) con un grupo de pacientes que iban a ser operados a corazón abierto. Uno de los riesgos de este tipo de tratamiento es que los corazones tienen que ser detenidos temporalmente durante la intervención. Al ser reanimados, se corre el riesgo de que se presenten arritmias que desemboquen en un paro cardiaco.

Tratando de prevenir este efecto, se les administró tiamina a la mitad de los pacientes durante los 10 días previos a la intervención. El otro grupo no recibió dicha vitamina. Durante las intervenciones, sólo 10% de quienes recibieron la vitamina mostraron contracciones cardiacas anormales, en tanto que 30% de los pertenecientes al otro grupo las presentó. Y al ser reanimados, sólo 30% de los primeros presentó arritmias, contra 95% de los segundos.

La presencia de suficiente vitamina B_1 en el músculo cardiaco es importante aun cuando no se esté expuesto a condiciones tan extremas como una operación a corazón abierto. Si se llega a sufrir un paro cardiaco, la tiamina puede acudir al rescate y ser la diferencia entre la vida o la muerte. Esto último se concluyó tras una investigación en la que se analizaron los niveles de esta vitamina en el corazón de 200 personas fallecidas por padecimientos cardiacos, y en otros tantos que murieron por otras causas. Los del primer grupo tuvieron un promedio de 57% menos tiamina en su músculo cardiaco.

14) La menopausia

Es un hecho conocido que las mujeres en edad fértil tienen más protección contra los infartos que los hombres de su misma edad. Y tradicionalmente se ha atribuido tal defensa a los estrógenos y otras hormonas sexuales que el organismo femenino produce. La prueba más fuerte en pro de esta conclusión es el hecho de que con la menopausia tal protección se pierde.

Si en los años de la juventud la incidencia de infartos es mayor en los varones, tras la menopausia casi se iguala. Parecería una coartada perfecta. Sin embargo, se están acumulando pruebas de que la protección en la mujer no se debe precisamente a las hormonas femeninas.

Por un lado, tal vez resulte más importante el hecho de que a través de la menstruación la mujer fértil cada mes desecha cualquier exceso de hierro (el cual se ha ligado a una mayor incidencia de infartos). Al dejar de menstruar, esa protección se pierde. Y por otro lado, cuando se reciben hormonas tras la menopausia, no necesariamente se restituye la protección perdida. Por ello, se ha concedido a la terapia de reemplazo hormonal un efecto defensivo.

La terapia de reemplazo hormonal (TRH) consiste en administrar estrógenos (con o sin progestina) a las mujeres cuyos ovarios ya no los producen en suficiente cantidad. Y una de las razones por lo que se prescriben es precisamente la protección cardiovascular tras la menopausia. Empero, ya no se está tan seguro de ello. Por un lado hay evidencia en pro, y por otro, en contra.

Por ejemplo, tradicionalmente se ha manejado que los estrógenos aumentan el colesterol bueno (HDL), disminuyen el malo (LDL) y reducen la formación de placas de colesterol. Además, hace a las lipoproteínas más grandes y menos densas, y ayuda a normalizar el funcionamiento endotelial. Por si fuera poco, también por sí mismos los estrógenos proveen protección antioxidante al colesterol malo (LDL).

De acuerdo a algunos estudios, la terapia de reemplazo hormonal reduce en 33% o más, el riesgo coronario en mujeres posmenopáusicas. Pero otros estudios más recientes no sólo desmienten tal resultado, sino que sugieren que incluso podría aumentar ligeramente dicho peligro (y el de infartos cerebrales). Y si a esto le agregamos el hecho de que la TRH suele aumentar los niveles corporales de proteína C reactiva, las mujeres deberían pensarlo muy bien antes de recurrir a ella.

De hecho, el Instituto Nacional de la Salud de Estados Unidos suspendió en 2002 un ambicioso estudio por dicha causa. Se trataba del llamado Women's Health Initiative, que buscaba dilucidar de una vez por todas esta cuestión. Y los resultados iniciales (aumento en la incidencia de infartos, embolias, tromboflebitis y cáncer mamario) fueron tan turbadores, que se decidió finalizar el proyecto en forma prematura.

Esto de alguna manera coincide con los hallazgos en el hombre, de que los niveles elevados de estradiol, lejos de ser protectores, aumentan el riesgo de una cardiopatía. Y como los estrógenos también comportan otros riesgos (como favorecer los cánceres de seno y de útero, y el mal de Alzheimer), debería evaluarse muy bien la conveniencia de la TRH (o por lo menos, recabar segundas o terceras opiniones). De hecho, la Sociedad de Ginecoobstetras Canadiense ya está desaconsejando el uso de la TRH con el solo fin de prevenir males cardiacos.

¿Qué hacer entonces para compensar en parte la ausencia de hormonas? A nivel nutricional, comer lo más saludable posible. Con un régimen bajo en grasas y carbohidratos refinados, pero rico en ácidos grasos monoinsaturados y proteínas procedentes del pescado. También incluir proteínas en polvo, como las de soya y de suero de leche. Y abundancia de frutas y verduras (3–5 raciones diarias de cada grupo).

Evitar carnes rojas y pollo (posibles fuentes de hormonas), y preferir pescado, sardinas, atún, arenques y salmón. Enriquecer esa dieta con aceite de pescado (3 cápsulas), aceites de prímula o borraja (6–9 cápsulas), lecitina de soya (3–6 cápsulas), complejo B (una tableta), vitamina E (400 UI). Agregar fibra dietética, sobre todo procedente de la linaza molida (1–3 cucharaditas diarias).

La linaza y los derivados de la soya son ricos en un grupo de nutrientes llamados isoflavonas (fitoestrógenos), que tienen una estructura química similar a la de las hormonas femeninas. Pueden compensar en parte la ausencia de éstos, sin sus potenciales riesgos. Lejos de favorecer cánceres, problemas cardiacos u otros males, las isoflavonas protegen contra ellos. Incluso fortalecen los huesos contra la osteoporosis.

Además, la fitoterapia tiene mucho que ofrecer. Las plantas más útiles son el trébol rojo, la cimífuga, el sauzgatillo, el regaliz (orozuz), el ginseng (coreano y siberiano) y la angélica (dong quai). La protección cardiovascular que se pierde tras la menopausia (la pérdida de hierro con la menstruación) se recupera siguiendo los consejos de las demás secciones.

15) La disfunción endotelial

En ciertas condiciones, la reproducción de las células de diversos órganos y tejidos se sale de control. Una posible consecuencia de esto es la formación de tumores, tanto benignos como cancerosos. De acuerdo a una teoría reciente, si esto llega a ocurrir en el endotelio de las arterias, ahí puede darse lo que se llama en medicina una proliferación celular descontrolada o disfunción endotelial.

El endotelio es el recubrimiento interno de las arterias. Cuando está sano, este endotelio normalmente es liso y permite una libre circulación de la sangre. Este flujo puede verse aminorado y aún detenerse por al menos tres causas: por el depósito de placas de colesterol; por un coágulo de sangre (trombosis); y por un espasmo, es decir un estrechamiento por contracción muscular.

El endotelio es algo más que un mero revestimiento; es una capa viviente y muy dinámica, de la cual puede depender la vida o la muerte. Es a este nivel en donde se origina el proceso que al final desemboca en un infarto o una embolia. Aún no está del todo claro si las placas de colesterol se originan siempre por microlesiones en el endotelio, o si a veces comienzan a raíz de un crecimiento celular anómalo.

Según algunas teorías sobre el origen de la arterioesclerosis, dicho crecimiento desordenado lo provocan agentes capaces de producir mutaciones, o sea cambios genéticos perdurables. Y en la vida diaria estamos rodeados de mutágenos: pesticidas, plásticos, solventes, esmog, grasa oxidada, aditivos alimentarios, etcétera.

Las células anómalas resultantes forman pequeños tumores benignos, que a su vez atraen células, colesterol y moléculas curativas. Y de esta manera puede iniciarse una o más lesiones primarias que a su vez den origen a placas de colesterol. Al proliferar las lesiones y las placas, se desencadena la arterioesclerosis. El cambio de una célula sana a una anormal no parece darse en un solo paso, sino por etapas. Esto podría explicar por qué el número de placas de colesterol va aumentando con la edad.

Ya sea que efectivamente detrás de las cardiopatía se oculte o no la disfunción endotelial, de todas formas no es bueno que existan crecimientos anormales en cualquier parte del cuerpo. Por lo tanto, vale la pena buscar ayuda en contra de tal amenaza. La vitamina A, el betacaroteno y las sustancias relacionadas con los llamados carotenoides son de primera importancia para protegerse.

Asegúrese de recibir diariamente un mínimo de 5000 UI (700 mcg) de vitamina A, y 5000 UI (3 mg) de betacaroteno a través de complementos. Y con frutas y verduras, alfa caroteno, gamma caroteno, licopeno, zeaxantina y otros carotenoides protectores. De hecho, existe una serie de sustancias naturales presentes en los vegetales (fitonutrientes) que han manifestado la capacidad para bloquear la proliferación celular anormal.

Puede encontrarlos tanto en frutas y verduras, como en complementos nutricionales en donde vienen mezclados. También hallará en las frutas otro nutriente protector, la vitamina C, que se opone a la proliferación celular anormal. Complemente su consumo de jugos y frutas naturales con 500 mg diarios de esta vitamina. Para obtener mejores efectos, agregue vitamina E (200–400 UI) y vitamina D (200–400 UI).

También resulta útil el aceite de pescado, cuyos ácidos grasos omega 3 bloquean la capacidad de la prostaglandina E2 de estimular la proliferación celular anormal. Consuma pescado marino y sardinas con frecuencia, o tres cápsulas diarias de aceite de pescado. Algo similar puede lograrse con los compuestos azufrados del ajo. Diversos componentes de esta planta, entre ellos el ajoeno, han mostrado clínicamente efectos antitumorales, antimutágenos e inhibidores de la proliferación celular anómala.

Y si a esto agregamos que el ajo también ayuda a controlar la presión arterial, normaliza el colesterol total e inhibe la formación de coágulos anormales, entenderemos por qué este bulbo es tan valioso para la salud cardiovascular. El consumo 2–3 veces por semana de ajo crudo, cocido o en sal de ajo ayuda mucho. O mejor aún, se puede recurrir a cápsulas o tabletas de extracto de ajo deodorizado (1–3 cápsulas diarias).

Otra planta excelente como antimutágeno es el té en todas sus presentaciones (negro, blanco, rojo o verde), pero especialmente este último. Por sí mismo es un antioxidante muy poderoso que mantiene bajo control la proliferación de radicales libres, los cuales pueden ocasionar mutaciones potencialmente peligrosas. Pero además contiene fitonutrientes llamados flavonoides, que también son capaces de impedir las mutaciones celulares.

16) La gingivitis (y otras infecciones)

¡Lo que faltaba! Ahora se va a culpar hasta a los problemas dentales de las enfermedades cardiacas. Bueno, no precisamente, pero se sospecha de diversas bacterias bucales, entre ellas el *Streptococcus mutans* (causante de la caries), la *Helicobacter pylori* (responsable de la enfermedad ácido péptica), la *Chlamydia pneumoniae* (productora de neumonía) y la *Porphyromonas gingivalis*, causante común de la gingivitis. De todas ellas existen motivos para pensar que pueden ocasionar problemas arteriales. De acuerdo al estudio más reciente, los varones con las encías enfermas tuvieron casi 100% más de incidencia de ataques cardiacos que quienes estaban sanos.

El descubrimiento original es obra del doctor Joseph Melnick, de la universidad estadounidense de Baylor, quien desde 1980 ha venido localizando estos y otros gérmenes en las lesiones arteriales. A las dos bacterias anteriores hay que agregarles un microorganismo no relacionado —pero igualmente peligroso—, el *Cytomegalovirus* (un virus de la familia del herpes).

Este último, la *Chlamydia* y la *Porphyromonas* no sólo han sido localizados dentro de las placas de colesterol, sino que parecen afectar directa y adversamente al endotelio (la capa interna de las arterias). El *Cytomegalovirus*, por ejemplo, interfiere directamente con la producción de óxido nítrico (página 84) por parte del endotelio, lo que lo debilita frente a otros factores desencadenantes de cardiopatías.

El doctor Stephen Epstein, otro investigador estadounidense, lo ha encontrado con inquietante frecuencia en pacientes que sufrieron una angioplastía o que requirieron un trasplante cardiaco. La presencia del *Cytomegalovirus* en los primeros resulta ominosa, ya que presagia que antes de 6 meses, las arterias destapadas se volverán a atascar. En cambio, en los pacientes libres del *Cytomegalovirus*, la duración de la angioplastía es mucho mayor. Y eso no es todo.

Según otra investigación, la posibilidad de sufrir un ataque cardiaco es del doble entre los ancianos infectados con el virus del herpes simple (el que ocasiona los fuegos labiales). Existen otros microbios sospechosos, más difíciles de descubrir y diagnosticar, llamados micoplasmas. Algunos, como el *Mycoplasma pneumoniae* ocasiona neumonías, pero la mayoría desencadenan infecciones menores, que no producen fiebre o síntomas molestos, y con frecuencia pasan inadvertidas.

En quienes poseen un sistema inmunológico fuerte no ocasionarán nada más. Pero en quienes lo tengan debilitado, podrían afectar otras áreas (como las arterias), y ocasionar problemas potencialmente serios. ¿Muy serios? Bueno, se les ha relacionado con problemas de salud como el síndrome de fatiga crónica, fibromialgia, artritis reumatoide, esclerosis múltiple y el mal de Alzheimer. El tiempo dirá qué grado de responsabilidad tienen.

Mientras, hay que ir tomando medidas. Para protegerse de las bacterias bucales, lo recomendable es esmerarse con la higiene dental, visitar con frecuencia al dentista y obedecer sus indicaciones. Conserve sus piezas dentales y encías lo mejor que pueda. Y si ya padece gingivitis o sospecha padecerla, es urgente que acuda con un periodoncista. Un buen tratamiento puede controlar la infección, y disminuir con ello las probabilidades de que gérmenes potencialmente peligrosos pasen a circulación.

Tome en cuenta que entre los 21 y los 50 años 15% de la población padece gingivitis, y en los mayores de 50 años, la proporción sube a 30%. En cualquier caso, si se hace necesaria una extracción, curación o cualquier procedimiento que involucre una lesión sangrante, hay que pedir con anticipación al dentista que nos recete un antibiótico para combatir a las bacterias que pudieran pasar de la boca al torrente sanguíneo. Y eso no es todo lo que podemos hacer para defendernos.

Todavía no hay una vacuna contra los infartos, pero lo más cercano a ello podría ser la vacuna contra la gripe. De acuerdo a un estudio hecho en la universidad de Texas, los convalecientes de un infarto que estaban vacunados contra la gripe corrían 67% menos riesgo de sufrir un segundo infarto que los no vacunados. Aún se ignora cuál es el mecanismo de protección, pero el porcentaje mencionado significa que es efectivo, y quizá valdría la pena ensayarlo.

Lo que no resulta aconsejable hacer es tomar antibióticos en forma preventiva. La idea aparentemente es buena, pero la teoría no siempre concuerda con la realidad. En un estudio hecho en la universidad de Washington (EUA), se halló que los antibióticos no necesariamente protegen contra la inflamación arterial crónica. Peor aún, por lo menos uno de ellos (la eritromicina) aumenta el riesgo de un infarto hasta en 500%.

Los complementos nutricionales, en cambio, tienen mucho que ofrecernos. Contra infecciones en general y de microbios oportunistas en particular, lo mejor es tener un sistema inmunológico fuerte. Lo lograremos alimentándonos bien, ingiriendo suficientes frutas y verduras, haciendo ejercicio y evitando el tabaco y el alcohol. Nuestras defensas necesitan abundante proteína (especialmente la de suero de leche), zinc (15 mg diarios), vitamina C (500–1000 mg), vitamina E (200–400 UI) y complejo B (1–2 tabletas diarias).

Los virus de la familia del herpes en particular se combaten con complementos del aminoácido lisina (500–1000 mg dos veces al día, entre comidas y con el estómago vacío). Evite los alimentos ricos en arginina y los complementos de este aminoácido (página 85), porque fortalecen a los herpes virus. Tanto el dejar de fumar como el hacer ejercicio fortalecen el sistema respiratorio, haciéndolo un campo menos fértil para las infecciones.

La bronquitis crónica y la tos de los fumadores podrían presagiar algo más que problemas respiratorios. Un estudio hecho en Estados Unidos mostró que en estos casos el riesgo cardiovascular aumenta hasta en 300%. En infecciones crónicas o rebeldes tal vez sea necesario el uso de antibióticos. Los micoplasmas, por ejemplo, con frecuencia necesitan uno o más tratamientos con ciprofloxacino, doxiciclina o azitromicina para ser derrotados. Pero obviamente, esto ya compete a un médico.

17) El ácido úrico

Si usted padece de gota, seguramente conoce muy bien lo que pueden ocasionar los excesos de esta sustancia en el organismo. Suele acumularse en ciertas articulaciones y en los dedos gordos de los pies, ocasionando focos muy dolorosos de inflamación. Quienes sufren de este mal generalmente lo presentan por una predisposición genética a tener niveles sanguíneos excesivos de ácido úrico.

Pero no solamente pueden elevarse sus niveles corporales por esa causa. Por lo general lo aumentan el consumo de alimentos ricos en purinas (los compuestos de los que se deriva el ácido úrico). Entre los más conocidos están las carnes rojas, las carnes frías, las vísceras, el paté, las sardinas, los arenques, las anchoas, los mariscos, el caviar y los vinos.

Menos conocidas, pero igualmente importantes, son las semillas de la familia de las leguminosas: los frijoles, la soya, las lentejas, los garbanzos, los chícharos y las habas. Los espárragos, la cerveza (y la levadura de cerveza) también abundan en purinas. Y las bebidas alcohólicas en general pueden disparar el ácido úrico.

El ácido úrico es en realidad un desecho del cuerpo. Un residuo del procesamiento metabólico de los ácidos nucleicos corporales y de los contenidos en los alimentos. Cuando el laboratorio reporta una elevación en sus niveles, esto se interpreta de diversas maneras. En el mejor de los casos refleja una alimentación rica en purinas. En el peor, quizá esté delatando la presencia de una enfermedad en la que exista una destrucción celular intensa.

Esto último es digno de tomarse en cuenta, porque en estudios médicos recientes se han relacionado las elevaciones de ácido úrico con las cardiopatías. La concentración máxima normal de este componente sanguíneo es 6 mg para las mujeres y de 7 mg para los hombres. En una investigación que abarcó a 6000 personas con niveles altos de ácido úrico, se les identificó un preocupante aumento en las probabilidades de sufrir un paro cardiaco.

En el caso de los hombres con más 10.7 mg, el riesgo aumentó en 170%. Y en las mujeres con más de 8.6 mg, el peligro se disparó en 300%. No se trata de resultados definitivos (incluso existen estudios que dan cuenta de resultados opuestos), pero la evidencia existente ha llevado a la Asociación Estadounidense del

Corazón a colocar al ácido úrico elevado en su lista de factores de riesgo para los infartos. Por lo tanto, valdría la pena tenerlo en cuenta, en especial si sus niveles están fuera de rango.

Por lo pronto no se sabe de qué manera podría el ácido úrico aumentar los riesgos cardiovasculares. La arterioesclerosis no se caracteriza por una amplia destrucción celular, pero tal vez, como se trata de una sustancia irritante, el exceso de ácido úrico produjera similares lesiones en las arterias a las ocasionadas por la homocisteína. Otra posibilidad es que actúe a través de dos efectos plenamente identificados: su exceso tiende a aumentar los niveles corporales de triglicéridos, y también fomenta la intolerancia a la glucosa (y a largo plazo, la resistencia a la insulina).

El ácido úrico alto (llamado en medicina hiperuricemia) puede tener diversos orígenes. Hay uno genético, en el cual ya se nace con una tendencia a tener mayores concentraciones de lo normal. Una causa frecuente es la abundancia de purinas en la dieta, y esto último se verá empeorado si a la vez se consume alcohol con regularidad. Otro posible origen es la resistencia a la insulina (que a su vez acompaña al síndrome metabólico y a la diabetes de tipo 2).

No menos importante, una elevación del ácido úrico puede deberse al consumo excesivo de grasa vegetal. Esto se sabe desde 1969, cuando a los participantes en un estudio clínico se les dispararon los niveles de dicha sustancia como consecuencia de incluir demasiada grasa poliinsaturada en su dieta experimental. Aunque no alcanzaron a presentarse consecuencias, el estudio se suspendió, debido a que la hiperuricemia suele significar que algo nada mal en el cuerpo.

En consecuencia, una de las primeras medidas dietéticas contra el ácido úrico (además de limitar el consumo de purinas y alcohol) es también reducir la ingestión de grasa vegetal. Parte muy importante del tratamiento del ácido úrico elevado es la ingestión de agua en abundancia (entre 1.5 y 2 litros diarios).

Esto no sólo reduce las probabilidades de formación de cálculos renales, sino que incrementa la excreción urinaria de dicha toxina.

Si al mismo tiempo se ingiere vitamina c, su expulsión aumenta todavía más. Su uso como complemento diario (500–1000 mg) ayuda a reducir los niveles de ese ácido. También son muy importantes el ácido fólico (400–800 mcg) y el ácido pantoténico o vitamina B_5 (10–50 mg), acompañados del resto del complejo B (una tableta). También dan excelentes resultados la vitamina E (200–400 ui), el aceite de pescado (3–9 cápsulas) y el aceite de prímula o de borraja (3–6 cápsulas).

18) El hierro

Durante los últimos años se ha hecho mucho énfasis sobre la utilidad del hierro para evitar las anemias, y con base en ello se ha dado en agregar este valioso mineral a casi todo, desde multivitamínicos hasta cereales para el desayuno. Y aunque está fuera de toda duda su valor en ésa y otras funciones, la verdad es que nos están llenando de cantidades de hierro que los varones adultos con frecuencia no necesitamos.

Si bien es cierto que con medida el hierro es beneficioso, su exceso puede revertirse en contra nuestra. Concretamente, aumentando el riesgo de infartos y embolias. Esto ya se sospechaba desde 1981, pero la primera prueba sólida la proporcionó en 1992 el doctor Jukka Salonen, de la universidad de Kuopio (Helsinki). Tras una acuciosa investigación que duró ocho años, llegó a la conclusión de que la relación entre el nivel de hierro en la sangre y el riesgo de un ataque cardiaco es directamente proporcional. Más tarde, otros estudios médicos confirmaron su hallazgo.

La razón principal es que el excedente de hierro implica al menos dos efectos indeseables. El primero es que agota las reservas corporales de un valioso antioxidante: el glutatión. Entre las funciones de este último está el proteger de la oxidación al colesterol malo (LDL). Como vimos, el colesterol oxidado u oxicolesterol puede iniciar o empeorar la arterioesclerosis. En segundo lugar, demasiado hierro circulante favorece la producción de radicales libres, y con ello la oxidación del colesterol malo.

Para colmo, todo esto empeorará si a la vez se tiene un LDL alto. Es decir, si el hierro tiene mucha "materia prima" que atacar. Pero, ¿qué es lo que hace que un aliado de la salud como el hierro se convierta en un renegado? No se sabe a ciencia cierta, pero se cree que tiene que ver con los estados de oxidación de dicho mineral. Mientras el hierro permanece ligado a una molécula que lo estabilice (como la hemoglobina), no hay problema.

Pero en ciertas condiciones (bajos niveles de antioxidantes, demasiado hierro y pocas moléculas ligantes), los átomos de hierro libres se oxidan y se convierten en químicamente agresivos. Se sabe que este hierro inestable puede atacar al endotelio (la capa interna de las arterias), reduciendo su producción de óxido nítrico. También produce lesiones que a su vez se conviertan en focos de formación de placa arterioesclerótica.

Lo poco que ha podido averiguarse del papel que puede desempeñar el exceso de hierro en las cardiopatías ha permitido explicar porqué los hombres que donan sangre habitualmente y las mujeres en edad fértil (que pierden todos los meses sangre con la menstruación) están menos expuestos a los males cardiovasculares. Y también explica por qué las mujeres corren más riesgo tras la menopausia.

¿Qué puede hacer usted? Bueno, una medida inmediata y altruista sería la donación periódica de sangre. Pero si existe algún motivo por el cual usted no deba o quiera hacerlo, entonces lo más sencillo e inmediato es consumir menos hierro a través de su dieta. Verifique cuáles de los alimentos industrializados (cereales, harinas, panes, galletas, bebidas, etc.) que consume habitualmente tienen hierro añadido, y evítelos.

Si acostumbra un multivitamínico que contenga hierro (en especial si ofrece más de 10 mg por cápsula), cámbielo por otro que no tenga hierro. Asimismo, asegúrese de recibir suficiente vitamina C diariamente. Este nutriente es un antioxidante natural que ayuda a mantener estables los átomos de hierro. Consuma un mínimo de 500 mg todos los días.

El hierro también abunda en el hígado, las vísceras y las carnes rojas, por lo que junto con la grasa y el colesterol, ya tiene tres motivos para minimizar su consumo. Y no se preocupe por llegar a sufrir deficiencias de este mineral. Hay suficiente hierro en el resto de la dieta (incluidos granos, semillas y vegetales) como para que no sufra carencia alguna.

Si por las dudas quiere conocer sus niveles actuales de hierro, puede darse una idea practicándose un examen de laboratorio llamado citometría hemática. Si tuviese deficiencias de hierro, se verían reflejadas en un menor número de glóbulos rojos y en un nivel bajo de hemoglobina. Asimismo, es posible averiguar si tiene exceso de hierro por medio de un examen de laboratorio: la medición de los niveles de ferritina en sangre.

19) La grasa alimentaria

Entre los hechos básicos de la nutrición está el que las grasas son indispensables para la salud y la vida. Como alimento son una fuente concentrada de energía, y por eso mismo constituyen un excelente material de reserva. En el organismo, forman parte de la estructura íntima de las células (particularmente de las neuronas). Acumuladas bajo la piel constituyen una capa aislante, que nos protege de los altibajos de la temperatura.

La grasa no sólo hace más sabrosa la comida, sino que le da mayor capacidad saciante. Al mismo tiempo, sirve de vehículo para que vitaminas y otros nutrientes sean correctamente absorbidos en el intestino. Y las grasas esenciales (ácidos grasos omega) son la materia prima corporal para producir un tipo de hormonas muy importantes, los eicosanoides (entre ellos las prostaglandinas).

Sin embargo, justo es decir que existen diferentes tipos de grasa en nuestra alimentación, y que algunas son más recomendables que otras. La manera más usual de clasificarlas es en dos categorías: saturadas e insaturadas. Para no complicarnos mucho con explicaciones científicas, diremos que la principal diferencia entre ambas es que las primeras tienden a conservarse sólidas a temperatura ambiente, y las segundas, a permanecer líquidas. Un ejemplo de las primeras es la mantequilla, y de las segundas, los aceites comestibles.

Esta propiedad, en sí, no las hace ni buenas ni malas. Con frecuencia es el tratamiento industrial que se les aplica, o el abuso en su consumo, lo que las convierte en villanas. Por lo tanto, no vamos a ensalzar a unas y a satanizar otras. En cuanto al tipo de grasa más recomendable y al volumen a consumir, lo mejor es el equilibrio.

Las grasas insaturadas se dividen a su vez en monoinsaturadas y poliinsaturadas. De ahí surgen los tres tipos de grasa alimentaria que se maneja en nutrición: saturada, monoinsaturada y poliinsaturada. En siglos pasados, cuando la industria alimentaria aún no echaba a perder las grasas de nuestra comida, este detalle era irrelevante. Nadie tenía por qué saber qué tipo de grasa predominaba en sus alimentos, porque éstos ya venían balanceados de naturaleza.

Actualmente sí es necesario, porque ya no hay tal equilibrio. Debemos cuidarnos de los excesos y los desequilibrios, porque con el tipo de comida que consumimos es facilísimo caer en ellos. Y las consecuencias son obesidad, infartos, embolias, hipertensión, diabetes, y múltiples enfermedades que antes eran una rareza. Por eso ahora incluso se habla de limitar a ciertos porcentajes el consumo de cada una de las tres categorías de grasas.

El consumo de grasas hoy en día es muy elevado, del orden de 35–40% del total calórico diario. Con fines cardioprotectores sería mucho más sano reducirlo a 20–25% (la sola reducción en el consumo de grasas a 20% de las calorías totales produce grandes beneficios). Si su consumo de grasa es muy variado (carnes, lácteos, aceites, etc.), entonces valdría la pena que buscara reducirlo y acercarse lo más posible a 20–25% señalado.

Pero si su dieta es tipo mediterráneo (en la que abunden el pescado, el aceite de oliva y frutas y verduras) y, por lo tanto, el tipo de grasa predominante es monoinsaturada, entonces puede permitirse una mayor proporción: 25–30%. Los griegos, que llevan una dieta así (y la aderezan con vino tinto), tienen una incidencia de males cardiovasculares 20 veces menor que los estadounidenses.

Y esto, traducido a cantidades concretas, equivale a unas 4–5 cucharadas de grasa al día (para una dieta de 2000 calorías). Claro que mucha de la grasa que ingerimos viene disfrazada en la comida y la bebida, y no resulta tan fácil cuantificarla. Pero teniendo en mente cuáles alimentos contienen más grasa, y balanceando su consumo, se puede alcanzar el citado porcentaje.

20) La grasa saturada

Primero, se nos dijo que había que reducir el consumo de colesterol. Luego, que también había que reducir la grasa saturada (preferentemente la de origen animal). Hoy en día, sabemos que para proteger nuestras arterias, resulta mucho más importante reducir el consumo de grasa saturada que de colesterol. Desde mucho tiempo atrás se conoce que la grasa saturada afecta más al colesterol sanguíneo que el colesterol de los alimentos, pero aun los médicos se enfocan más a este último que a la primera. Por lo tanto, cuidado con alimentos bajos en colesterol, pero altos en grasa saturada.

Más atentos aún hay que estar contra la grasa trans. Se trata de grasa originalmente poliinsaturada que se convirtió en saturada por medios artificiales. Concretamente, de aceites vegetales que sufrieron una transformación química que los convirtieron en grasa sólida, con apariencia de manteca. Es la famosa manteca vegetal hidrogenada, que por no tener ni pizca de colesterol va por el mundo con bandera de inofensiva, y hasta recomendable. Sin embargo, es un auténtico lobo con piel de oveja.

Pero volviendo a la grasa saturada, ésta también significa un problema, porque con ella produce el hígado el colesterol malo (LDL). Por lo tanto, a mayor consumo de la primera, es factible esperar mayor proporción del segundo. No menos importante, tras el consumo de un alimento rico en ellas, los triglicéridos pueden elevarse hasta en 155%, y la elasticidad de las arterias disminuir en 18%.

Otro aspecto que no debe escapársenos es que disuelto en la grasa saturada se halla un ácido graso potencialmente perjudicial, el araquidónico. Cuando abunda mucho en la alimentación, cambia el balance corporal de las hormonas llamadas eicosanoides. Fomenta la producción de prostaglandinas que producen inflamación, dolor y coagulación exageradas. Por si fuese poco, el ácido araquidónico es uno de los principales componentes de la placa arterioesclerótica.

En consecuencia, haríamos bien en reducir nuestro consumo de grasa saturada. Comencemos por identificar en cuáles se encuentra. Se ha satanizado a los alimentos de origen animal como las principales fuentes de grasa saturada, pero también abunda en algunos productos de origen vegetal (aceites de algodón, de cacahuate, de soya y la margarina). Particularmente abundantes en este tipo de grasa son los aceites de coco y de palma (ingredientes frecuentes de helados, chocolates, pasteles, golosinas y comida rápida).

21) La grasa poliinsaturada

Cuando en la década de 1950 comenzaron a difundirse las primeras noticias sobre la culpabilidad del colesterol en la producción de los males cardiacos, de manera simultánea creció la aversión popular hacia cualquier alimento que lo contuviera. Poco a poco las carnes rojas, los embutidos, la leche entera, la mantequilla y los huevos fueron vistos con malos ojos. Y no se diga la manteca de cerdo para freír.

De manera simultánea surgieron como opción los aceites para cocinar de origen vegetal. El gran público cambió sus preferencias hacia los aceites de maíz, girasol, algodón, soya, cártamo y ajonjolí. Estos aceites no contienen nada de colesterol y, a diferencia de las grasas de origen animal, son bajos en grasa saturada y altos en grasa poliinsaturada. Esta última combinación comenzó a ser promovida por los médicos estadounidenses como la más saludable, y la industria alimentaria se encargó de lo demás.

Los aceites vegetales pronto dominaron el mercado, y merced a la incesante campaña publicitaria sobre sus propiedades cardioprotectoras, ahí se ha mantenido. Sin embargo, el tiempo se encargó de demostrar que en ello había mucho de exageración y otro tanto de equivocación. La verdad es que por sí mismo, el consumo de aceites vegetales no es la solución para el problema del colesterol.

Actualmente se consume tres veces más grasa poliinsaturada que hace 50 años, sin embargo, la incidencia de males cardiovasculares no ha descendido en la misma manera. Antes bien, ha aumentado. La verdad es que las bondades de las grasas poliinsaturadas sobre el corazón han sido uno de los mayores embustes fraguados por la industria alimentaria para promover sus productos.

La primer llamada de atención llegó tempranamente, junto con los primeros resultados del histórico estudio Framingham, realizado entre 1950 y 1975 con los 5 mil habitantes de la comunidad estadounidense del mismo nombre, para averiguar cómo afectan diversos factores a la incidencia de males cardiacos.

Con los resultados recopilados, los investigadores del Centro Médico de Boston (EUA) no pudieron confirmar la supuesta relación entre consumo de grasas vegetales y menor incidencia de infartos y embolias. Es más, el doctor William B. Kannel, director del citado estudio, sostuvo que no había encontrado relación entre el tipo de grasa que consumía una persona y sus niveles sanguíneos de colesterol.

Y a éste siguieron muchos otros resultados clínicos similares. Particularmente significativa fue una investigación hecha en Inglaterra en la cual 400 voluntarios fueron divididos en dos grupos. Uno, que siguió una alimentación mixta normal que incluía carnes rojas, huevos y mantequilla. Otro, que evitó todo eso y al mismo tiempo ingirió gran cantidad de aceites vegetales (35% de sus calorías totales).

Al cabo de un año, y a diferencia de los primeros, los del segundo grupo lograron reducir su colesterol en 10%. Un buen resultado, aunque más bien pobre (de haber usado vitaminas y nutrientes, los resultados habrían sido espectaculares). Peor aún, aunque dichos voluntarios continuaron con la misma dieta, al pasar el tiempo los niveles de colesterol regresaron a sus niveles originales.

Para colmo, en el momento de concluir la experiencia, 27 personas de este último grupo habían enfermado del corazón, contra sólo 25 del primero. ¡Las personas "protegidas" resultaron más vulnerables que quienes no lo estaban!

Las razones de esta aparente incongruencia se harían aparentes con los años. Primero: no podemos considerar los niveles de colesterol sanguíneo como un indicador seguro de riesgo cardiovascular. Por lo tanto, una reducción en el colesterol elevado tampoco es garantía de protección (y menos una reducción tan pequeña).

Segundo: las grasas poliinsaturadas pueden ser por sí mismas una amenaza para el corazón (al oxidarse al aire o ser calentadas en exceso se transforman en especies químicas agresivas para las arterias, pues a menudo inician el proceso arterioesclerótico que desemboca en infartos y embolias).

Y tercero, y no menos importante: la grasa poliinsaturada también puede tapar arterias. Las investigaciones más recientes desmienten que la placa que tapa las arterias esté hecha mayormente de grasa saturada. Hasta 76% del material de que están hechas las placas arteriales es grasa poliinsaturada. Por lo tanto, podemos concluir que sustituir las grasas de origen animal con aceites vegetales no garantiza inmunidad contra los males cardiovasculares.

El corolario de todo esto es: la grasa vegetal no es inofensiva, y debe evitarse consumir de más. Así como se cuida de la grasa animal, comience a cuidarse también de la grasa de origen vegetal. No se trata de reducir el consumo de ambas a cero; más bien, de hacer un consumo racional de ambas. La única grasa que sí hay que reducir a cero es la grasa trans.

Entre las maneras prácticas para reducir el riesgo que significan las grasas poliinsaturadas, está el evitar las semillas y los alimentos rancios. Tampoco conviene recalentar los aceites o reciclarlos. No use freidoras, ni consuma alimentos procesados en ellas (papas fritas, donas, etc.). Consuma todos los días antioxidantes solubles en grasa, como la vitamina E (200–400 UI), betacaroteno (2500–5000 UI), y mezclas de carotenoides (una cápsula).

22) La grasa trans

Páginas atrás vimos cómo algunas bacterias y virus patógenos significan un riesgo potencial para las arterias. La evidencia recopilada al respecto es ya tan sólida, que muchos científicos están convencidos de que casi cualquier infección crónica (nefritis, bronquitis, sinusitis) aumentan las probabilidades de desarrollar arterioesclerosis. Los microorganismos significan un riesgo por sí mismos, pero también porque provocan procesos inflamatorios.

Diversos tipos de infección desencadenan procesos inflamatorios, pero estos últimos suelen acompañar también a padecimientos no infecciosos, algunos crónicos (como la artritis) y otros agudos (como la pancreatitis). Un factor recientemente identificado que también propicia las inflamaciones son las grasas trans.

Una investigación hecha en Estados Unidos mostró una relación directa entre el consumo de este tipo de grasa y los niveles del factor de necrosis tumoral (FNT), un marcador de la inflamación corporal. Por ello no debe asombrarnos que quienes ingieren un promedio de 5.5 g diarios de grasa trans tienen una probabilidad hasta 200% mayor de sufrir un ataque cardiaco que quienes sólo consumen 1.5 g diarios.

Pero, ¿qué son exactamente las grasas trans? Es el nombre genérico de una forma de grasa sintética que se obtiene en la industria hidrogenando aceites vegetales. Este proceso industrial convierte a los aceites líquidos en grasas sólidas, con aspecto y consistencia de manteca. De hecho otro de sus nombres es precisamente "manteca vegetal". Aunque también suele llamárseles "grasa vegetal" y "aceites hidrogenados".

Esta transformación se lleva a cabo para obtener un ingrediente semisólido, duradero, resistente al enranciamiento, y económico, pero pésimo para la salud. La hidrogenación cambia la estructura natural de los aceites (que en química se les denomina "cis") en una artificial (llamada "trans"). Esto imposibilita que el organismo haga un uso saludable de dicha forma de grasa, convirtiéndola en nuestra enemiga.

Uno de sus efectos perjudiciales, la inflamación, lo produce saboteando la producción celular de unas hormonas muy importantes, los eicosanoides. Estos últimos contribuyen a regular docenas de funciones corporales, algunas tan importantes como la inmunidad, la respiración, la circulación, la coagulación y la inflamación. Y eso no es todo.

Las grasas cis forman parte de la estructura de las membranas celulares. Cuando las sustituyen las grasas trans en esa función, trastornan totalmente sus funciones, haciendo al organismo más propenso a alergias, infecciones, diabetes, males autoinmunes, envejecimiento prematuro y... males cardiovasculares. Y esto último lo logran de diversas maneras.

Las grasas trans pueden hacer más lentos e inoperantes a los glóbulos rojos, lo que se traduce en una sangre más viscosa. Al mismo tiempo reducen la flexibilidad de las arterias hasta en 30%. Y, de acuerdo a un estudio efectuado en Holanda en 1991, son más aterogénicas (causantes de placas de colesterol) que las grasa de origen animal. Más todavía que la manteca de cerdo, la mantequilla, los sesos, el chicharrón, la leche entera o la yema de huevo.

Por si todo esto no fuese suficiente, hay dos cosas más. La primera quedó ampliamente demostrada desde 1990. La grasa trans aumenta el colesterol total y el colesterol malo (LDL). De la segunda, se ha venido reuniendo pruebas desde 1987. Y es que también eleva los índices de la lipoproteína (a) o Lp(a), una fracción poco conocida del colesterol LDL. Aunque más pequeña que éste, y con sólo una fracción de su colesterol, cada vez más investigadores la catalogan como más peligrosa para el corazón que cualquier otra forma de colesterol.

Ante un panorama tan aterrador, ¿qué se puede hacer? Bueno, normalmente en medicina se considera que los niveles altos de Lp(a) sólo tienen que ver con la genética, y que por lo tanto no hay nada que hacer. Sin embargo, reducir al máximo el consumo de grasa trans sí da resultados. Pero lograrlo tal vez resulte complicado. Pese a su peligrosidad, aún no hay regulación sanitaria al respecto, y abundan los alimentos que las contienen.

Un primer paso es checar bien las etiquetas de los alimentos, y evitar los que contengan manteca vegetal o grasa vegetal hidrogenada o aceite parcialmente hidrogenado. A veces aparece sólo como "grasa vegetal". Un segundo paso es conocer de antemano en qué tipo de alimentos es más probable que estén presentes.

CONTENIDO DE GRASAS TRANS EN ALIMENTOS COMUNES

Alimento	Ración	Gramos de grasa trans
Pollo empanizado (*fast food*)	1 pz.	6.30
Palomitas de microondas (extra mantequilla)	1 bolsa	6.15
Rollo de canela	1 pz.	6.00
Biscuit	1 pz.	4.25
Papas a la francesa (*fast food*)	120 g	3.43
Palomitas de microondas (reducidas de grasa)	1 bolsa	3.05
Galleta tipo danés	1 pz.	3.03
Brownie	1 pz.	2.50
Margarina en barra	1 cucharada	1.80
Pastelito comercial	1 pz.	1.04
Pie de queso comercial	1 rebanada	1.00

Galleta rellena (tipo sándwich)	1 pz.	0.86
Mantequilla de cacahuate	1 cucharadita	0.80
Algunos chocolates en barra	1 barra (80 g)	0.75
Helado de crema	1 bola	0.27

Las inflamaciones de diversos orígenes también pueden combatirse con ayuda de analgésicos antiinflamatorios como la aspirina, e incluso con antibióticos (si está presente una infección). No menos importantes son los complementos nutricionales. Entre los más efectivos está el aceite de pescado (1500–3000 mg), y los aceites de borraja y de prímula (1500–3000 mg).

23) El óxido nítrico

Hasta antes de 1998 muy pocos sabían de la existencia del óxido nítrico corporal, fuera de unos cuantos círculos de investigación médica. Pero ese año el doctor Louis J. Ignarro, investigador de la universidad de California (EUA), recibió el premio Nobel de medicina por sus hallazgos definitivos en torno a esta sustancia única, a la que también se conoce como NO (por sus siglas en inglés).

El óxido nítrico es un mediador químico que normalmente se halla en la sangre y en los tejidos. Cumple con numerosas funciones, entre ellas ayuda a regular el flujo sanguíneo, colabora con la coagulación de la sangre y permite la relajación de los vasos sanguíneos y de los músculos lisos (por esto último, también posibilita las erecciones).

El tejido del organismo que más produce óxido nítrico es el endotelio, que es el recubrimiento interno de las arterias. Ahí, el NO ayuda a mantener suaves y elásticas a estas últimas, a protegerlas contra posibles lesiones (como las ocasionadas por la homocisteína) y a evitar que se formen placas de colesterol. El problema es que no siempre el endotelio fabrica suficiente óxido nítrico.

Uno de los factores que pueden limitar su producción corporal es el desabasto de su principal materia prima, la arginina. Esta última es un aminoácido presente en las proteínas de los alimentos, pero no todas las proteínas abundan en él. Si no se ingiere diariamente suficientes proteínas, y éstas son pobres en arginina, el óxido nítrico corporal baja.

Otra posibilidad reside en la capacidad de la grasa saturada para bloquear la producción de NO. Una sola comida abundante en este tipo de grasa (una hamburguesa o una taquiza de carnitas) basta para reducir a la mitad la producción de NO del endotelio. Por eso no es buena idea tratar de obtener arginina a través de las proteínas de las carnes o de los lácteos enteros. ¡Imagínese a su endotelio arterial debilitado en 50% y, al mismo tiempo, bañado en colesterol, grasa saturada y triglicéridos!

No menos importante, está el ejercicio físico. Su exigencia de mayor aporte sanguíneo estimula al endotelio para aumentar su producción de NO. Esta última está en función de la intensidad del ejercicio y de la duración del mismo. Y bueno, para quienes no les gusta el ejercicio, lástima. Porque lo contrario también es cierto: el sedentarismo es la tumba del NO.

Actualmente se sabe que si aumenta la cantidad de óxido nítrico producida por el organismo, las arterias se verán ampliamente beneficiadas (y la potencia sexual también). Con ayuda del NO, se puede mejorar hasta en 43% la circulación sanguínea; también reducir la presión arterial elevada, y aminorar el progreso de la arterioesclerosis. Y todo esto se verá reflejado en una clara reducción del riesgo cardiovascular.

Acabamos de ver varias maneras de fomentar la producción corporal de óxido nítrico; trate de beneficiarse con todas ellas. Una de las más sencillas es consumir más alimentos ricos en arginina: sardinas, arenques, atún, macarela, mariscos, soya, lentejas, frijoles, garbanzos, nueces, almendras, cacahuates, avena y sandía. Sólo una advertencia: evite estos alimentos si padece de infecciones por herpes (zóster, fuegos labiales, herpes genital), porque la arginina que contienen podría reactivar un brote.

Si no tiene problemas con el herpes, una mejor idea es el consumir la arginina purificada, como complemento nutricional. El doctor Ignarro recomienda 4–6 gramos diarios, acompañados de otro aminoácido, la citrulina (200–1000 mg), para mejorar los efectos. La producción de óxido nítrico será óptima si además agrega vitamina c (500 mg), vitamina e (200 ui), ácido fólico (400 mcg) y ácido alfa lipoico (10 mg).

24) El colesterol alto

En décadas pasadas, cuando aún no se manejaban a nivel coloquial las distintas fracciones del colesterol sérico, se hablaba exclusivamente de "colesterol". Después comenzó a difundirse que dicho colesterol es más bien la suma de sus distintos componentes en circulación, y que no todos son perjudiciales.

El colesterol (más correctamente, el colesterol total) es la suma de una fracción que resulta beneficiosa (el HDL), y otras fracciones que en ciertas condiciones pueden tornarse indeseables [el LDL, el VLDL y la Lp(a)]. Por lo tanto, aun cuando todavía se insiste en los círculos médicos en condenar al colesterol como el principal causante de los males cardiacos, sería mucho más justo visualizarlo como una balanza con dos platillos, y que la salud cardiovascular nace del balance entre esos dos platillos.

Sin embargo, cuando se habla de "colesterol alto" casi siempre se está haciendo mención del colesterol total. Y aunque cardiólogos y médicos en general siguen prestando mucha atención a tal reporte, la verdad es que ni todas las personas que presentan colesterol elevado están enfermos de sus arterias, ni todos los que lo tienen normal (u óptimo) están totalmente a salvo de un ataque cardiaco.

Los niveles de colesterol total aún siguen suscitando interés, y preocupación, cuando se salen de rango. Empero, mucho más importante resulta el conocer cómo andan el colesterol malo (LDL) y el colesterol bueno (HDL). Desde el punto de vista de la evidencia médica más reciente, es mucho más preocupante tener elevado el LDL que el colesterol total. Y aún más preocupante sería tener alto el LDL y bajo el HDL. De hecho, esta última es una de las peores combinaciones de lípidos sanguíneos que se puedan tener.

Actualmente se considera al LDL oxidado como uno de los factores responsables (junto con la homocisteína y otras toxinas) del inicio y la progresión de las placas de colesterol de las arterias. Hasta hace poco el consenso médico era que el colesterol total debe estar por debajo de los 200 mg/dl, y que el colesterol malo, por debajo de los 130 mg/dl. Hoy en día dichas cifras se han reducido a los 190 y 100 mg/dl, respectivamente.

Ya sea que presente o no estos niveles, usted puede hacer mucho para que estén normales con medidas sencillas y económicas: mantenerse físicamente activo, conservarse en su peso ideal (y combatir la obesidad abdominal), balancear su consumo de grasa (menos grasa saturada y más monoinsaturada), reducir el consumo de azúcar y harinas refinadas, controlar su estrés.

Las cifras de colesterol total menores a 230 no deberían ser preocupantes. Pero si su colesterol es mayor (especialmente por encima de los 250 mg/dl), sería recomendable, aparte de lo anterior, buscar ayuda en los complementos nutricionales. Existe una serie de nutrientes a los cuales usted puede recurrir con toda confianza; entre ellos, el betacaroteno, la lecitina de soya, la fibra dietética, el ajo, el aceite de pescado, los aceites de prímula, de borraja y de germen de trigo, las vitaminas C y E, y los minerales cromo y cobre.

Uno de los más confiables, y cuyo poder terapéutico es comparable al de los medicamentos llamados estatinas, es la pantetina. Se trata de un derivado del ácido pantoténico (vitamina B_5) que se utiliza como complemento nutricional. Aunque no resulta fácil obtenerlo en México, vale la pena hacer el esfuerzo por conseguirlo.

Para empezar, es mucho más activo y potente que el ácido pantoténico, y posee propiedades adicionales. Por ejemplo, la pantetina llega a reducir el colesterol total en 20%, el colesterol malo en 21%, los triglicéridos elevados en 32% y de manera simultánea elevar el colesterol bueno en 23%.

También fortalece al músculo cardiaco, aumenta la fuerza de las contracciones del corazón y mejora su eficiencia (el corazón impele más sangre con menos esfuerzo). Por todo ello, también resulta útil en la angina de pecho y la cardiomiopatía. Todo esto sin producir ningún tipo de efecto colateral. Y se obtienen aún mejores resultados si se combina con la vitamina E y los ácidos grasos omega 3.

25) El colesterol bajo

En los años en que se manejaba un solo colesterol era natural que la tendencia médica fuese mantenerlo lo más bajo posible. Si la cifra clave era de 200 mg/dl, ¿por qué no reducirla más?, a 170, 160, 150 o aún menos. Aparentemente, el razonamiento era bueno. De acuerdo a la lógica, entre menos colesterol circulante, más debía abatirse el riesgo cardiovascular. Sin embargo, el tiempo se encargaría de demostrar que la lógica no siempre tiene la razón. Hay cifras óptimas de colesterol, pero éstas no tienen por qué ser las más bajas.

Recordemos que este compuesto es un componente vital del organismo. Si limitamos la disponibilidad de colesterol, estamos poniendo en peligro la salud. Muchos médicos descubrieron que lejos de proteger a sus pacientes disminuyéndoles el colesterol, lo que hacían más bien era apresurar un deceso prematuro (e innecesario).

Buena parte de dichos fallecimientos se producen por una mayor propensión al cáncer, o por un debilitamiento del sistema inmunológico (que favorece infecciones potencialmente mortales), o por comportamientos inusuales (mayor violencia, estados depresivos o tendencias suicidas).

Curiosamente, también se halló que los niveles muy bajos de colesterol sanguíneo no garantizaban inmunidad contra los infartos. Y es que no se estaba tomando en cuenta la importancia una de las fracciones del colesterol total: las lipoproteínas de alta densidad, o HDL.

La proporción de este componente en la sangre es de aproximadamente un tercio de los que alcanzan las lipoproteínas de baja densidad, o LDL. Sin embargo, entre sus funciones está una que es definitiva para la salud del corazón. El HDL va de célula en célula absorbiendo el colesterol libre que no se ha ocupado, para llevarlo hasta el hígado, en donde es eliminado.

El HDL se comporta, pues, como el elemento natural de control del exceso de colesterol libre. De ahí el sobrenombre que se ganó a pulso: "colesterol bueno". Y es tan eficiente en dicha labor, que de paso regula la fabricación del LDL, cuya función es la opuesta (transporta colesterol libre a las células del organismo, a veces en exceso). De acuerdo a todo esto, deberíamos mantener bajo el LDL y elevado el HDL.

Actualmente se considera que los valores elevados del HDL protegen contra las afecciones cardiovasculares y, por lo tanto, deben fomentarse. Si son demasiado bajos, puede estarse en riesgo de sufrir infartos o embolias, especialmente si a la vez son altos los valores del LDL. El consenso es que el LDL no debe superar los 130 mg/dl (si bien de acuerdo a algunas fuentes, lo óptimo sería 100 mg/dl). Y en cuanto al HDL, lo recomendable son cifras superiores a los 45 mg/dl.

NIVELES DE HDL Y RIESGO CARDIOVASCULAR

Colesterol HDL (mg/dl)	Incidencia de males cardiacos (por ciento)
Menos de 25	17
25–44	10
45–64	6
65–74	4

La capacidad del HDL para beneficiarnos es tan alta, que con cada miligramo de aumento del HDL que logremos, el riesgo de sufrir males cardiovasculares disminuye en 2–3%. Por fortuna, existen múltiples maneras para lograrlo. Particularmente importantes resultan el ejercicio físico; la reducción de la obesidad abdominal y el dejar de fumar. El sustituir las grasas comunes por grasa monoinsaturada y reducir el consumo de azúcar también ayuda bastante.

Entre los complementos nutricionales, el complejo B es muy valioso. Todas sus vitaminas son esenciales, pero la niacina (vitamina B_3) es la que suele dar mejores resultados, en especial en megadosis (página 111). Vimos los resultados espectaculares que puede dar la pantetina (un derivado de la vitamina B_5). Y para mejorar resultados, ambas pueden hacer equipo con la vitamina C —cuyas carencias, aún leves—, se ven reflejadas en un descenso del HDL.

De acuerdo a un estudio hecho por el doctor Stuart Hartz, bastan 120 miligramos diarios de esta última vitamina para producir elevaciones en el HDL. Y de paso, reducciones en el LDL y en la Lp(a). Los mejores resultados se obtienen con megadosis de entre 500 y 1000 mg diarios. Esta última cantidad es la más recomendable para fumadores, quienes tienden a tener niveles mucho más bajos de vitamina C.

Pero si la vitamina C es buena, la E es aún mejor para el HDL. 400 UI diarias de dicha vitamina logran elevaciones de 15% en tan sólo 6 semanas (y al mismo tiempo, reducciones de 10% en el LDL). Este efecto se puede reforzar consumiendo al mismo tiempo aceite de pescado en cápsulas. Igual de valioso resulta el extracto de ajo. Tres cápsulas diarias durante ocho semanas eleva el HDL en 12%.

Pero si desea recurrir a un factor realmente potente, use magnesio. Este mineral es beneficioso para el corazón en múltiples maneras. Una de ellas es mejorando el perfil lipídico. ¡Y vaya que sabe hacerlo!: reduce el colesterol total, el LDL y los triglicéridos, a la vez que aumenta el HDL. Una tableta diaria de 400 mg es capaz de elevarlo hasta en 34% en ocho semanas.

26) El colesterol de partículas pequeñas

Para complicar aún más lo referente al colesterol, ahora resulta que no sólo hay que tomar en cuenta la concentración sanguínea del colesterol malo, sino también el tamaño de las partículas que lo forman. Si éstas son demasiado pequeñas (rasgo conocido como "patron B" del LDL), pueden propiciar un infarto aunque no sean abundantes. No se sabe por qué ocurre esto, pero se cree que el minúsculo tamaño de sus partículas puede facilitar que se introduzcan en el endotelio (la capa interna de las arterias).

También es posible que tales minipartículas hagan que pase más grasa al torrente sanguíneo después de una comida copiosa, propiciando su incorporación a las paredes arteriales. Otra opinión digna de tomarse en cuenta es que quizás el colesterol bueno de quienes presentan este rasgo resulta menos protector de lo normal.

En lo que sí hay certeza es que las personas con este patrón suelen presentar al mismo tiempo: bajos niveles de colesterol bueno, triglicéridos muy altos y una tendencia de sus vasos sanguíneos a sufrir espasmos. Sin duda, una combinación temible... y silenciosa, porque no da síntomas. En consecuencia, quienes lo presentan no se cuidan, y ello desemboca en un riesgo hasta 300% mayor de cardiopatías.

Y ya que hablamos de espasmos vasculares, es oportuno explicar su significado. A veces, los infartos y las embolias no se originan en coágulos, sino en el estrechamiento espontáneo del vaso sanguíneo, lo que se llama un espasmo. Aún es mucho lo que no se sabe sobre el origen de estos espasmos, pero entre los factores asociados con este fenómeno están el "patrón B" del LDL, el síndrome metabólico, la deficiencia de estrógenos, y las carencias nutricionales (ácidos grasos omega 3, vitamina E, magnesio).

¿Le suena todo esto sombrío y amenazador? No se preocupe. Si un análisis sanguíneo revela que usted presenta el famoso "patrón B", hay diversas maneras de hacerle frente y aumentar el tamaño de sus partículas ("patrón A"). Para empezar, no restrinja las grasas demasiado. Las dietas demasiado rigurosas pueden surtir el efecto opuesto: elevar entre 20 y 40% la proporción de colesterol LDL de partículas pequeñas.

Estas últimas también modifican su tamaño en respuesta al ejercicio y a la reducción de la obesidad abdominal. Consumir más frutas y vegetales también ayudará bastante. Y para asegurarse de que el problema quede resuelto, sería aconsejable también ingerir complejo B (1–3 tabletas diarias) o niacina (vitamina B_3) en dosis elevadas, que necesariamente deberán ser recetadas y monitoreadas por su médico. Estos últimos suelen recomendar también el gemfibrazol (por lo general prescrito para los triglicéridos).

27) El factor cardiovascular (FC)

El vivir en una época como en la que nos tocó lo complica todo. Incluido el protegerse contra un ataque cardiaco. Cualquiera diría que simplemente tener niveles "sanos" de colesterol es suficiente. Pero no lo es. También hay que cerciorarse si están bien el colesterol malo (LDL), el colesterol bueno (HDL) y los triglicéridos, por lo menos. Además, existe un valor que podría resultar más significativo aún que los anteriores.

Se trata del resultado de dividir el colesterol total entre el colesterol bueno, y se le conoce como factor cardiovascular (FC). Entre más elevado esté el colesterol total y reducido el colesterol bueno, mayor será el cociente de dividirlos. Y cuanto mayor sea dicha cifra, más riesgo cardiovascular nos estará señalando (de manera independiente a los niveles de colesterol malo).

DISTINTOS VALORES DEL FACTOR CARDIOVASCULAR

	Colesterol total	HDL	Factor cardiovascular (FC)
Vegetarianos	123	44	2.8
Corredores de maratón	184	54	3.4

Óptimo	200	50	4.0
Riesgo promedio	260	45	5.8
Doble del riesgo promedio	290	30	9.6

¿Cómo saber si tiene un FC elevado? Si ya se obtuvieron las cifras de colesterol total y HDL, sólo hay que realizar la sencilla operación antes indicada. Pero si se solicita el análisis llamado perfil de lípidos, es un valor que normalmente ahí aparece.

28) La lipoproteína (a)

Entre las fracciones de colesterol menos conocidas está la lipoproteína (a). Sin embargo, es tan importante para la salud cardiovascular, que va a dar mucho de qué hablar en los próximos años. En los libros de texto simplemente se menciona que esta lipoproteína —también llamada Lp(a)—, constituye otra de las fracciones del colesterol malo o LDL. Pero su verdadera relevancia surge cuando se aclara que a su exceso se atribuyen entre 15 y 30% de todas las cardiopatías.

A nivel biológico es un auténtico caballo de Troya. Sólo contiene una pequeña proporción de colesterol. Sin embargo, puede ser 3–4 veces más peligroso que el colesterol malo (LDL), de donde procede. Su grado de riesgo se explica al examinar todo lo que es capaz de ocasionar: aumenta la viscosidad de la sangre; estimula la propagación de placas de colesterol; inhibe la producción de óxido nítrico; y favorece la formación de coágulos, al mismo tiempo que inhibe su posible disolución.

No se sabe a ciencia cierta qué hace que este componente sanguíneo se eleve, pero se estima que influyen la predisposición genética, las deficiencias vitamínicas y el consumo de grasas trans. Niveles menores a 15 mg/dl se consideran óptimos. Y entre 15 y 20 mg/dl, normales. La próxima vez que se haga un perfil lipídico, solicite que se incluya la medición de la Lp(a). Si saliera fuera de rango, eso debería preocuparle.

Actualmente se le considera tanto o más preocupante que la obesidad, la hipertensión arterial o el tabaquismo. Índices de entre 20 y 27 mg/dl de Lp(a) aumentan las probabilidades de cardiopatías hasta 54% en las mujeres, y 70% en los hombres. Y si fuesen mayores de 30 mg/dl, el riesgo puede ser mayor a 200%. Si usted pertenece a la raza negra o tiene antepasados de color, necesita que le hagan un ajuste a estos datos en laboratorio. Los negros tienden a mostrar niveles mucho más elevados de Lp(a) sin que esto signifique mayor peligro.

A nivel médico se considera que no hay tratamientos disponibles; empero, algunos doctores recomiendan mantener lo más bajo posible el colesterol malo (LDL). Otros suelen prescribir los estrógenos y la neomicina (con resultados ambiguos). Pero por fortuna existen medios naturales para hacerle frente. La opción más sencilla para reducir la Lp (a) es limitar al máximo el consumo diario de grasas trans.

En cuanto a la terapia nutricional, es conveniente reducir el consumo de grasa saturada y poliinsaturada, y sustituirlas con grasa monoinsaturada. Como complementos, pueden administrarse diariamente (juntos o por separado): la vitamina C (500–1000 mg), el aceite de pescado (3000–6000 mg), la pantetina (una forma especial del ácido pantoténico o vitamina B_5) 100–200 mg, y la niacina en megadosis (500–1500 mg). Esta última, bajo supervisión médica.

29) La homocisteína

Durante décadas se responsabilizó directa y exclusivamente al colesterol malo de iniciar y empeorar el proceso de la arterioesclerosis En 1988, el doctor Kilmer McCully, un notable investigador estadounidense, propuso algo diferente: que una toxina que se acumula en el torrente sanguíneo, la homocisteína, era la verdadera responsable. La evidencia clínica acumulada desde entonces parece darle la razón: los niveles elevados de homocisteína multiplican el riesgo de infarto y embolias aun en aquellos que tienen su colesterol y triglicéridos normales.

Como se pueden tener niveles exagerados de homocisteína y aún así no percibirlo, lo más recomendable para averiguarlo es solicitar directamente un chequeo de laboratorio (los análisis rutinarios, como por ejemplo la "química sanguínea", no lo incluyen). Lo ideal es tener entre 6 y 8 miligramos por decilitro de sangre (mujeres premenopáusicas) y 8–10 mg/dl en hombres y en mujeres posmenopáusicas. Cualquier cifra superior a ésas podría elevar las probabilidades de enfermedad cardiovascular.

Por desgracia, aún falta experiencia a muchos médicos a la hora de calificar los riesgos producidos por la homocisteína. Así por ejemplo, para algunos cardiólogos una cifra de 15 mg/dl de esta toxina aún resultan tolerables. Empero, y de acuerdo a los hallazgos más recientes, se trata de una apreciación equivocada. Las personas con altos niveles de homocisteína (más de 15 mg/dl) pueden correr un riesgo 300% mayor de presentar las trombosis que dan lugar a infartos o embolias.

Detrás de tales índices también se esconden amenazas como la enfermedad vascular periférica y la estenosis de la arteria carótida (dos afecciones comunes en los diabéticos). Por otra parte, la homocisteína elevada también se relaciona con el mal de Alzheimer, la artritis reumatoide y la osteoporosis. Por todo ello, mantener niveles saludables de homocisteína es de primera importancia.

Y sencillo: sólo preocúpese por recibir diariamente suficientes vitaminas del complejo B, en especial la piridoxina (vitamina B_6), la cobalamina (vitamina B_{12}) y el ácido fólico. Otros nutrientes beneficiosos (aunque más difíciles de obtener) son la dimetilglicina (ácido pangámico), la trimetilglicina (betaína) y la s–adenosil metionina o SAMe. El no abusar de las carnes rojas también suele dar resultados.

30) La proteína C reactiva

Siempre que hay inflamación en alguna parte del cuerpo, aparece en el torrente sanguíneo la proteína C reactiva (Pcr), un indicador fácil de rastrear en laboratorio. Cuando sus valores se disparan, generalmente está delatando algún proceso infeccioso o lesión interna. Aumenta también cuando hay inflamación crónica o cáncer. Los médicos la han usado por años para confirmar la presencia de afecciones como la artritis reumatoide. Sus valores suelen ser proporcionales al grado de avance del proceso patológico.

Existen dos tipos de pruebas de laboratorio para determinar este factor. El usual, que no resulta suficientemente preciso para fines cardiológicos, y la prueba llamada de alta sensibilidad, o Pcr–as. Esta última es la indicada. Un resultado de hasta 0.55 mg/dl de proteína c reactiva está dentro de rango, y cualquier valor superior debe ponernos en alerta.

En caso de que no exista un foco identificable de inflamación en el organismo, los niveles elevados de la Pcr alertan sobre una inflamación en los vasos sanguíneos. Y esto es malo, porque la inflamación generalmente se debe a la presencia de placas de colesterol (o infecciones de riesgo, como las ocasionadas por la *Chlamydia* o el citomegalovirus).

Si el proceso inflamatorio es particularmente agudo, podría incluso ocasionar desprendimiento de trocitos de placa que originen coágulos peligrosos. Un cardiólogo estadounidense, el doctor Paul Ridker, revisó los resultados de al menos 11 estudios al respecto, y llegó a la conclusión de que los niveles excesivos de Pcr elevan el riesgo de sufrir infartos o embolias hasta en 250%. Y a quienes ya se habían visto afectados por estos problemas, podría elevarlos en más de 300%. Este grado de peligro sería mayor en las mujeres (que normalmente tienden a tener mayores concentraciones de esta proteína).

¿Qué hacer si se descubren niveles de Pcr fuera de rango? Primero, agradecer que se detectaron antes de sufrir un ataque cardiaco. Esto, porque la Pcr elevada puede predecir un infarto o embolia con 4–6, y hasta con 8 años de anticipación. En otras palabras, una Pcr alta es un "foquito rojo" que nos está avisando que debemos actuar con presteza para evitar problemas cardiacos. Y por fortuna, es mucho lo que puede hacerse.

Si hubiese antecedentes de problemas bucales (y por lo tanto, que una infección crónica en los vasos sanguíneos sea probable), fortalecer al sistema inmunológico es el primer paso. Para ello, nada como los complementos de proteína de suero de leche o de soya (1–3 cucharadas al día), la vitamina c (500–1000 mg diarios), el zinc (15 mg) y la equinácea (tres tabletas al día).

En cuanto a abatir los niveles de Pcr directamente, es muy recomendable dejar de fumar (si se fuma), y reducir de peso. Cada kilo extra en nuestra anatomía fomenta la producción de proteína c reactiva. Asimismo, hacer más ejercicio. La actividad física es tan importante como los otros dos factores, y los complementa. No menos importante, disminuir el consumo de alcohol (o de plano suprimirlo). Si se trata de una mujer, y está bajo tratamiento de reemplazo hormonal, buscar otras opciones.

En el aspecto nutricional, el complemento que mejor resultado da es el metil sulfonil metano (MSM). Se trata de un nutriente rico en azufre que se halla en pequeñas cantidades en los alimentos. Pero abatir niveles elevados de Pcr implica el tomar varios gramos diarios (hasta 10). Por fortuna, el MSM es inofensivo, y sólo en casos aislados podría producir dolores de cabeza, que se evitan comenzando con dosis bajas, e irlas aumentando poco a poco.

En segundo lugar, resultan muy importantes el aceite de pescado (6–9 cápsulas diarias) y de prímula (3–6 cápsulas), así como las vitaminas c (500 mg) y E (400 ui). Al mismo tiempo, deberían consumirse más a menudo avena, manzanas, ciruelas pasa, nopales, soya, frijoles y otros alimentos ricos en fibra soluble. Incluso un complemento a base de goma guar sería muy recomendable. Y si fuese necesario recurrir a los medicamentos, las estatinas y la aspirina (en dosis bajas) son las mejores opciones.

31) El fibrinógeno

Todos sabemos que la coagulación es un proceso normal y saludable, puesto que evita que se pierda sangre en demasía en caso de una lesión. Además, promueve la cicatrización de las heridas. Sin embargo, en ciertas condiciones, el proceso de coagulación puede trastocarse y dar lugar a la formación de coágulos internos anormales. Cuando éstos surgen en vasos sanguíneos afectados con placas de colesterol, quizás originen bloqueos potencialmente mortales.

Esos coágulos o trombos incluso pueden desprenderse y viajar a otros sitios del organismo, iniciando infartos y embolias. Todo esto explica por qué una de las preocupaciones de los cardiólogos es prevenir la formación de dichos coágulos (con el uso de aspirina, por ejemplo), o tratar de disolverlos cuando su paciente ya los presentó.

Muy diversos factores sanguíneos resultan fundamentales para la coagulación. Por lo menos son una docena, y el fibrinógeno es uno de ellos. Se trata de una proteína soluble que es un componente normal de la sangre. Aunque sus niveles no suelen reportarse en los análisis sanguíneos comunes, conviene conocerlos, ya que actualmente se considera que su elevación es un factor de riesgo para los infartos (incrementa el peligro hasta en 200%).

El fibrinógeno suele aumentar en condiciones patológicas. Lo hace en algunos casos de cáncer, tras infartos y embolias o en infecciones agudas. Empero, también se halla aumentado en fumadores y en situaciones crónicas de estrés. Pero si se descarta la presencia de tales condicionantes, cualquier elevación en el fibrinógeno debe considerarse como un posible indicador de un próximo infarto o embolia. Se considera normal un valor menor a los 450 mg/dl. Lo ideal es que sea menor o igual a 200.

Si en un examen de laboratorio le reportan niveles más altos, no todo está perdido. Por ejemplo, si tiene su fibrinógeno alto y fuma, lo más aconsejable es dejar de hacerlo. Con frecuencia, esa sola medida basta para normalizarlo en breve lapso. Si no fuma, y aún así tiene alto este componente, entonces puede ayudar a abatirlo normalizando su perfil de lípidos, haciendo más ejercicio y controlando su estrés.

Un recurso muy útil es descansar y relajarse más a menudo. Evite el estrés continuo y el agotamiento físico. De ser posible, tome siestas. Váyase de vacaciones (o minivacaciones) más a menudo. Y como refuerzo, tome diariamente complejo B (una tableta), vitamina E (200–400 UI) y complementos de aceite de pescado (3–6 cápsulas). Una copa de vino tinto también ayuda.

32) El estradiol

Aun cuando cada vez más mujeres enferman del corazón, resulta indiscutible que este tipo de males resulta más frecuente en los hombres. Durante años se creyó que las mujeres disfrutaban de una protección natural en la forma de sus hormonas femeninas. Y dicha teoría parecía verse confirmada con la menopausia: al cesar la producción de hormonas, la protección también cesaba. Y efectivamente, tras el climaterio el riesgo cardiovascular femenino se dispara, y alcanza al hombre.

El cuerpo de la mujer produce tres tipos principales de hormonas sexuales: estriol, estradiol y estrona. De ellas, la principal es el estradiol, y a él se achacaba la supuesta protección. Incluso se llegó a administrar tal hormona como medicamento a varones para prevenirles un ataque cardiaco (sin éxito). Ahora se sabe que la protección no se debía al estradiol, sino a otro factor ligado al ciclo menstrual: la pérdida mensual de sangre, y con ello, de hierro (ver página 73).

En realidad el estradiol no confiere ese tipo de protección —y al menos en los integrantes del sexo masculino—, sus niveles altos más bien presagian un ataque cardiaco. El autor de este descubrimiento, el doctor Gerald B. Phillips, comparó las concentraciones sanguíneas de estradiol de dos grupos de hombres. Uno de ellos, completamente sano, y el otro con problemas cardiovasculares. De acuerdo a la citada teoría, los primeros deberían mostrar niveles elevados de la hormona, y viceversa.

Sin embargo, los resultados fueron exactamente opuestos. El nivel medio de estradiol entre los varones sanos fue de 30 pcg/ml. Y en el otro grupo, el promedio fue de 37 pcg/ml. Estos resultados fueron confirmados por el doctor Phillips una y otra vez, e incluso utilizando como voluntarios a un grupo de hombres participantes en el célebre estudio Framingham. Con el reto adicional de que él no sabía por anticipado a quienes pertenecían las muestras de sangre.

Procedió a analizarlas, reportando los valores del colesterol total, sus diversas fracciones, los triglicéridos, la testosterona, el estradiol y muchos otros componentes. De acuerdo a sus resultados, pronosticó quiénes de los participantes debían tener problemas cardiacos y quiénes no. Cuando se basó en el estradiol, acertó con 80% de efectividad. Pero cuando tomó en cuenta los niveles de colesterol elevados, solo atinó en 20% de los casos.

Basándose en éste y otros resultados, el doctor Phillips afirma que, al menos en los hombres, los niveles altos de estradiol constituyen un indicador más fiable de enfermedad cardiaca que los índices de colesterol total o el mismo factor cardiovascular (FC). ¿Qué hacer si su estradiol resulta por encima de lo aceptable? Bueno, este exceso generalmente responde muy bien a las vitaminas B_6 (2–3 mg diarios) y E (200–400 UI diarias), a la lecitina de soya (3–6 cápsulas diarias de un gramo), a la colina (250–500 mg diarios), el inositol (250–500 mg diarios), y al magnesio (200–400 mg al día).

33) La malnutrición

Por último —pero no menos importante—, está la alimentación. Con toda intención hemos dejado para el final de esta sección un factor definitivo para la buena o la mala salud cardiovascular. Y lo es a grado tal, que con frecuencia otras medidas importantes (como hacer ejercicio, controlar el estrés, dejar de fumar) no bastan si no se hacen mejorías a nivel alimentario. Y éstas no sólo deben consistir en limitar nuestro consumo de ciertos alimentos, sino también en procurar otros, y a la vez redondear nuestra dieta con complementos nutricionales.

Somos lo que comemos, y es absolutamente imposible que las cosas marchen bien en el organismo si la alimentación es deficiente. La importancia de este aspecto se puede comprobar con facilidad. Si se revisan todos los factores precedentes, se hallará que en casi todos ellos participa en algún grado la nutrición. Dicha influencia es tan amplia en algunos (el colesterol malo, la homocisteína, el exceso de hierro, etc.), que si se aplican los consejos ahí expuestos, es posible revertir ese riesgo.

Como acabamos de ver, para conservarse vivo y sano, todo ser humano necesita recibir diariamente un gran número de nutrientes. Y en mayor o menor medida, éstas son las mismas necesidades que tiene cada órgano y tejido corporales, incluido el corazón. El gran problema es que la alimentación actual no basta para satisfacer todas esas necesidades nutricionales.

Por un lado, la comida es menos nutritiva que antes; por otro, está saturada de grasas, harinas y azúcares. Y encima, nos alimentamos en forma muy desordenada (comemos lo que podemos, en donde podemos y a la hora que podemos). Consecuencia: diariamente le quedamos a deber a nuestro corazón tres, cinco, diez o más nutrientes, entre ellos algunos valiosísimos, como el magnesio, el cromo, el selenio, las vitaminas B, C y E, y los ácidos grasos omega 3.

Y cada carencia nutricional es un pequeño hueco por el cual se pueden colar enfermedades, incluidas las cardiovasculares. Pero éstos son detalles que suelen descuidarse en la medicina. Por ejemplo, desde mediados del siglo XX se sabe que la deficiencia de complejo B favorece los males cardiacos. A fines de la década de 1980 se descubrió la relación entre carencias de vitaminas B y niveles elevados de homocisteína (una temible toxina cardiovascular, como vimos).

Estamos en pleno siglo xxi y son todavía escasos los médicos que recomiendan un complemento nutricional. Menos aún los que lo hacen específicamente para prevenir males cardiovasculares. Un lugar común repetido hasta el cansancio por ellos es: "Usted no necesita complementos nutricionales. Aliméntese bien, y con lo que coma será suficiente". Este consejo era acertado hace 50 años o más. Pero en la actualidad es totalmente erróneo. Y una de las pruebas de ello son los innumerables médicos que, a pesar de alimentarse "bien", se siguen infartando. A continuación veremos cómo y hasta qué punto puede ayudarnos el poner atención a este aspecto.

Segunda parte

Cómo la buena alimentación

puede ayudarnos

Ponga la nutrición a trabajar para usted

El aspecto nutricional más importante
de los males cardiovasculares no
es lo que usted ingiere, sino lo
que le falta a su comida.

RICHARD A. PASSWATER, PH.D.

1) Nunca es tarde para retomar el buen camino

Este libro abunda en buenas noticias, pero una de las mejores es
que no importa lo que haya estado descuidando su corazón. Por
ejemplo, si ha permitido que a medida que el pelo desaparece de
sus entradas, aumente su abdomen. Si ya se le olvidó cuándo fue
la última vez que sudó haciendo ejercicio. Si no sabe qué está más
alto, si su colesterol o su presión arterial. Si su manera ideal de
acompañar un banquete de carnitas es con refrescos, tragos y cigarros... Entonces, lo más seguro es que su corazón y sus arterias
estén pidiendo esquina.

Pero las últimas investigaciones muestran que aun así, sus probabilidades de evitar un infarto no son del todo malas. Retornar al
buen camino puede salvarle la vida. Uno de los estudios clínicos
más interesantes al respecto lo llevó a cabo el doctor William C.
Taylor, quien quiso averiguar cuáles eran los beneficios de iniciar un
programa para protegerse contra un ataque cardiaco.

A pesar de ser un investigador muy experimentado, lo que descubrió lo llenó de asombro: hasta las personas más expuestas pueden alejar los infartos y añadir años a su expectativa de vida con tan sólo hacer los ajustes apropiados en sus factores de riesgo. El hacer ejercicio, por ejemplo, es al menos tan importante como reducir los niveles de colesterol. Mantener baja la presión arterial produce tanto provecho como bajar de peso. Y apenas unos días después de abandonar el tabaco se comienzan a detectar beneficios (tras unos años de dejar de fumar, los riesgos vuelven a ser los de un no fumador).

No menos sorprendente resultó el descubrir los beneficios reales de disminuir ciertos alimentos problema. El privarse del huevo, por ejemplo, sólo produjo reducciones promedio de colesterol de 6.7%. En cambio, el consumir menos carnes, embutidos y leche entera se tradujo en reducciones de 15 y hasta 20%. Suena contradictorio, si es precisamente el huevo el alimento más satanizado en cuanto al colesterol.

Pero tales resultados no hacen sino confirmar el punto de vista actual: que hay que cuidarse más de la grasa saturada que del colesterol. El huevo es alto en colesterol, pero bajo en grasa. En cambio, los otros alimentos mencionados abundan en grasa saturada y tienen menos colesterol que el huevo. Asimismo, ese resultado nos está mandando otro mensaje: que hay otros factores, aparte del colesterol, que deben considerarse.

Cuando esos factores se tomaron en cuenta, Taylor se llevó la mayor sorpresa de todas. La placa de colesterol de las arterias comenzó a disminuir, y eventualmente a desaparecer. Este proceso patológico, al que alguna se vez se tuvo por irreversible, podía no sólo detenerse, ¡sino revertirse! Esto fue en especial visible cuando a las medidas universalmente conocidas se añadieron fibra dietética, vitaminas, minerales, grasas buenas y alimentos saludables.

Los rayos x mostraron claramente cómo la progresión de la arterioesclerosis se había detenido y comenzaba a retroceder. Arterias casi tapadas comenzaron a destaparse. El gasto cardiaco disminuyó. El ritmo del corazón mejoró. Y lo mejor de todo, el riesgo de sufrir un ataque cardiaco se desplomó. ¿Quién dice que los cuentos de hadas no se vuelven realidad? La decisión es suya.

2) Busque las vitaminas que le faltan

Todos sabemos cuán importantes son las vitaminas para la salud. Pero lo que no siempre nos queda claro es el porqué. Veamos algunas razones. La importancia de las vitaminas reside en que se trata de sustancias que ayudan a regular las funciones corporales. Es decir, con su presencia hacen posible que múltiples funciones celulares se lleven a cabo, de manera precisa, ordenada y oportuna. Cuando esto es así, la célula está en perfectas condiciones. Pues esto mismo, multiplicado por cien mil millones, es la salud de todo el organismo.

Las vitaminas no aportan energía, pero permiten que se la extraigamos a los alimentos que la contienen. No son parte estructural de ningún órgano o sistema, pero son decisivas para que proteínas, carbohidratos y grasas se integren a ellos. Tampoco actúan como hormonas, enzimas, anticuerpos y tantas otras moléculas vitales, pero sin su participación, aquéllas no podrían cumplir con sus funciones.

Desde ese punto de vista no debería sorprendernos el hecho de que los problemas cardiovasculares tengan un fuerte componente nutricional. Sin suficientes vitaminas, simplemente no podemos manejar de manera adecuada grasas, proteínas y carbohidratos. El metabolismo del colesterol se trastorna, los mecanismos de protección no funcionan, y las consecuencias no se hacen esperar. Algunas a corto plazo, otras a mediano o largo plazo, pero puede estar seguro de que las carencias vitamínicas siempre se pagan.

La vitamina A

Es ampliamente conocido que esta vitamina es necesaria para la vista y para la piel. Pues igualmente indispensable resulta para ese tejido delicado y a la vez tan firme que son las mucosas. Recubren los principales órganos, conductos y cavidades del cuerpo, lo cual incluye las partes interna y externa del corazón y las arterias. La parte interna de estas últimas, conocida como "íntima", está en contacto directo con la sangre y con cientos de compuestos, algunos de ellos químicamente muy activos.

Entre ellos están la homocisteína, los oxicolesteroles y diversos radicales libres, todos ellos susceptibles de ocasionarle lesiones. De ahí la importancia de tener una íntima sana, que resista bien esos ataques químicos. Y estos últimos no escasean; pueden contabilizarse en cientos o miles cada 24 horas. Los antioxidantes nutricionales constituyen una protección. Pero igualmente valiosa es la función fortificante de la vitamina A.

No menos importante es el hecho de que cada vez se acumulan más pruebas de que la lesiones primarias de las que evolucionan la lesiones arterioescleróticas pueden ser originadas por microorganismos como virus y bacterias (página 67). Si una deficiencia de vitamina A debilita a la íntima, esos microbios podrían penetrarla fácilmente e infectar los tejidos subyacentes, creando potenciales focos de arterioesclerosis.

Otra de las maneras en que esta vitamina nos protege es fortaleciendo al sistema inmunológico, para que haga frente y derrote a la infección. No menos importante, también ayuda a impedir que los microorganismos inflamen las áreas infectadas, lo que contribuiría a empeorar el panorama. Y si todo esto le parece bueno, falta quizás lo mejor. La vitamina se opone fuertemente a la formación de células anormales, incluida la disfunción endotelial (página 65).

Y aquí precisamente entra en acción el betacaroteno, otra sustancia de la familia de la vitamina A. También llamado provitamina A, es el colorante anaranjado de las zanahorias, los duraznos, las papayas y otros vegetales. El organismo puede transformarlo en vitamina A, pero por sí mismo resulta de inapreciable valor. Es un potente antioxidante que no sólo resguarda a la íntima de los ataques químicos, sino que protege muy efectivamente contra la proliferación celular descontrolada que caracteriza a la disfunción endotelial.

Las mejores fuentes de la vitamina A son todos alimentos de origen animal: leche de vaca, mantequilla, hígado y pescados grasos. El betacaroteno se encuentra en numerosas frutas y verduras, pero sobre todo en la zanahoria, la espinaca, la calabaza, el mango, el berro, el brócoli, el durazno y la ciruela. Debido a las deficiencias de la dieta común, también es posible recurrir a complementos nutricionales.

Con fines preventivos pueden consumirse diariamente 3000–5000 UI (420–700 microgramos) de vitamina A, más 3000–5000 UI (2–3 mg) de betacaroteno. Si ya está presente un problema cardiaco, entonces podrían hacerse necesarios 5000 UI (700 mcg) de vitamina A y 5000–10 000 UI (3–6 mg) diarios de betacaroteno.

La vitamina B_1

El corazón es un órgano que necesita amplias cantidades de energía. Y para proporcionársela se hace necesario recurrir a un grupo de vitaminas que actúan como un verdadero dinamo: el complejo B. De todas ellas, quizá la más importante para la función cardiaca sea la tiamina o vitamina B_1. Una de las formas en que el abuso del alcohol daña al organismo es precisamente afectando al corazón al agotar las reservas de tiamina.

Si la deficiencia es suficientemente fuerte, llega incluso a desencadenar un problema bastante serio llamado cardiomiopatía. Por ello, si es usted bebedor social, considere el uso de un complemento de complejo B para compensar el gasto excesivo de tiamina, y que así no se vea afectado su corazón (lo mismo es válido si requiere diuréticos).

Entre sus mejores fuentes de origen animal se hallan el hígado, la carne de cerdo, la de pollo, los huevos, el atún, el salmón y los ostiones. Entre los vegetales, hallamos buenas cantidades de tiamina en la levadura de cerveza, el germen de trigo, la soya y sus derivados, las nueces, los chícharos, los frijoles, la avena y las lentejas. Con fines preventivos, asegúrese de recibir diariamente un mínimo de 1.5 mg diarios de esta vitamina. Si ya hubiera cardiopatías, podrían necesitarse dosis mayores (hasta 5 mg diarios).

La vitamina B_2

Aún no está muy claro de qué manera participa la vitamina B_2, o riboflavina, en el buen funcionamiento del corazón, pero se sabe que sí es necesaria. Y, además, si se llega a sufrir un ataque cardiaco, la riboflavina limita bastante el daño celular producido por la falta de oxígeno. Por ello resulta muy recomendable para acelerar el restablecimiento de quienes han sufrido un ataque cardiaco.

Podemos encontrar suficiente riboflavina en el hígado, la yema de huevo, diversos quesos, y las carnes de pollo, pavo y cerdo. Si prefiere las fuentes vegetales, entre las mejores están las almendras, el germen de trigo, los champiñones, la soya, las lentejas, la levadura de cerveza y las semilla de girasol. Las necesidades de vitamina B_2 son similares a las de tiamina: 1.7 mg diarios con fines preventivos, y hasta 5 mg diarios si hubiere problemas con el corazón.

La vitamina B_3

Entre las vitaminas, la niacina o vitamina B_3 refulge como la superestrella contra el colesterol. Y cómo no, si utilizándola en megadosis puede reducir el LDL en 20–30%, y elevar el HDL en 20%. Son reducciones ciertamente espectaculares. Pero no se limita a eso. Tiene tres efectos protectores más, muy importantes.

También ayuda a reducir los triglicéridos elevados, en rangos de entre 20 y 50%. Asimismo, contribuye a normalizar los niveles elevados de la lipoproteína (a), una de las fracciones del colesterol sérico más peligrosas. En este último caso, el efecto reductor es más amplio si se combina con la vitamina C.

Los niveles crónicamente elevados de la glucosa sanguínea también son nocivos para el corazón. A través del factor de tolerancia a la glucosa o FTG, la niacina ayuda a mejorar el uso de este carbohidrato, y con ello a la salud cardiaca. No menos importante, esta vitamina favorece la permeabilidad capilar y mejora el flujo sanguíneo, disminuyendo el riesgo de formación de placas de colesterol. Todo ello hace que esta vitamina sea un valioso aliado, que incluso mejora el índice de supervivencia en quienes ya han sufrido un infarto o una embolia.

Empero, la gran desventaja de recurrir a la niacina es que al parecer sólo da resultados en dosis muy altas. Normalmente el organismo sólo requiere 20 miligramos diarios de esta vitamina. Para bajar el colesterol, algunos médicos llegan a utilizar 3000 mg diarios o más, durante 60 semanas. Y tales megadosis pueden traducirse en efectos secundarios de seriedad (trastornos hepáticos y elevaciones tanto en la glucosa sanguínea como en el ácido úrico). Por lo tanto, todo tratamiento que las combine requiere un estricto seguimiento médico.

Algunos reportes señalan que pueden lograrse efectos similares con dosis menores, del rango de los 1000 mg diarios. La condición para tener éxito es comenzar con dosis pequeñas, de 100 mg, e ir aumentándolas paulatinamente hasta llegar a la dosis de mantenimiento. En nuestra opinión, esta debería ser la forma de usar la niacina. Otra manera de reducir la posibilidad de molestias es utilizar una forma especial de la vitamina, llamada hexanicotinato de inositol o IHN.

Las dosis necesarias de este último oscilan entre 500 y 1500 mg diarios, y también es recomendable comenzar con dosis bajas e irlas elevando progresivamente. El IHN no desencadena la mayoría de los inconvenientes típicos de la megadosis de niacina, incluidos los trastornos hepáticos. No obstante, e invocando el principio de precaución, las megadosis de cualquier forma de niacina deberían ingerirse bajo la guía y observación de un médico o nutriólogo expertos.

Si queremos utilizar a la niacina para normalizar el colesterol, necesariamente hay que usarla en forma de complemento y en megadosis. Pero con fines preventivos, podemos hallarla en el hígado, el salmón, las sardinas, los camarones y las carnes de pollo, pavo, cerdo y res. En el mundo vegetal, la aportan en gran cantidad la levadura de cerveza, los cacahuates, las semillas de girasol, el ajonjolí, el arroz integral y el salvado de trigo.

La vitamina B_6

Esta vitamina, también llamada piridoxina, no participa de manera directa en el aprovisionamiento energético del músculo cardiaco, pero sí es fundamental para una mejor utilización de la glucosa y la insulina. Además, resulta imprescindible para proteger al sistema circulatorio de un enemigo insidioso, la homocisteína. Esta sustancia tóxica, de la cual hablamos más extensamente en la primera parte del libro, se oculta detrás de numerosos infartos y embolias "inexplicables", como el del doctor Albert Starr. Esto daría una explicación de por qué la piridoxina puede reducir la incidencia de ataques cardiacos hasta en 50%.

Pero hay más. No menos importante, y a través de controlar la producción de poderosos mediadores químicos (como los tromboxanos), esta vitamina previene la formación de coágulos anormales y espesamientos de la sangre. Asimismo, actúa como un diurético natural, que evita la retención de líquidos, y con ello tiende a normalizar la presión arterial. Esto constituye una ayuda natural para los hipertensos.

La vitamina B_6, junto con el ácido fólico y la vitamina B_{12}, forman el "trío antihomocisteína", que nos protege de esta temible toxina. Con fines preventivos, asegúrese de recibir diariamente 2 mg, y si hubiere problemas cardiovasculares, se puede llegar hasta 6 mg diarios. En los alimentos de origen animal abunda en el salmón, el atún, los camarones, el hígado y las carnes de pollo, pavo y res. En la despensa vegetal, la hallamos en el arroz integral, la soya, las lentejas, el germen de trigo, el salvado de trigo y la levadura de cerveza.

El ácido fólico

Esta vitamina (a la que alguna vez se consideró la B_9) ha cobrado gran notoriedad últimamente como un factor valioso para prevenir malformaciones fetales del sistema nervioso central. Y de veras es un héroe en tales menesteres: puede abatir las probabilidades de sufrir espina bífida o anencefalia hasta en 75%.

Pero no menos valioso resulta a la hora de mantener bajo control a la homocisteína, de la cual acabamos de hablar. En este aspecto el ácido fólico resulta más importante que la piridoxina, pero juntas lo hacen mejor. Y si se les agrega la vitamina B_{12}, se logra una sinergia fantástica para meter bajo cintura a la homocisteína.

Según los libros de nutrición, el ácido fólico "abunda" en frutas y verduras. La realidad es que aún alimentándose bien puede resultar complicado satisfacer las necesidades mínimas diarias de esta vitamina (400 microgramos). Por lo tanto, recomendamos el uso de complementos que aporten entre 200 y 400 mcg adicionales, para estar seguros. El ácido fólico es inofensivo, y cualquier excedente se desecha sin problemas.

En el mundo animal hallamos ácido fólico en el hígado, la carne de res, las sardinas, los huevos, el queso cottage y la crema de leche. Entre los vegetales, en la levadura de cerveza, la soya, la avena, los garbanzos, las lentejas, los frijoles y el germen de trigo. Si queremos usarlo como preventivo, ingiera a diario no menos de 400 mcg. Si ya están presentes problemas cardiacos, entonces utilice el doble, el triple o aún más.

La vitamina C

El ácido ascórbico o vitamina C es también un poderoso aliado. Si usted cree que esta vitamina sólo es útil para prevenir gripes, eso quiere decir que le está haciendo falta actualización, porque sirve para mucho más que eso. Entre otras cosas, para protegernos contra los infartos. La vitamina c es fundamental para que el organismo produzca colágeno, una de las principales proteínas corporales.

El colágeno está en todas partes, incluidas las arterias, a las que ayuda de manera simultánea a ser resistentes y elásticas. Esto mejora la circulación, fluidifica la sangre y disminuye la presión arterial. Incluso hace menos probables las recaídas cuando se ha recibido una angioplastía. Normalmente, 33% de los pacientes tienen que volver a someterse al procedimiento, porque sus arterias se obstruyen de nuevo. Esa perspectiva cambia si se ha estado recibiendo vitamina c adicional: sólo 14% vuelven a requerirlo.

Al mismo tiempo, la vitamina c aumenta los niveles de colesterol bueno (HDL) y disminuye el colesterol malo (LDL). En el caso de este último, que se torna agresivo con las arterias cuando se oxida, la vitamina c también contribuye a protegerlo de la oxidación. En esa tarea hace equipo con los principales antioxidantes nutricionales, como la vitamina E, el betacaroteno y el glutatión.

Por desgracia no hay suficiente vitamina c en los alimentos de origen animal. Pero entre los vegetales abunda: cereza acerola, guayabas, perejil, pimientos, frutos cítricos, berros, fresas, kiwis, col, papaya, melón, fruto del rosal. Con fines preventivos, debería consumir diariamente por lo menos 250 mg de vitamina c. Si el colesterol está elevado o hubiera afecciones cardiacas, podrían hacerse necesarios 500, 1000 mg o más.

La vitamina D

Si le sorprendieron todas las funciones adicionales de la vitamina c, prepárese. Porque el calciferol o vitamina D también es un nutriente versátil que contribuye para algo más que huesos y dientes sanos. Ya vimos en la primera parte del libro que un buen control de la glucosa sanguínea es fundamental en la prevención de infartos y embolias. Y tenemos buenos aliados nutricionales en dicha tarea: el complejo B, el cromo y el magnesio.

Bueno, pues hay que agregar la vitamina D a la lista. Hallazgos recientes muestran que resulta muy importante para tener una buena tolerancia a la glucosa, y complementa en su acción a los demás nutrientes mencionados. Y eso no es todo. También protege contra la hipertensión arterial —particularmente la relacionada con el embarazo—, y contra la preeclampsia. En esta función resulta más eficaz si se acompaña de calcio y magnesio.

El problema con la vitamina D es que sólo abunda en alimentos poco frecuentes en la dieta común: sardinas, salmón, atún y camarones. En menor cantidad, en el hígado y la yema de huevo. La leche y la mantequilla la contienen si fueron enriquecidas. Con fines preventivos, asegúrese de ingerir por lo menos 200 UI diariamente. Si ya hay trastornos cardiovasculares, aumente a 400–600 UI.

La vitamina E

Ha llegado el momento de abordar a la que quizá sea la vitamina más importante para el corazón (y al mismo tiempo la más relegada). Su acción cardioprotectora se manifiesta de muchas maneras: disminuye la cantidad de colesterol malo (LDL) circulante; protege a ese mismo colesterol de la oxidación (una vez oxidado, es agresivo con las arterias); aumenta los niveles de colesterol bueno (HDL) y reduce la formación de coágulos peligrosos. Por si todo eso fuese poco, contribuye a reducir los triglicéridos (sobre todo en combinación con los ácidos grasos omega 3) y a optimizar la acción de la insulina.

De entre toda la evidencia científica que respalda lo anterior, destaca un estudio hecho en la universidad de Harvard (Estados Unidos). De acuerdo a sus resultados, un complemento de 200 UI diarias de dicha vitamina llega a reducir la posibilidad de un ataque cardiaco en personas sanas en 33%. Si se usan 400 UI diarias, puede abatirlas hasta en 50% (es decir, un poco más que una tableta grande de aspirina). Y en quienes ya están enfermos del corazón, el rango de protección es aún mayor. En dichos pacientes, 400 UI diarias de vitamina E redujeron la incidencia de infartos hasta en 77%.

Y no solamente abate las probabilidades de sufrir un primer o un segundo ataque cardiaco. También fortalece corazones enfermos. Los sobrevivientes de un infarto llevan en su corazón áreas de tejido muerto, que lo debilitan. En tales condiciones, la vitamina E fomenta una correcta recuperación, y mejora su fuerza de contracción. Y no sólo protege al corazón, sino también al cerebro, de las embolias y los ataques isquémicos transitorios o "miniapoplejías". En todos estos efectos, la acción de la vitamina E se amplifica combinándola con complejo B, vitaminas C y D, magnesio, selenio y los omega 3 (aceite de pescado).

Si la vitamina D escasea en la dieta popular, la vitamina E prácticamente está ausente. Examine cuáles son sus mejores fuentes: germen de trigo, semillas de girasol, ajonjolí, avellanas, almendras y aceite de germen de trigo. Si a esto le agregamos las necesidades aumentadas de la vida actual (consumo de grasa vegetal, humo de tabaco, esmog, etc.), entonces prácticamente se hace obligatorio el uso de complementos. Con fines preventivos consuma no menos de 200 UI todos los días. Si ya están presentes problemas cardiacos, serían necesarios 400–600 UI (excepto en caso de enfermedad reumática del corazón o problemas con las válvulas cardiacas).

Los ácidos grasos omega 3

No se trata exactamente de una vitamina, sino de un tipo de ácido graso imprescindible para la salud. Esta forma de grasa tan especial se halla presente tanto en alimentos de origen vegetal como animal, pero en los primeros sólo se encuentran los omega 3 de cadena corta y media (entre ellos el ácido alfa linolénico). Su fuente más concentrada es la linaza y su aceite, de los cuales hablamos en la página 152 .

Los omega 3 de origen vegetal son buenos para la salud, pero más benéficos aún son los de cadena larga, como los ácidos grasos EPA y DHA. Estos últimos están nada más presentes en pescados marinos y mariscos. Su fuente más concentrada son los aceites de pescado de aguas frías (como los de salmón y bacalao). En nutrición como en muchos otros campos, lo mejor es lograr un equilibrio. Y en este caso lo más recomendable es beneficiarse tanto con omegas 3 de origen vegetal como marino.

Las mejores fuentes del ácido alfa linolénico (ALA) son semillas como las del ajonjolí, la linaza, la soya y las avellanas. Aunque no ha ganado tanto reconocimiento como los omega 3 marinos, también es excelente para el corazón. De acuerdo a estudios clínicos hechos en Canadá, ayuda a normalizar los niveles elevados de colesterol (reduce el colesterol total y el LDL, a la vez que eleva el colesterol HDL). Asimismo, puede bloquear la formación de coágulos anormales.

Si el ácido alfa linolénico lo impresionó favorablemente, espere a enterarse de lo que pueden hacer el EPA y el DHA, de origen marino. Producen al menos cuatro beneficios. Primero, aumentan la elasticidad de las arterias, lo que mejora su desempeño y las hace más resistentes a la arterioesclerosis. Segundo, hacen hasta 47% más lenta la formación de placa en las arterias. Y la placa formada tiene menor proporción de colesterol malo.

Esto último es importante, porque la mayoría de los adultos de ambos sexos tienen diversos grados de arterioesclerosis. Es decir, para ellos es demasiado tarde prevenir el problema. Pero no para combatirlo, si se recurre al aceite de pescado. Tercero, disminuye los índices de colesterol malo (oxicolesteroles) hasta en 20%. Y cuarto, el tipo de placa formado tiene menos proporción de LDL y de células inflamatorias.

Todos estos beneficios se producen al mismo tiempo que el colesterol total y los triglicéridos se normalizan, y el colesterol bueno (HDL) aumenta. Este último tiene diversas fracciones, algunas más benéficas que otras. El consumo frecuente de pescado de aguas frías hace elevarse a una de estas fracciones (el HDL_{2b}) que ha sido ligada específicamente a la protección cardiovascular. Algo que el consumo de alcohol no puede lograr.

Con frecuencia se mencionan como fuentes de ácidos grasos omega 3 a vegetales y semillas. Esto es cierto, pero lo que ofrecen tales fuentes son omegas 3 de cadena media, que no son precisamente los mejores para el corazón. Sí proporcionan beneficios, pero los mejores son los omegas 3 de cadena larga de origen marino. La mejor fuente de omega 3 de cadena media es la linaza y su aceite; de los omegas 3 de origen marino, el salmón, las anchoas, los arenques, el marlín, el pescado blanco, la macarela, el atún y las sardinas.

Con fines preventivos se pueden consumir los omega 3 marinos a través de cápsulas de aceite de pescado (1–3 cápsulas al día). Pero si ya estuvieren presentes problemas con el corazón o la presión arterial, se recomienda utilizar 3–6 cápsulas diarias (excepto si se están recibiendo anticoagulantes). Para proteger dichos ácidos grasos de la oxidación, consuma de manera simultánea un complemento de vitamina E.

3) No se olvide de los buenos minerales

Los minerales esenciales son al menos tan importantes para la salud como las vitaminas. Y la razón es que al igual que ellas, ayudan a regular numerosas funciones corporales. Es decir, con su presencia hacen posible múltiples funciones celulares. Y no sólo eso; muchos minerales forman parte de la estructura misma del cuerpo. Entre los minerales que más abundan en nuestro organismo se hallan el azufre, el calcio, el fósforo, el magnesio, el sodio, el potasio y el cloro. Y son apenas siete de los 17 minerales indispensables.

Al igual que las vitaminas, los minerales no aportan energía, pero permiten que se la extraigamos a los alimentos que la contienen. Al igual que éstas, no actúan como hormonas, enzimas, anticuerpos y tantas otras moléculas vitales, pero sin su participación, aquéllas no podrían cumplir con sus funciones. Y para colmo, varios de ellos son decisivos para que el corazón y las arterias permanezcan saludables, o resisten mejor los embates de las cardiopatías.

Si no recibimos dichos minerales de manera habitual y en las cantidades óptimas, tendremos problemas. Al igual que cuando faltan vitaminas, no podremos manejar adecuadamente grasas, proteínas y carbohidratos. El metabolismo del colesterol se trastornará, los mecanismos de protección no funcionarán, y las consecuencias no se harán esperar. Algunas a corto plazo, otras a mediano o largo plazos, pero puede estar seguro de que las carencias de minerales también se pagan.

El magnesio

Si le sorprende el hecho de que la arterioesclerosis sea reversible, entonces quizá le asombre más enterarse que eso no es algo nuevo. En efecto, tiene más de 50 años que se descubrió que la deficiencia de magnesio favorece la formación de placas de colesterol en las arterias. Y que este proceso puede detenerse y aún revertirse con cantidades adicionales de magnesio en la alimentación. Y también se sabe que previene las arritmias, protege contra los espasmos arteriales y disminuye la tendencia a la formación de coágulos.

¡Fantástico! El problema es que noticias tan buenas no se han difundido. Y por consiguiente, tan inmensas ventajas no se aplican. ¿O alguna vez su cardiólogo le ha recomendado tomar magnesio? Seguramente no. Si es como la mayoría de los médicos, a lo más que puede haber llegado es a sugerirle que use un multivitamínico con minerales. Y bueno, claro que estos productos contienen magnesio. El problema es que tienen muy poco para resultar útiles.

El ser humano adulto necesita 400 mg diarios, y los multivitamínicos proporcionan —en el mejor de los casos— apenas 40 mg de tan valioso mineral. Los médicos más sagaces lo utilizan por vía intravenosa para tratar a los infartados en terapia intensiva. Y el magnesio responde, abatiendo la mortalidad en 54% (el doble de éxito que con los tratamientos medicamentosos).

Pero, ¿por qué esperarse a recurrir al magnesio hasta que la urgencia se presenta? Una excusa médica recurrente es que los complementos nutricionales son innecesarios, porque la sola alimentación basta para estar bien nutridos. Pero si eso es cierto, entonces, ¿por qué uno de cada cinco infartados resulta estar deficiente en magnesio? Si usted es más sagaz que su cardiólogo, busque magnesio en tabletas de 400 mg y tómese la mitad —o mejor aún— una tableta diariamente. La única contraindicación es la presencia de alguna enfermedad renal seria.

El calcio

Y bueno, el caso del magnesio se repite con otros minerales imprescindibles para el sistema cardiovascular, como el calcio. Este mineral también es esencial para regular los latidos cardiacos. Un efecto poco conocido de este mineral es que contribuye a mantener normales el colesterol y los triglicéridos. Y al mismo tiempo, eleva el colesterol bueno (HDL). Pero ejerce su mayor provecho ayudando, al igual que el magnesio y el potasio, a regular la presión arterial. Sujetos a ensayos clínicos, los complementos de calcio produjeron buenos resultados no sólo en personas sanas, sino también en hipertensos.

Los beneficios más amplios se han obtenido en pacientes con hipertensión leve o hipertensión del embarazo (incluida la preclampsia). En estos casos se han utilizado dosis fuertes de calcio (1000–1500 mg diarios). Pero la protección comienza desde los 500 mg. Si no consume suficiente calcio con la alimentación, quizá sería recomendable que ingiriera 1000–1200 mg adicionales. Y para minimizar las posibilidades de que le ocasionen cálculos renales, acompáñelos con 400 mg diarios de magnesio.

El potasio

Con este mineral ocurre como con los santos: la gente sólo se acuerda de ellos cuando algo anda mal. Y en el caso del potasio, cuando la presión arterial se sale de control. El médico entonces nos recomienda disminuir el consumo de sal, y aumentar el de potasio. La razón es obvia: este último es decisivo para mantener estable la actividad cardiaca y evitar arritmias. Y no menos importante, protege específicamente contra los infartos cardiacos y cerebrales.

Asimismo, el consumo adecuado de potasio nos protege contra la hipertensión si estamos sanos, y nos ayuda a mantenerla bajo control si ya la padecemos. Por lo tanto, el viejo consejo médico de disminuir el sodio y aumentar el potasio es bueno. Empero, para fines prácticos funciona mejor aumentar el potasio. Lo cual no significa que no debamos bajarle al sodio. Pero los máximos beneficios se obtienen cuando se hace énfasis en consumir suficiente potasio.

La razón es que en la dieta común abunda mucho más el sodio que el potasio. Una dieta pobre en vegetales empeora el panorama. El consumo abundante de líquidos o de diuréticos empobrece aún más nuestro organismo en potasio. Y una crisis puede llegar si además nos deshidratamos, sufrimos de vómitos o de diarrea. Por lo tanto, busquemos las mejores fuentes de potasio en la alimentación: chabacanos secos, jugo de jitomate, chícharos, lentejas, pistaches, almendras, germen de trigo, levadura de cerveza, soya y sus derivados, y semillas de girasol.

El cromo

Los minerales que son necesarios para la salud en cantidades muy pequeñas se llaman oligoelementos o minerales traza. A esta categoría pertenece precisamente el cromo. El organismo sólo requiere 50 microgramos diarios, pero la alimentación actual, tan empobrecida e industrializada, se los escatima. A menos que tengamos una dieta muy natural y variada, las carencias de cromo son frecuentes, e inciden en un mal manejo corporal de los carbohidratos, las grasas y el colesterol.

Si la deficiencia se hace crónica, surgen trastornos como la intolerancia a la glucosa, la resistencia a la insulina, tendencia al sobrepeso y un mal perfil de lípidos sanguíneos. Es decir, el colesterol y los triglicéridos se elevan. Todos ellos son factores de riesgo para el síndrome metabólico, y también para los males cardiovasculares. Consumir más cromo, a través de alimentos o complementos, puede abatir el colesterol malo (LDL), aumentar el colesterol bueno (HDL) y disminuir los triglicéridos.

El efecto es aún más marcado si lo que se recibe es polinicotinato de cromo (no confundirlo con el picolinato de cromo). Esta forma de cromo se encuentra en alimentos como los cereales y panes integrales, el germen de trigo y la levadura de cerveza. Otras formas de cromo se hallan en el queso holandés, las papas, el elote dorado, las nueces y la carne de pollo.

Pero también es posible encontrar polinicotinato de cromo en algunos complementos nutricionales. En adultos sanos se recomiendan 50–100 mcg diarios, y si hubiere síndrome metabólico, obesidad o males cardiacos, podrían requerirse 200 mcg al día. También resulta muy útil en los diabéticos, pero hay que irlo equilibrando poco a poco con los medicamentos (o insulina) que se estén utilizando, para no bajar demasiado la glucosa sanguínea.

El manganeso

Al igual que el cromo, el manganeso es uno de esos elementos "traza" que aparecen en los alimentos en escasas cantidades. Y también se necesita en dosis pequeñas. Pero ni siquiera por eso la dieta común suele satisfacer a diario nuestras necesidades. Y cualquier faltante en la alimentación se va a reflejar de diversas maneras en nuestra salud. Una de ellas es en la salud cardiaca.

El manganeso es indispensable para la salud y fortaleza de las arterias, a las que protege contra la arterioesclerosis. Asimismo, ayuda a normalizar el colesterol total, el colesterol malo (LDL) y los triglicéridos. Para lograr todo esto, un organismo adulto necesita apenas cinco miligramos de este mineral, que podríamos buscar en un complemento, o (más laboriosamente) a través de alimentos como el arroz, el trigo, y la avena integrales, las nueces de Castilla, las de Brasil, las avellanas, los berros, las papas y el trigo sarraceno.

El selenio

Aún se ignoran los detalles, pero este valioso oligoelemento protege al corazón y las arterias de las principales cardiopatías. El recibir diariamente suficiente selenio disminuye el riesgo de un infarto hasta en 70%. Sin embargo, el selenio no abunda precisamente en la alimentación, y su carencia prolongada suele ser uno de los detonantes de la enfermedad cardiaca. Sólo necesitamos 50–100 microgramos diarios, pero aún los alimentos considerados como sus mejores fuentes no suelen contenerlo en cantidad suficiente como para satisfacerlos.

Los arenques, el huevo, el ajo y las semillas de girasol, que se cuentan entre los alimentos más ricos en selenio, no son precisamente populares. La carne de pollo, la de pavo y el queso añejo sí lo son, pero ofrecen sólo pequeñas cantidades. Resultado: no siempre recibimos suficiente selenio. Y eso es grave, porque su deficiencia puede dejarnos indefensos frente al cáncer, la pancreatitis, los trastornos de la tiroides, los males inflamatorios y problemas cardiacos. Como antioxidante que es, protege las arterias del la formación de placa, ayuda a evitar arritmias y resguarda contra la falta de oxígeno al músculo cardiaco.

El silicio

De todos los elementos traza provechosos para el corazón, éste es quizás el más olvidado. Y la razón principal es que ni siquiera pertenece al selecto grupo de los minerales considerados indispensables. Todavía no se le reconoce oficialmente como tal, aun cuando el cuerpo humano lo necesita para llevar a cabo diversas funciones importantes. Es definitivo para la correcta mineralización de los huesos y los dientes, estimula la formación de proteínas importantes (colágeno, elastina, etc.), y protege a la piel.

Asimismo, existe evidencia científica de que contribuye a la función cardiaca, la integridad de los vasos sanguíneos y a proteger contra la hipertensión y la arterioesclerosis. Por todo esto, no deberíamos exponernos a una carencia de silicio. Lo encontramos sobre todo en la avena integral y otros cereales integrales, el perejil, los ejotes, los plátanos, las grosellas, las frambuesas, las fresas y los pepinos. Como complemento, existe en forma de extractos de bambú o de cola de caballo, y de ácido ortosilicícico (al 2%).

4) Saque provecho a los nutrientes no esenciales

Existe toda una serie de sustancias presentes en alimentos y bebidas que no están considerados entre los compuestos que son indispensables a nuestro organismo. Es decir, no son vitaminas, ni minerales ni nutrientes esenciales. Pero ello no significa que no sean benéficas. Muchas de ellas pueden ayudarnos en docenas de formas, algunas obvias, otras muy sutiles.

Algunas hacen equipo con las vitaminas de verdad y mejoran su acción (por ejemplo, los bioflavonoides con la vitamina c). Otros modifican favorablemente la química corporal, de manera que órganos o sistemas completos mejoran su desempeño (por ejemplo, la lecitina de soya). Otros participan de manera directa en etapas importantes del metabolismo corporal (como la carnitina). En general, tienen mucho que ofrecernos, y en particular son muy valiosos para el sistema cardiovascular. Veamos los principales:

La lecitina de soya

Esta sustancia es en realidad una grasa, pero una grasa buena. Ha ganado fama como auxiliar en la reducción de peso, pero muestra una gran versatilidad en sus beneficios. Entre ellos, ayudar a normalizar los lípidos sanguíneos. Puede corregir niveles elevados de colesterol total, a la vez que reduce el colesterol malo (LDL) y eleva el colesterol bueno (HDL). Por lo tanto, también mejora la proporción entre estos dos últimos. Algo excelente, que pocos nutrientes ofrecen.

Asimismo, a nivel del sistema circulatorio periférico, actúa como un vasodilatador natural. Esto beneficia doblemente, en particular si ya se ha sufrido un ataque cardiaco: mejora la circulación, y ayuda a reducir la presión sanguínea. No menos importante, fomenta la producción corporal de carnitina (otro nutriente indispensable para el corazón) y es fuente de colina, un factor nutricional del cual hablaremos en un instante más.

No se considera a la lecitina de soya un nutriente esencial porque el organismo humano la produce. Empero, no siempre la sintetiza en suficiente cantidad, y puede hacerse necesario recibirla a través de complementos nutricionales. Existe en cápsulas de 500 y de 1000 mg (un gramo). Con fines preventivos se aconseja ingerir un gramo diario, y en caso de afecciones del corazón o de la presión arterial, dos o tres gramos al día. O incluso más, pues se trata de un nutriente inofensivo.

La colina

Es uno de esos nutrientes de los que casi no se habla, pero de enorme importancia para la salud. Ayuda al correcto manejo de las grasas y el colesterol corporales. En particular, impide su acumulación en el hígado y las arterias, colabora en la regulación de la presión arterial y es muy importante para el sistema nervioso y el cerebro. No suele incluirse en los multivitamínicos, pero las funciones corporales mejoran cuando se recibe como complemento de la alimentación. Existe en cápsulas y tabletas, pero se asimila mejor si se ingiere en forma de lecitina de soya. De uno a dos gramos diarios de esta última son suficientes para proveer suficiente colina en un organismo sano.

El inositol

Tampoco se menciona mucho; sin embargo, puede resultar de gran beneficio preocuparse por recibirlo diariamente. Sus funciones son similares a las de la colina, y colabora en el manejo corporal de grasas y colesterol, así como en el buen funcionamiento cardiaco. Su mejor fuente es la lecitina de soya, y 1–2 gramos diarios de ésta proveen suficiente inositol para proteger nuestras arterias.

La carnitina

Al igual que la lecitina, este nutriente ha ganado fama como una ayuda natural para bajar de peso. Sin embargo, sirve para mucho más que eso, y puede resultar sumamente útil para proteger al corazón. La función básica de la carnitina es introducir ácidos grasos a las mitocondrias celulares. Estas últimas actúan como centrales de producción de energía, por lo tanto, órganos como el corazón dependen mucho de sus mitocondrias. Y la carnitina les está llevando continuamente combustible (grasas).

La mayor parte de la energía consumida por el músculo cardiaco proviene de los ácidos grasos. Por lo tanto, recibir suficiente carnitina diariamente asegura el abasto energético del corazón. Por si fuera poco, tiene una acción antioxidante específica sobre las membranas celulares cardiacas, lo cual amplifica el efecto antiinfartos de los ácidos grasos omega 3 del pescado. No menos importante, colabora para normalizar los excesos en los triglicéridos.

El cuerpo humano es capaz de producir carnitina; sin embargo diversos factores podrían hacer que la producción corporal resulte insuficiente. Por lo tanto, no estaría de más recurrir a complementos de este nutriente. Para observar resultados, se sugiere utilizar cantidades de 500 mg (medio gramo) para arriba. Con frecuencia no se observan beneficios porque se usan cantidades demasiado pequeñas. En caso de problemas cardiacos, pueden utilizarse 1000 o 1500 mg diarios (en 2–3 tomas).

Los bioflavonoides

En frutas y verduras existe un grupo de nutrientes conocidos globalmente como flavonoides o bioflavonoides. Se trata de sustancias antioxidantes que colaboran con las funciones de la vitamina C. Abundan en frutas y verduras, pero no siempre las consumimos en suficiente cantidad como para recibir sus beneficios. Y su bajo consumo suele asociarse con debilidad de los vasos sanguíneos o fragilidad capilar.

Entre los más importantes para el corazón están la rutina, las catequinas, la quercetina y las proantocianidinas. La rutina protege la túnica interna de las arterias y bloquea la formación de coágulos peligrosos. La encontramos en los cítricos, las uvas, la cereza acerola y el trigo sarraceno. Las catequinas se hallan en fresas, ciruelas y el té verde, e inhiben la formación de placas de colesterol en las arterias.

La quercetina fortalece los vasos capilares y con ello mejora la circulación sanguínea colateral. Ayuda a conservar fluida la sangre y reduce la posibilidad de que se formen coágulos anormales. Es un poderoso agente antiinflamatorio, que interfiere con la formación de placas de colesterol, y protege de la oxidación al colesterol malo (LDL), labor en la que potencia a la vitamina C (es al menos tan potente como ésta).

Sus mejores fuentes son la cebolla, las manzanas, el polen, las calabacitas y los vegetales de la familia de la col (coles, colecitas, brócoli, rábano, etc.). Las proantocianidinas son al menos tan versátiles como la quecetina. Son antioxidantes, protegen a las arterias, fortalecen el tejido que las forma y mejoran la circulación. Pero están menos distribuidas que ésta, pues en los alimentos sólo se encuentran en la uva roja y sus derivados.

Algunos de estos bioflavonoides se hallan disponibles en forma purificada en complementos nutricionales. Por ejemplo, quercetina pura, catequinas en forma de extracto de té verde, y proantocianidinas en forma de extracto de semilla de uva roja. Cualquiera de ellos es excelente tanto en la salud como en la enfermedad. Sin embargo, evite consumir dichos complementos si padece hipotiroidismo, está recibiendo medicamentos para la tiroides, o ambos.

5) ¡Defienda su coenzima Q_{10}!

Dentro de las células del cuerpo humano existen múltiples sustancias importantes para su buen funcionamiento. Pero ninguna tan decisiva como la coenzima Q_{10}. Si tuviésemos que definirla con pocas palabras, bien podría calificársele como la clave de la vida. Y es que esta coenzima forma parte de la cadena de reacciones químicas que desembocan en la producción de energía. Y en dicha cadena ocupa una posición tan crítica, que sin ella, simplemente no se produce energía.

Y, ¿adivine cuál es el órgano corporal más dependiente de la energía? Claro, el corazón. Aunque sólo representa 0.3% del peso corporal, tiene una actividad continua y tan intensa, que consume 25% de toda la energía que se produce en el organismo. Por ello, cuando el abasto de energía merma, el corazón es el primer órgano que se ve afectado. A grado tal, que una deficiencia muy grave de esta coenzima es capaz de desencadenar un paro cardiaco, aun cuando todo lo demás esté en perfectas condiciones.

Y la producción de coenzima Q_{10} puede verse reducida por diversos factores. El paso del tiempo, los males crónico degenerativos, el tabaquismo, el efecto secundario de algunos medicamentos y la carencia de vitaminas y minerales esenciales (incluidos los antioxidantes nutricionales). De todos estos factores, algunos se pueden remediar, otros no (por ejemplo, la vejez y enfermedades como la diabetes). Uno de ellos incluso se puede prevenir: el evitar consumir medicamentos que abaten los niveles de coenzima Q_{10}.

Todos sabemos que, como sustancias extrañas al cuerpo que son, los fármacos muestran diversos efectos secundarios. Algunos leves y pasajeros (como naúseas o dolor de cabeza), pero otros graves y potencialmente mortales. Uno de estos últimos es la capacidad para deprimir la coenzima Q_{10} que exhiben ciertos medicamentos para controlar el colesterol, las estatinas.

La gran diversidad de causas de la deficiencia de coenzima Q_{10} explican en parte la frecuencia actual de casos de fatiga crónica y de problemas cardiovasculares. Una posible solución a la baja producción de coenzima Q_{10} podría estar en la dieta, ya que diversos alimentos la contienen. El problema es que sus mejores fuentes no son precisamente alimentos populares, que se consuman con frecuencia o en gran cantidad: hígado, corazón, riñones y otras vísceras, carne de ternera, sardinas, arenques, cacahuates, soya, espinacas, brócoli y levadura de cerveza.

Si algunos de los alimentos mencionados como ricos en esta coenzima no le gustan, entonces trate de aumentar su propia producción corporal. Para fomentarla, procure ingerir diariamente complementos que aporten vitaminas C, E y del complejo B, así como magnesio, zinc, y cromo. También puede ser muy útil asegurarse de consumir suficiente proteína completa, o bien aminoácidos aislados. Los que dan mejor resultado son la tirosina y la fenilalanina (500–1000 mg diarios de cualquiera de ellos, ingeridos entre comidas).

Asimismo, una buena idea es proteger a la coenzima Q_{10} de la oxidación (que la destruye) y mejorar su actividad. Lo primero lo logramos a través de antioxidantes nutricionales solubles en grasa como la vitamina E, el betacaroteno y el licopeno. Lo segundo, con ayuda de selenio y ácido alfa lipoico. Este último, en particular, es muy efectivo para mantener activas las moléculas de coenzima Q_{10} durante más tiempo. Las dosis diarias recomendables son vitamina E (200–400 UI), betacaroteno (3000–5000 UI), licopeno (3–5 mg), selenio (100 mcg) y ácido alfa lipoico (50–100 mg).

6) Consuma frutas y verduras de 5 a 7 veces al día

"Come frutas y verduras". Ése debería ser un mantra fijo en nuestra mente desde la más tierna infancia. Y es que se trata de una de las maneras más sencillas, directas e inofensivas de permanecer sanos y de proteger el corazón. Es un beneficio real, que ha sido medido incontables veces en estudios clínicos alrededor del mundo: cada porción de frutas o verduras que se añada a la alimentación diaria disminuye el riesgo de males cardiacos en 4%.

Es más, de acuerdo a científicos de la universidad de Harvard (Estados Unidos), consumir vegetales en abundancia puede ser más importante para impedir un primer o segundo ataque cardiaco que el reducir el consumo de carne roja y de grasa animal. Detrás de toda esa protección se esconden verdaderos pesos pesados en el campo de la nutrición.

En efecto, para proteger al corazón hay algunos vegetales más potentes que otros. Uno de ellos es el ajo. De dos a cuatro dientes crudos o seis cápsulas diarias pueden bajar el colesterol total hasta en 16%. Si este porcentaje no le parece suficiente, las alcachofas son más potentes. Cuatro corazones de alcachofa a la semana son capaces de abatir el colesterol total en 17%, y ocho a la semana hasta en 22.9%.

Ahora que si lo que le preocupa son sus niveles de colesterol bueno (HDL), entonces piense en cómo aumentar su consumo de cebolla y aguacate. Estos vegetales podrían aumentárselo hasta en 20%. Si de colesterol malo (LDL) se trata, entonces piense en manzanas y toronjas. Estas últimas contienen una sustancia tan efectiva para reducir el colesterol malo como algunos de los medicamentos líderes. ¿Su mayor temor son los coágulos anormales? Entonces incluya más a menudo en su dieta cerezas, chiles, ajos y pérsimos.

Aun el consumo frecuente de cacao —que no es una verdura, sino una semilla—, puede ayudar reduciendo el colesterol malo (LDL). La cocoa y el chocolate oscuro abundan en polifenoles, fito-nutrientes antioxidantes que protegen al colesterol y a las arterias de la oxidación. Asimismo, reducen la presión sanguínea y ayudan a normalizar la coagulación sanguínea (dos posibles factores de riesgo cardiovascular).

La verdad es que son tan numerosos los vegetales que cuidan nuestro corazón, que después de estudiarlos en detalle no extraña saber que la incidencia de males cardiovasculares entre los vege-tarianos es 57% menor que en quienes comen de todo. Con esto no necesariamente lo estamos invitando a que se vuelva vegeta-riano estricto. Pero sí a que incluya más frutas y verduras en su dieta. Todas las que pueda, y hay mucho de donde escoger.

Aguacate

Si usted es de los que siguen pensando que el aguacate contiene grasas malas para el corazón, necesita actualizarse. El tipo de grasa que contiene es monoinsaturado, que hace disminuir el colesterol malo (LDL) y los triglicéridos, y elevarse al colesterol bueno (HDL). Todo esto fue comprobado en 1995 por médicos australianos, que descubrieron que sustituir la grasa común por grasa monoin-saturada como la de los aguacates es tan eficaz para normalizar los lípidos sanguíneos como la dieta pobre en grasa saturada y rica en carbohidratos que recomienda la Asociación Estadounidense del Corazón (esta última dieta no es recomendable porque si bien reduce el colesterol total, también baja el colesterol bueno (HDL) y eleva los triglicéridos).

Ajo

El ajo no sólo sirve para alejar vampiros o malos espíritus. Tam-bién aleja dolencias cardiacas. Y ello no debe sorprendernos.

Contiene más de 200 distintos principios activos, gran parte de los cuales resultan útiles para mantener saludables el corazón y las arterias. Por lo menos seis de ellos reducen el colesterol sanguíneo (hasta en 16%); otros cuatro reducen el colesterol LDL (hasta en 9%) y cinco más aumentan el colesterol HDL (hasta en 30%). Siete componentes más abaten los triglicéridos (hasta en 30%), y otros nueve son antioxidantes protectores. Todo esto sería suficiente para considerar al ajo como un cardioprotector de primer orden. Pero también exhibe un efecto normalizador de la glucosa sanguínea (cuyos excesos no son buenos para el sistema circulatorio).

Alcachofa

Es una lástima que este vegetal no esté más a menudo en nuestras mesas, porque abunda en fitonutrientes buenos para el corazón. Los primeros hallazgos al respecto se remontan a 1975, cuando investigadores de la universidad Ben Gurion de Israel descubrieron que el extracto de alcachofa puede reducir el colesterol elevado en 26% en animalitos de experimentación. A partir de entonces se han sumado otros estudios que confirman el hallazgo, y lo hacen valedero inclusive en seres humanos. Una de las aportaciones más recientes procede de la India, donde se verificaron en 1996 descensos de 17% en el colesterol total, y de 11% en el colesterol malo (LDL) en un grupo de voluntarios. Esta vez no se usó extracto de alcachofa, sino la verdura cocida (dos tazas de alcachofa tres veces por semana).

Apio

Uno de los más temibles factores de riesgo para los ataques cardiacos es la alta presión arterial. Y uno de sus mayores enemigos dietéticos es el apio. Este último contiene una sustancia que reduce la acción de las hormonas corporales que elevan la presión. Utilizando pacientes hipertensos, el doctor William J. Elliot logró reducciones en la presión sistólica (la cifra más alta) de entre 12 y 14%, y de 6–8% en la presión diastólica (la cifra más baja). Lo único que tuvieron que hacer para lograrlo fue consumir dos tallos de 15 cm de apio diariamente durante dos semanas. Como beneficio adicional, el colesterol total de los participantes se redujo en 7 puntos. Y todo esto, sin los riesgos e inconvenientes habituales de los medicamentos contra la hipertensión.

Berenjena

Su sabor no agrada a todos. Su aspecto no invita a consumirla. Pero tiene una gran ventaja a su favor: podría salvarle la vida. La berenjena es una de las mejores fuentes de inhibidores de las proteasas (IP), un grupo de fitonutrientes capaces de bloquear cambios celulares anómalos. Por lo tanto, tienen la capacidad para proteger la túnica interna de las arterias de la disfunción endotelial. Como vimos en otra sección de este libro, esta última podría ser el origen de placas de colesterol sumamente peligrosas. Pero la berenjena puede protegernos. Sus IP bloquean de manera específica la acción de las proteasas, enzimas que estimulan el crecimiento de células anormales y favorecen su proliferación. ¿Es este motivo suficiente para consumir berenjenas?

Calabaza de Castilla

Ojalá hubiera Halloween no una, sino varias veces al año. No para darles formas grotescas a las calabazas, sino para consumirlas más a menudo. Y es que esta enorme fruta abunda en alfa y betacarotenos, dos fitonutrientes antioxidantes que nos protegen las arterias. En experiencias clínicas han mostrado poder reducir en 45% el riesgo de infartos y embolias. En los fumadores, el grado de protección llega a 55%. Y los ex fumadores tienen su recompensa: una disminución de riesgo del orden de 68%. El alfa y betacarotenos también están presentes en las zanahorias, pero la calabaza aporta otros fitonutrientes (zeaxantina, cantaxantina, criptoxantina) que la hacen incluso más cardioprotectora.

Camote

Si su mayor preocupación es llegar a sufrir un infarto o una embolia, entonces protéjase con toda la carga nutricional de los camotes. Esta posibilidad se demostró en un ambicioso estudio hecho en la universidad de Harvard (Estados Unidos), que abarcó a más de 90 mil enfermeras a lo largo de cinco años. Aquellas que consumieron el equivalente a cinco rebanadas de camote a la semana vieron abatirse el riesgo de un ataque cardiaco en 22%, y el de una embolia en un asombroso 68% (en comparación con quienes ingerían camote sólo de manera esporádica). Este grado de beneficio resulta lógico, ya que el camote contiene protectores tan excelentes como el potasio, la criptoxantina y el gamma caroteno.

Cebolla

Sus cualidades compensan en mucho su sabor picante y las lágrimas que pueda provocar cuando se le está cortando. La cebolla es la mejor fuente de quercetina, un fitonutriente capaz de proteger al colesterol malo (LDL) de la oxidación, lo cual evita que tienda a depositarse en las arterias. No menos importante, la quercetina inhibe la formación de coágulos peligrosos. Asimismo, las cebollas contienen flavonol, un compuesto que protege las arterias y reduce el riesgo cardiovascular. Una de las maneras en que lo logra es aumentando los niveles de colesterol bueno (HDL). De acuerdo a las investigaciones del doctor Benjamín Gurevich, puede elevarlo entre 12 y 20%. En el aspecto cardioprotector, las mejores cebollas son las moradas, y luego vienen las rojas, amarillas y blancas. Y crudas, cabría agregar, ya que el cocimiento inhibe varios de sus principios activos.

Cerezas

Estas atractivas frutas pueden proveernos una protección cardiaca comparable con la de las aspirinas. El principio activo de estas últimas es un compuesto (ácido acetilsalicílico) que es muy similar al ácido salicílico que contienen algunas frutas, entre ellas las cerezas. Aunque la dosis habitualmente recetada de esta última es media tableta de 500 mg (es decir, 250 mg), se sabe que una dosis diez veces menor puede resultar suficiente para ayudar a prevenir la formación de coágulos. Pues bien, ésa es la misma cantidad que aportan 15 cerezas frescas y maduras. Por si fuera poco, la mitad de esa misma cantidad, consumida diariamente, también provee ayuda contra el ácido úrico, cuyos niveles elevados son un factor de riesgo para los infartos.

Chícharo

Como vimos en páginas anteriores, uno de los factores de riesgo más temibles para las cardiopatías son los altos niveles de glucosa sanguínea. Y en un mundo en el que abundan los alimentos que nos descompensan la glucosa, es un alivio enterarnos de que los chícharos pueden protegernos. Esto se sabe desde la década de 1980; además, en 1995 un equipo médico danés verificó dicha propiedad de manera contundente. Se halló que al incluir chícharos en una comida, el ascenso de la glucosa sanguínea que sigue a la ingestión de alimentos era menos brusca y más suavizada. Asimismo, los niveles de insulina eran menores y más estables. En la actualidad esto último es lo que se considera más sano para prevenir el síndrome metabólico, la diabetes y los infartos. Este beneficio es extensivo incluso para los diabéticos. En ellos, los chícharos aumentaron la sensibilidad a la insulina y redujeron la necesidad de medicamentos antidiabéticos.

Chile

Ojalá le guste el picante, porque si no, se está perdiendo de grandes beneficios para su salud cardiovascular. Los chiles en general abundan en fitonutrientes y principios activos muy benéficos, uno de los cuales es la capsaicina. Esta última no sólo activa la circulación sanguínea, sino que modula la producción de coágulos internos. Evita que alcancen tamaños peligrosos y fomenta su disolución (tiene una gran capacidad fibrinolítica). Estos efectos son transitorios (2–3 horas, dependiendo de la cantidad de picante ingerida), por lo que no implican riesgo alguno de complicaciones hemorrágicas.

Ciruela roja

Habitualmente se nos hacen muchas recomendaciones cuando se pretende normalizar nuestro colesterol. Pero si queremos resolver el problema por medios naturales, una sola medida resulta suficiente. La doctora Bárbara O. Schneeman, de la universidad de California en Davis (Estados Unidos) utilizó ciruelas rojas como único tratamiento para un grupo de varones con niveles de colesterol total de entre 201 y 290 mg/dl. Y en apenas cuatro semanas observó disminuciones de cinco puntos en el colesterol total, y de ocho en el colesterol malo (LDL). Mejor aún: durante el lapso de prueba los participantes no limitaron su consumo de alimentos ricos en colesterol, como huevos, leche entera y carnes rojas.

Hibisco

¡Otro vegetal raro! Perdón, no es que nos guste sacar a relucir frutas y verduras exóticas, pero con frecuencia tenemos a nuestra disposición vegetales excelentes para la salud, pero que desaprovechamos porque en México casi no se acostumbran. Uno de esos casos es el del hibisco (también llamado okra o quimbombó). Una vez cocido, abunda en fibra soluble, mucílagos y pectina excelentes para el sistema circulatorio. Un investigador estadounidense, el doctor Philip Pfiffer, ha logrado reducciones del orden de 22% en el colesterol sanguíneo en animalitos de laboratorio con sólo darles de comer hibisco. De acuerdo al doctor Pfiffer, caben esperar resultados similares en los seres humanos (los cuales aún no se daban a conocer en el momento de escribir estas líneas). Otro vegetal que abunda en fibra soluble y mucílagos es el nopal.

Jitomate

Cuando está perfectamente maduro, su intenso color rojo pregona que abunda en licopeno, un fitonutriente con una pasmosa capacidad antioxidante. Por lo tanto, no se conforme con jitomates medio verdes. La recompensa será beneficiarse con uno de los destructores de radicales libres más potentes que existen. Los radicales libres son especies químicas agresivas a las que se acusa de fomentar un sinnúmero de enfermedades crónico degenerativas, entre ellas, los males cardiovasculares. El licopeno es uno de los pocos antioxidantes que pueden desactivar al oxígeno singuleto. Este último es una forma especialmente temible de radical libre, que ataca al colesterol malo (LDL) y lo vuelve agresivo con las arterias. Si se le deja actuar, puede afectar la túnica interna de las arterias, iniciando o empeorando una arterioesclerosis. Pero eso no ocurrirá si hay suficiente licopeno circulando.

Mango

¿Conoce a los Adventistas del Séptimo Día? Es un grupo religioso cristiano de Estados Unidos que lleva un estilo de vida tan sano que se traduce en tener una incidencia de males cardiovasculares 55% menor a la del resto de los estadounidenses (además de muchos otros beneficios sobre la salud). Y de acuerdo con un estudio hecho con 27 000 personas de dicha congregación, quienes tenían las máximas posibilidades de vivir libres de enfermedades crónico degenerativas, y mínimas de enfermar de infartos, eran los que consumían más frutas y vegetales de color amarillo, como los mangos. Su amplia protección cardiovascular procede no sólo de su abundancia en vitamina c, sino también de fitonutrientes como el ácido elágico, los bioflavonoides y las antocianinas.

Manzana

Las pectinas son un grupo de fitonutrientes que ofrecen amplios beneficios para la salud. Y entre sus mejores fuentes se hallan las manzanas. Deberíamos consumirlas con mayor frecuencia no sólo por eso, sino porque el tipo de pectina que aportan resulta específica para disminuir los niveles elevados de colesterol. Esto quedó perfectamente claro en 1994, cuando científicos de Seattle (Estados Unidos) administraron pectina de manzana a pacientes con colesterol elevado (en promedio, 264 mg/dl). Al cabo de 16 semanas, los participantes presentaron reducciones de 7.6% en el colesterol total, y de 10.8% en el colesterol malo (LDL). Y más alentador aún: estos resultados se obtuvieron sin hacer cambios dietéticos adicionales.

Mora azul

Sí, ya sabemos que no son baratas. Tampoco fáciles de encontrar. Pero son tan buenas, que vale la pena cualquier esfuerzo por obtenerlas. Son una de las fuentes más abundantes de proantocianidinas, un grupo de fitonutrientes capaces de proteger de la oxidación al colesterol malo (LDL) y al mismo tiempo evitar crecimientos anómalos de las arterias (lo que podría dar origen a placas de colesterol). Por si fuera poco, las moras azules contienen mirtilina, un fitonutriente que ayuda a regular la glucosa sanguínea. En personas sanas, esto significa protección contra niveles exagerados de glucosa sanguínea y contra el síndrome metabólico. En diabéticos, una ayuda para controlar los niveles sanguíneos del azúcar. Y todo esto redunda en arterias y corazones más sanos.

Naranja

Si acostumbra beber jugo de naranja con frecuencia, ¡qué bueno! Pero ya es tiempo de pensar en consumir la fruta completa, para beneficiarse al máximo. Y es que la naranja es un excelente aliado contra las cardiopatías. Además de vitamina c, este cítrico contiene numerosos bioflavonoides, un grupo de fitonutrientes cardioprotectores muy efectivos. Parte de los beneficios que producen es impedir la formación de coágulos peligrosos. Y esto quedó muy claro gracias al estudio Zutphen, una investigación emprendida en Holanda en 1985. Se encontró que el consumo de bioflavonoides cítricos estaba directamente relacionado con la protección cardiovascular. De los más de 800 participantes, quienes consumían más naranja y su jugo vieron reducirse su riesgo de infartos hasta en 68%. Y esto, sin haber hecho cambios importantes en su dieta. Imagínese el grado de beneficio si además se acataran las demás recomendaciones que se hacen en esta obra.

Nectarina

A mitad del camino entre duraznos y ciruelas, las nectarinas son una sabrosa forma de protegerse contra problemas cardiacos. Como vimos, uno de los posibles orígenes de las placas de colesterol en las arterias es la llamada disfunción endotelial (crecimientos celulares anómalos), ocasionada por sustancias mutágenas (capaces de producir mutaciones celulares) como las del esmog, el humo de tabaco, los pesticidas, la grasa oxidada, etc. La nectarina abunda en antocianósidos, un tipo de fitonutriente capaz de bloquear de manera muy efectiva las mutaciones celulares. Científicos británicos hallaron en 1995 que puestos a competir con otros antioxidantes, los antocianósidos son siete veces más potentes que la vitamina C y cuatro veces mejores que la vitamina E para proteger a las células de cambios anómalos.

Pérsimo

Este fruto de sabor intenso y agridulce es tan poco conocido en México, que la pregunta no es: ¿Los consumes a menudo?, si no, ¿Lo has probado alguna vez? En su caso, lector, más vale que la segunda respuesta sea un "sí", porque de otra manera se estaría perdiendo algo muy bueno para su corazón. El pérsimo es una de las mejores fuentes naturales de taninos, un grupo de fitonutrientes muy efectivos para reducir la formación de los coágulos que dan origen a los infartos y las embolias. En particular un científico alemán, el doctor Dieter Schön, reveló en 1998 que los taninos del pérsimo (elagitaninos) tienen un poder anticoagulante equivalente al de la aspirina, pero sin los efectos secundarios de ésta.

Pimiento morrón

Los morrones no son muy populares en nuestra dieta. Y deberían estar presentes mucho más a menudo en nuestra mesa, porque encabezan la lucha contra las cardiopatías. No solamente abundan en vitamina C. También son muy ricos en bioflavonoides, un grupo de fitonutrientes capaces de reducir hasta en 27% la mortalidad por males cardiacos en personas mayores de 60 años. ¿Que el dato no le llama la atención porque usted es más joven? Piénselo dos veces. En las personas de 40 años la protección llega a 32%, y puede aumentar si usted disfruta de los pimientos morrones con más frecuencia (3–5 veces por semana).

Tejocote

Si usted creía que estos pequeños frutos sólo sirven para rellenar piñatas o hacer ponches navideños, se equivoca. Los tejocotes abundan en un tipo de fitonutriente, las pectinas, que es capaz de reducir efectivamente la incidencia de infartos. Un estudio clínico llevado a cabo entre 1990 y 1995 en Estados Unidos reveló que el consumo de pectinas equivalente a cinco tejocotes diarios puede disminuir el riesgo de un ataque cardiaco hasta en 35% (en comparación con quienes no los consumen para nada). El grado de protección es aún más alto en los hombres mayores de 50 años.

Toronja

Un gran número de investigaciones médicas han demostrado que una dieta rica en frutas y verduras protege contra los males cardio-vasculares, y que la protección la otorgan en especial los cítricos. Y en este aspecto uno de los mejores es la toronja. En particular si consumimos no sólo el jugo o la pulpa, sino también la cubierta blanca y esponjosa que va debajo de la cáscara. Ahí se concentran las pectinas, un grupo de bioflavonoides que disminuyen el colesterol elevado. De acuerdo a James Cerda, un investigador de Florida (Estados Unidos), esta pectina es tan buena o mejor que la colestiramina (uno de los medicamentos líderes contra el colesterol). En un grupo de voluntarios, el doctor Cerda logró bajarles el colesterol total entre 8 y 19%, y el colesterol malo (LDL) entre 6 y 13%. ¿Vale la pena consumir toronjas a menudo? Por supuesto. Por cada 1% que se reduce el colesterol, el riesgo de infartos baja 2%.

Tercera parte

Los aliados naturales contra el infarto

Diecinueve recomendaciones para salvar su corazón

Si usted come lo que todo el mundo
come, se enfermará de lo mismo
que toda la gente. Y eso incluye
los ataques cardiacos.

ROMEO SARTRE

1) Ni un solo día sin ejercicio

El ejercicio sistemático es un auténtico salvavidas: quienes lo practican pueden ver reducido el peligro de un primer ataque cardiaco hasta en 50%. Y si considera que esta información le llegó tarde por haber sido ya víctima de uno, le tenemos buenas nuevas. Los pacientes que se mantienen físicamente activos tras un primer infarto disminuyen el riesgo de un segundo ataque hasta en 60%. Y como beneficio adicional, las probabilidades de sufrir un derrame cerebral disminuyen en 24%.

Una de las razones por las cuales el ejercicio resulta tan beneficioso, es que eleva el colesterol bueno. Treinta minutos de ejercicio, tres veces por semana, bastan para elevar el HDL 10–15%. No menos importante, mejora la oxigenación del corazón y las arterias. En un estudio hecho en Alemania, se sometió a un régi-

145

men de ejercicios controlados a un grupo de pacientes cardiacos. Al cabo de 12 semanas, tuvieron mejores resultados que quienes se sometieron a una cirugía. El ejercicio no les destapó las arterias como lo hubiera hecho una angioplastía, pero sí les produjo mayor capacidad de bombeo cardiaco y oxigenación de las arterias.

Y ya que hablamos de efectos secundarios saludables, recordará que mencionamos a la depresión como un factor de riesgo cardiovascular. Bueno, pues ejercitarse también eleva el ánimo. Una caminata de 30 minutos tres veces por semana puede resultar tan efectiva como los medicamentos contra la depresión.

BENEFICIOS CARDIOVASCULARES DEL EJERCICIO

Tiene efectos antidepresivos y combate el estrés

Estimula la reducción de peso

Ayuda a disminuir el diámetro abdominal

Mejora la habilidad corporal para quemar grasa

Incrementa el ritmo metabólico

Aumenta la masa muscular

Aumenta la capacidad de oxigenación pulmonar

Protege contra la alta presión arterial

Mejora la tolerancia a la glucosa

Disminuye la resistencia a la insulina

Fortalece el músculo cardiaco

Mejora la circulación periférica

Incrementa la circulación en las arterias coronarias

Disminuye la tendencia a formar coágulos anormales

Normaliza el colesterol total

Aumenta los niveles de HDL y reduce los de LDL

Normaliza el colesterol de partículas pequeñas

Normaliza los triglicéridos

Reduce el fibrinógeno elevado

Estimula la producción corporal de óxido nítrico (NO)

Una vez decididos a comenzar a hacer ejercicio, la pregunta clásica es: ¿Qué cantidad? La frecuencia idónea para fortalecer el sistema cardiovascular es realizar la actividad elegida (caminar, trotar, nadar, etc.) 3–6 veces por semana, y que cada sesión dure 30–60 minutos. Para no forzar mucho el corazón es bueno aplicar una regla empírica, pero eficaz: se debe poder mantener una charla mientras se lleva a cabo el ejercicio. Si el aire falta y no se puede hablar cómodamente, significa que nos estamos sobrepasando.

Pero existen métodos más científicos para averiguarlo. De acuerdo al consenso médico, la intensidad del ritmo cardiaco en los principiantes debe alcanzar 70–85% de la frecuencia cardiaca máxima. Esta última (como se mencionó en la página 35) se calcula restando la edad a 220 y multiplicando ese resultado por 0.65. La cifra obtenida de nuevo se multiplica por el porcentaje elegido. Por ejemplo, en una persona de 50 años: 220–50=170. 170 x 0.65=110.5. Si se eligió 85% de la frecuencia cardiaca, entonces: 110.5 x 0.85=93.9. Por lo tanto, la intensidad ideal del pulso será de 94 latidos por minuto. Conforme se gane condición física, se podrá ir aumentando dicho porcentaje hasta llegar a 100% de la frecuencia cardiaca máxima.

Asimismo, el ejercicio sistemático colabora para que tengamos mejor presión arterial. Durante años se creyó que la actividad física, en especial la muy intensa, elevaba demasiado la presión e incluso podría desencadenar un infarto. Ahora se sabe que no necesariamente es así. Si se tienen en cuenta las recomendaciones anteriores sobre la máxima intensidad del ritmo cardiaco, no debe haber problemas en una persona sana. Incluso el ejercicio moderado y frecuente puede reducir la presión un poco alta.

2) Ejercite su segundo corazón

Cuando recapacitamos en la pesada labor de bombeo que cumple nuestro corazón, resulta casi inevitable pensar: "¡Qué bueno sería tener un segundo corazón, que le ayudara al primero a cumplir con su pesada labor!" Y efectivamente así es. La carga de trabajo cardiaca se vería reducida, e incluso en caso de un ataque al corazón, aumentaría las posibilidades de supervivencia. Pero no se trata solamente de buenos deseos, o de un ejercicio de la imaginación.

Ese segundo corazón existe, y se trata de nuestras piernas. Esto puede parecer inverosímil a simple vista, pero para comprenderlo mejor, analicemos la función de los vasos sanguíneos de nuestros miembros inferiores. En ellos podemos encontrar venas, arterias y vasos capilares. Por las arterias llega sangre rica en oxígeno y nutrientes, que se diseminan por los tejidos, y poco a poco se convierte en sangre pobre en oxígeno y abundante en bióxido de carbono y toxinas.

Esta sangre regresa a los pulmones a través de las venas, una vez hecho el intercambio a través de los miles de millones de vasos capilares que tenemos. Y ésta es una labor mucho más pesada de lo que parece, porque el corazón tiene que esforzarse por hacer llegar sangre fresca a un lugar remoto (los pies), y luego regresarla al tronco, luchando activamente contra la gravedad (si estamos de pie) y también contra la compresión de las venas (si estamos sentados).

El órgano cardiaco cumple eficaz y calladamente con tan pesada labor mientras permanecen sanas las arterias, pero cuando comienzan a taparse, el trabajo se complica. El corazón se ve forzado a trabajar más y a aumentar la presión arterial (lo cual puede desembocar en hipertensión). Todo esto no ocurriría si se cuidaran las arterias, se fortaleciera el corazón y se le ayudara a bombear la sangre que retorna de los pies. Una forma de lograr esto último es evitando permanecer mucho tiempo de pie o sentado. Es muy recomendable darse descansos periódicos, estirando las piernas, caminando o haciendo sentadillas (u otro ejercicio estático similar).

¿Qué cambios ocurren al ponernos en movimiento? La respuesta la produjo un experimento hecho por científicos estadounidenses en la universidad de Minnesota (Estados Unidos). Dicha investigación buscaba destacar la importancia que tienen los vasos sanguíneos de las extremidades inferiores para impulsar la sangre por el organismo. Es decir, para ayudarle al corazón a cumplir con su función. Para ello se adaptó un monitor de presión en las venas de los tobillos de un grupo de voluntarios.

Y se halló que la presión de la sangre variaba en función de la postura adoptada. El permanecer recostado, por ejemplo, producía presiones muy bajas, del orden de los 12 milímetros de mercurio (mm/hg). El solo hecho de incorporarse elevaba la presión a 55 mm/hg, y el permanecer así la disparaba a 90 mm/hg en menos de medio minuto. Por sí mismo, tal aumento de presión no es bueno, porque simboliza una resistencia para el flujo sanguíneo.

Es decir, estar de pie hace que el corazón trabaje más. Pero esto cambia cuando las piernas se ponen en movimiento. No lo vemos, ni lo sentimos, pero al caminar (o correr) los músculos de las piernas se ponen en movimiento, masajeando los vasos sanguíneos. Esto alivia la presión y ejerce una función similar a un "exprimido" que oscila continuamente.

El resultado neto es una acción similar a la de una bomba auxiliar que alivia la carga del corazón. Y esto se verifica doblemente, porque tenemos dos piernas. Resultado: la pantorrilla y el muslo bombean la sangre hacia arriba y afuera de las piernas, complementando la función cardiaca de manera muy efectiva. Para fines prácticos, si las mantenemos activas, las piernas funcionan como un segundo corazón. Y todo ello con una mínima presión interna de la sangre (del orden de los 22 mm/hg).

Para activar su segundo corazón no es imprescindible que salga a correr varios kilómetros por las mañanas. Cualquier actividad en la que use sus piernas ayuda, desde la simple caminata. Para determinar qué clase de actividad le conviene más, siga las indicaciones de la sección dedicada al ejercicio. No menos importante, recuerde que para funcionar de manera óptima, sus vasos sanguíneos necesitan estar bien nutridos.

En ese sentido resultan muy importantes el complejo B, la vitamina E, la vitamina C y los bioflavonoides. Los dos últimos se encuentran abundantemente en las frutas, en especial en los cítricos. Para un máximo beneficio con estos últimos, consuma la fruta completa, no sólo el jugo. La parte blanca que está entre la cáscara y los gajos concentra gran parte de los bioflavonoides.

Pero también puede obtenerlos a través de extractos vegetales. Uno de los más activos para mejorar el funcionamiento venoso es el extracto de castañas de indias. Pero también son muy efectivos los extractos de ginkgo biloba y de semilla de uva roja. De los tres, este último es el único que no es considerado medicamento y, por lo tanto, puede usarse sin vigilancia médica.

3) Adelgazar es imperativo

Desde cualquier punto de vista, lo ideal es mantenerse delgado. Pero si lo aplicamos a la salud cardiovascular, la necesidad de conservarse en peso es imperiosa. Como ya vimos en otra parte de esta obra, el sobrepeso, la obesidad y una cintura excesiva son factores de riesgo bastante serios. Y que aún excesos pequeños significan un peligro. Por lo tanto, ya no es cuestión de pensar en la posibilidad de bajar de peso. Eso es algo urgente, que necesita atención inmediata.

Pero tal vez a estas alturas aún no esté muy convencido del por qué de la urgencia. Aquí compartiremos algunos datos que quizá le hagan decidirse. Bajar apenas 7% de su peso hace que los daños arteriales relacionados con la obesidad comiencen a revertirse. De acuerdo a una reciente investigación, en personas con 15 a 20 kilos de sobrepeso, reducir entre 1 y 1.5 kg mejoró el flujo arterial en 39%, y redujo la tendencia a formar coágulos en 85%. ¡Imagínese si se adelgazara 20%, 30% o 50% del sobrepeso!

Eso es en cuanto a la circulación sanguínea. Pero adelgazar también mejora el perfil de los lípidos sanguíneos. Deshacerse de 6–8 kilos de sobrepeso baja el colesterol malo (LDL) entre 8 y 10%. Si además reduce su diámetro abdominal a las medidas recomendadas en la sección pertinente, el colesterol bueno (HDL) sube 7%. Por si todo esto fuese poco, sus niveles de proteína c reactiva también mejorarán. En otras palabras, perder el primer o primeros dos kilos de sobrepeso lo coloca en la ruta correcta para evitar males cardiacos.

4) El poder preventivo de la soya

¿Lo sabía? El consumo diario de la soya y sus derivados reduce el colesterol elevado hasta en 20%. Tanto la soya cocida como la leche y el queso de soya (tofu) exhiben esta capacidad, así como la de reducir el LDL y elevar (modestamente) el HDL. Además, diversos fitonutrientes de la soya proveen protección antioxidante al LDL, impidiendo que se oxide y se torne agresivo con las arterias.

Todo esto hace que resulte de primera importancia incorporar la soya a la dieta diaria. Puede cocerse como cualquier otro frijol. Mientras se acostumbra la familia al sabor, mezcle 10 o 20% de soya a sus frijoles (antes de cocerlos); los hará mucho más nutritivos y cardioprotectores. Una de las maneras más prácticas de ingerirla es en la forma de proteína de soya en polvo, que mejora nuestro consumo proteico, suele ser de sabor neutro, y se puede disolver en diversas bebidas.

Investigaciones hechas en el hospital infantil de Cincinnati (Estados Unidos) demuestran que el consumo diario de dos cucharadas (25 g) de esta proteína mejoran la elasticidad de los vasos sanguíneos, normalizan el colesterol y de pasada abaten el riesgo de diversas formas de cáncer. Un análisis independiente hecho en Kentucky (Estados Unidos) a 38 diferentes estudios sobre la soya, concluyó que 4 cucharadas (50 g) de proteína de soya bajan el colesterol malo (LDL) en 13% y en 9% el colesterol total.

Claro que no es obligatorio ingerir soya sólo a través de su proteína. Hay muchas otras maneras, algunas deliciosas. Compre queso fresco de soya en tiendas naturistas y consúmalo como si fuera un quesito fresco normal. La leche de soya puede prepararla en casa o comprarla en polvo, y usarla para sustituir la leche de vaca en la alimentación familiar. La próxima vez que asista a un restaurante oriental, pida una rica sopa de miso. Este último se hace con soya fermentada, y es de lo mejor para proteger el corazón y las arterias.

La soya y sus derivados también son buenas fuentes de saponinas, un grupo de fitonutrientes capaces de protegernos en múltiples maneras. Por ejemplo, pueden ligarse químicamente con el colesterol de los alimentos y reducir su absorción intestinal. De manera que si acompañamos un huevo tibio matinal con un vaso de leche de soya, o un licuado con proteína de soya, no nos afectará de igual forma el colesterol del huevo. Y lo mismo es válido para cualquier alimento o bebida que contenga colesterol.

Por añadidura, la soya es una de las mejores fuentes de isoflavonas, que proveen una acción antioxidante sobre el colesterol malo (LDL), limitan la acción de la trombina (evitando que se formen coágulos peligrosos) y contribuyen a mantener los vasos sanguíneos elásticos. Por si fuera poco, también hacen más lenta la proliferación celular, dando más tiempo a las enzimas reparadoras para evitar que la disfunción endotelial dé origen a las placas de colesterol.

¿No debiera todo eso animarnos para comenzar a consumir soya? Los japoneses, que ostentan el récord mundial de longevidad y tienen sólo 20% de la incidencia de cardiopatías del mundo occidental, consumen unos 30 gramos diarios de soya. En México, la proporción es prácticamente cero. Somos tan pocos los que consumimos a diario tan maravillosa semilla, que los demás prácticamente nos borran del mapa. ¡Pero a ellos podría borrarlos del mapa un ataque cardiaco!

5) La linaza vale su peso en oro
Una de las semillas que han cobrado mayor popularidad en los últimos años es la linaza. Es así como se llama comúnmente a las semillas del lino, una planta utilizada durante milenios como fuente de fibras textiles. Normalmente ninguna parte de dicha planta se utiliza como alimento, y las semillas y su aceite suelen usarse

como remedios. Pero conforme se fueron acumulando noticias sobre sus beneficios a través de la alimentación, ambos fueron cobrando popularidad. Y es una fama bien ganada, ya que encierran notables propiedades. Por ejemplo, ser la mejor fuente de ácido alfalinolénico.

Es probable que usted nunca haya oído hablar de este ácido graso. Y le conviene conocer sus propiedades. Entre otras, que no sólo puede evitarle un primer ataque cardiaco, sino también reducir las posibilidades de un segundo. Estudio tras estudio, cada vez existen más pruebas de que las poblaciones que más ingieren ácido alfalinolénico (ALA) con su alimentación, tienen menos probabilidades de enfermarse del corazón.

El ALA es un ácido graso omega 3 de origen vegetal, pariente cercano de los omega 3 marinos. Eso nos habla de que pertenece a una familia de nutrientes óptimos para el corazón. La principal diferencia entre ambos es la longitud de su molécula. El ALA es más corto que el EPA y el DHA del pescado, pero podría ser tanto o más útil que ellos para prevenir infartos. El problema es que la linaza, su principal fuente, es aún menos frecuente en nuestra mesa que el pescado.

Muchos científicos creen que no es ninguna coincidencia que los dos pueblos con la menor incidencia de ataques cardiacos (los japoneses de la isla Kohama y los griegos de la isla de Creta) tengan a la vez un alto consumo de ALA, a través de granos, semillas y aceites naturales. Este efecto protector es tan potente, que incluso supera a la defensa cardiovascular provista por la dieta mediterránea. La razón es que el ALA actúa en varios frentes a la vez.

Si bien es cierto que el ácido alfalinolénico es la principal arma nutricional de la linaza, no es la única. Contiene 55% de ALA, pero también es una rica fuente de grasa monoinsaturada (18%), que es excelente para el corazón. Pero la verdadera arma secreta de la linaza podrían ser los lignanos. Estos fitonutrientes, que forman parte de la fibra dietética soluble, exhiben propiedades antivirales, antibióticas y antimicóticas muy notables. Esto es importante, porque en la actualidad se sospecha de diversos gérmenes patógenos como factores de riesgo para las cardiopatías. Los lignanos pueden ayudar a protegernos contra ellos.

Y no sólo eso. Fortalecen el sistema inmunológico (haciendo menos probable la disfunción endotelial) y bloquean la producción de sustancias inflamatorias. Esto último hace que disminuya la producción de radicales libres y de proteína C reactiva. En otras palabras, un solo componente de la linaza (los lignanos) es capaz de proveernos varias formas de protección cardiovascular. ¡Y la linaza contiene 800 veces más lignanos que su más cercano rival!

Por todo ello, no debería asombrarnos que el consumo diario de una cucharadita de linaza molida durante al menos dos meses pueda reducir el colesterol total en 9%, el colesterol malo (LDL) en 18% y los triglicéridos en 13%. Y al mismo tiempo, elevar el colesterol bueno (HDL) en 5%. También contribuye disminuir los niveles elevados de fibrinógeno, promueve la fibrinólisis (disolución de coágulos) y conserva elásticas las arterias.

Esto último explica en parte por qué ayuda también a bajar la presión arterial. Tanto la linaza molida (1–3 cucharaditas diarias) como las cápsulas de su aceite (1–2 cápsulas diarias) tienen este efecto, muy similar al del aceite de pescado. Y también muy similar resulta la protección contra las arritmias cardiacas que ambos pueden proveer. Otra notable propiedad de la linaza es su capacidad para ayudar a movilizar la grasa depositada en los tejidos. Es útil por lo tanto para limpiar arterias, adelgazar (incluida la obesidad abdominal) y para liberar al hígado de depósitos de grasa.

Igualmente importante resultan los efectos de la linaza sobre los niveles de proteína C reactiva, que como vimos en otra parte del libro, suelen tomarse como predictivos de un primer o segundo infartos. Según un estudio médico hecho en Grecia en 2003, dos cápsulas diarias de aceite de linaza durante tres meses hicieron disminuir los tres principales marcadores de inflamación, todos los cuales anticipan infartos: proteína C reactiva (38% menos), suero amiloide A (23% menos) e interleucina–6 (10.5% menos).

Si usted es vegetariano o alérgico al pescado, el aceite de linaza podría ser su mejor opción para beneficiarse con los ácidos grasos omega 3, pero adquiéralo siempre en tiendas naturistas; el de las ferreterías es de grado industrial, no apto para el consumo humano. Las cápsulas son preferibles al aceite a granel, porque éste tiende a oxidarse fácilmente en contacto con el aire.

Si prefiere consumir linaza molida, consérvela a resguardo del aire, que destruye sus valiosos principios activos. Guárdela en bolsa, no en frasco, y saque todo el aire de ésta. Amárrela con ligas para que no penetre aire otra vez, y métala en el refrigerador. Prácticamente no hay diferencia entre la linaza canadiense y la mexicana (salvo el precio). De una a tres cucharadas al día (disueltas en jugos, leche, yogur, atole o licuados) suelen ser suficientes.

Toda esta información viene a validar los trabajos pioneros que realizó sobre la linaza Johanna Budwig, una médica y bioquímica alemana que comenzó a estudiarla en la década de 1950. Descubrió su valor nutricional como fuente de ácidos grasos omega 3 de cadena media, y realizó investigación de primera mano para comprobar su utilidad en la prevención y el tratamiento de numerosas afecciones, entre ellas el cáncer, la diabetes, la artritis, los problemas hepáticos y los males cardiovasculares.

6) 25 gramos diarios de fibra: no se conforme con menos

Aunque no se le puede considerar como un nutriente en toda la extensión de la palabra, nuestro organismo necesita fibra para permanecer sano. En ello venían insistiendo Sylvester Graham, John H. Kellog y T. L. Cleave, considerados los principales impulsores de la buena alimentación del siglo XIX. Empero, las primeras pruebas serias de la importancia de la fibra surgieron en la década de 1970, con los trabajos del doctor Dennis Burkitt. Más tarde, en 1980, un informe del Real Colegio de Medicina de Gran Bretaña reconoció todos esos esfuerzos declarando que el consumo diario de fibra dietética no sólo es necesario, sino que debería aumentarse.

En ese sentido existe un consenso de que deberíamos ingerir al menos 25 gramos diarios de fibra. Es decir, una cantidad comparable a la que consumían nuestros abuelos con su alimentación no procesada de antaño. Sin embargo, gracias a la industrialización de los alimentos y a la alimentación desordenada que llevamos, en la actualidad el habitante citadino sólo recibe unos 7 gramos de fibra al día. ¡Apenas 30% de lo que contenía la dieta promedio de hace 100 años!

Empero, incluso esto podría ser demasiado poco. Algunos investigadores señalan que 30, 35 y hasta 40 gramos diarios serían mejores. Pero consumir toda esa fibra resulta complicado para la dieta actual. No abundan los alimentos populares ricos en fibra, y un ejemplo lo tenemos en el pan. Un pan integral de cinco granos usualmente contiene 8.5% de fibra. Un pan de harina integral de trigo ya sólo ofrece 2.3%. Y el pan blanco —que es el que consumen las mayorías—, apenas aporta 0.3 %. Es decir, ¡nada!

Entre las razones para ingerir más fibra está el hecho de que si se recibe en cantidad suficiente, nos protege contra diversas enfermedades. La abundante evidencia científica reunida hasta la fecha respalda que la fibra es útil para prevenir problemas del tracto digestivo como el estreñimiento, los cálculos biliares, el síndrome del intestino irritable, la apendicitis, la diverticulosis y las hemorroides.

La fibra dietética también resulta muy valiosa contra la obesidad, la diabetes, diversas formas de cáncer (incluido el de colon), la alta presión arterial, el colesterol y los triglicéridos elevados (y por ello, contra los males cardiovasculares). Así que razones para aumentar nuestro consumo de fibra, sobran. Y para lograrlo, podemos encontrar fibra dietética en numerosos alimentos, siendo los principales las frutas, las verduras, las semillas integrales y sus derivados.

Existen dos tipos de fibras: las que son solubles en agua, y las insolubles en agua. Las primeras son las de tipo fibroso, que se resisten a ser reducidas a papilla por el masticado (cascarilla de los cereales, bagazo de las frutas, etc.). Las segundas son de tipo gomoso, y suelen tomar consistencia pegajosa cuando se hierven (avena, nopales, okra, etcétera).

Ambos tipos de fibra ayudan a controlar el colesterol y los triglicéridos. Actúan al menos de dos maneras: interfieren con la absorción intestinal de estos lípidos, y a la vez disminuyen su producción corporal. Sin embargo, las más activas en ambas tareas son las fibras solubles. De ahí que los alimentos ricos en estas últimas (como la avena) estén entre los más estudiados con tales fines. Sin embargo, la fibra de otros cereales (trigo, arroz, centeno, cebada) también puede bajar los niveles de colesterol.

El pionero en la investigación de los efectos corporales de la fibra dietética es el doctor James Anderson, de la universidad de Kentucky (EUA). En la década de 1980 reportó notables hallazgos sobre la capacidad de las fibras presentes en los alimentos para ayudar a regular diversas funciones del organismo, entre ellas la glucosa y el colesterol sanguíneos (hasta entonces se creía que la fibra dietética no tenía ningún efecto sobre la química corporal).

Y en este aspecto, los resultados clínicos le parecieron tan sorprendentes, que el propio Anderson (que en ese entonces tenía un nivel de colesterol de 240 mg/dl) comenzó a utilizar salvado de avena. Durante 10 semanas consumió 90 gramos diarios, y su colesterol se redujo 110 puntos. Los resultados lo entusiasmaron. Se trataba de un rango de beneficio impensable para cualquier otra forma de tratamiento, incluidos medicamentos. Aunque claro, ese rango de reducción tampoco era recomendable. Tan malo es para la salud un colesterol muy elevado como lo es uno muy bajo. Y 130 mg/dl es demasiado poco.

Pero no tema utilizar avena o cualquier otro tipo de fibra en su persona. Tenga en cuenta dos detalles: Anderson utilizó salvado de avena, no avena común y corriente. El salvado es mucho más potente. Y, al mismo tiempo, consumió una cantidad enorme, equivalente a 9 cucharadas. Si se utiliza solamente una cucharada diaria de salvado de avena, o 2–3 cucharadas de avena integral, el colesterol se reducirá un promedio de 19% en tres semanas. En el caso del doctor Anderson, habría disminuido a 195 mg/dl, que es bastante bueno.

Estos, o resultados similares, también se pueden lograr con otro tipo de fibras. Las más beneficiosas para el organismo son aquellas que se obtienen aisladas y concentradas (generalmente en forma de complemento alimenticio) y entre ellas están el salvado de trigo, el salvado de arroz, las semillas molidas de *Psyllum*, la linaza molida, la goma guar y la pectina (para mayor información, *véase* la sección dedicada a frutas y verduras). De acuerdo a un estudio publicado en 1994, esas fibras resultaron efectivas hasta en 88% de los voluntarios que la probaron, y los efectos dependieron de la dosis: a mayor cantidad consumida, más reducción del colesterol.

El salvado de arroz, por ejemplo, puede ser tan eficaz como el de avena. El problema es que no es nada fácil de conseguir. Pero también puede recurrirse a la cebada. Consumir diariamente durante 5 semanas media taza de cebada hervida llega a bajar el colesterol total en 9%. Pero tiene que ser cebada integral (forrajera), no cebada perlada. Otra fibra muy útil es la de las semillas molidas de *Psyllum plantago* (también conocida como plantago ovata).

Con este nombre prácticamente resulta una desconocida para el común de la gente. Pero deja de serlo si mencionamos algunos de sus nombres comerciales: Agiolax, Metamucil, Fybogel, Fibromucil, etc. Su uso como laxante es tan común, que existen numerosas marcas y presentaciones en el mercado. Sin embargo, utilizarla exclusivamente para acelerar intestinos perezosos es desperdiciar su mayor beneficio: proteger nuestro corazón y arterias.

7) El pescado no debe faltar en su mesa

Al igual que el ajo y la soya, el pescado aleja los infartos en más de una manera. Puede normalizar el colesterol y los triglicéridos, controlar la formación de coágulos anormales y ayudar a regular la presión arterial. Y estas acciones combinadas desembocan en un alto grado de protección. De acuerdo a un estudio efectuado en Estados Unidos con 17 mil personas a lo largo de 25 años, el consumir apenas cien gramos de pescado marino dos veces por semana reduce en 30% la mortalidad por cardiopatías.

Pero el grado de protección puede ser mayor si usted aumenta la cantidad consumida, su frecuencia, o ambas. En otra investigación hecha en Holanda se halló que ingerir el equivalente a 30 gramos diarios de pescado fresco reducía a la mitad la incidencia de infartos. Y un tercer resultado, procedente de científicos daneses, señala que el consumo de cien gramos diarios disminuye las probabilidades de enfermar del corazón hasta en 62%.

Tal vez, al leer todo esto, esté pensando que la información le llegó demasiado tarde, porque ya sufrió un ataque cardiaco. Sin embargo, recuerde que aún está en riesgo de sufrir un segundo infarto. Pero si usted se cuida, dicho infarto no llegará o será mucho más leve. Y una buena manera de empezar a protegerse es consumiendo más pescado. Al hacerlo, disminuirá su riesgo en 33% en comparación con otros pacientes que consuman carnes rojas en vez de pescado.

No obstante, una advertencia. Los resultados de las investigaciones mencionadas (y los de la mayoría que se citan en la bibliografía al respecto) se obtuvieron con pescados grasosos de aguas frías, no con pescados de aguas semitropicales como los que se expenden en México. Este último tipo de tipo de pescado tiene apenas 10% de la grasa omega 3 que protege al corazón. Por lo tanto, si quiere protegerse al máximo, coma también sardinas, salmón, arenques, atún y macarela enlatados.

Pero si no le gusta el pescado o no le resulta fácil consumirlo con frecuencia (2–3 veces por semana), entonces quizá lo más apropiado sea sustituirlo con cápsulas de aceite de pescado. Busque las de mejor calidad, que le aseguren una concentración máxima de ácidos grasos omega 3 (EPA y DHA) y que estén libre de contaminantes. Los mejores aceites son los que fueron purificados mediante el sistema de destilación molecular. No menos importante, para mejorar sus efectos, consuma vitamina E adicional, que protege a los omega 3 de la oxidación.

Este tipo de complemento reduce el colesterol total en 11% y eleva el colesterol bueno (HDL) en 18%, lo cual ciertamente no es impresionante. Pero también es capaz de bajar el colesterol de partículas pequeñas (hasta en 34%) y los triglicéridos (hasta en 30%). Y al mismo tiempo normaliza el balance de prostaglandinas, bloquea los procesos inflamatorios y estabiliza el ritmo cardiaco. Resultado neto: consumir un poco de pescado marino de aguas frías 2–3 veces por semana puede abatir el riesgo de un infarto hasta en 37%.

Esto último lo logra también a través de controlar una serie de factores sanguíneos a los que con frecuencia no se les da suficiente importancia. El más notorio es normalizar la formación de coágulos, algo fundamental en la prevención de infartos y embolias. Cuando se consume poco pescado, las plaquetas sanguíneas acumulan una sustancia llamada tromboxano A2, que promueve la formación de coágulos (y eleva la presión arterial).

Pero si se ingiere pescado con frecuencia (o su aceite), lo que predomina es el tromboxano A3, que permite que la sangre siga fluida y libre de coágulos. Por si fuese poco, también sube la actividad fibrinolítica, es decir, la capacidad para disolver coágulos ya formados. Esto es sumamente importante, porque aunque se llegaran a formar coágulos viajeros (trombos), éstos no aumentan de tamaño y se disuelven antes de ocasionar problemas.

Asimismo, los ácidos grasos omega 3 del pescado abaten los niveles exagerados de fibrinógeno, una proteína sanguínea que favorece la formación de coágulos. También reduce la viscosidad de la sangre, permitiendo que fluya más fácilmente por las arterias, y aumenta la flexibilidad de los glóbulos rojos (todo lo cual ayuda a normalizar la coagulación).

No menos importante, los ácidos grasos omega 3 también reducen los niveles altos de triglicéridos, y lo hacen de manera muy efectiva. De hecho, cuando se empieza a tomar aceite de pescado, éste el primer beneficio que se observa. De acuerdo a un estudio hecho en Estados Unidos, el consumo habitual de 4 g diarios de aceite de pescado (unas ocho cápsulas) produjo una disminución promedio de 38% en el nivel de los triglicéridos. Si a la vez se reduce el consumo de azúcares, la reducción llega a 43%. Y si al mismo tiempo se emprende una rutina de ejercicios, el beneficio podría ascender hasta 50%.

8) El ajo es mucho más que un condimento

El consumir verduras a diario es un excelente precepto para la buena salud cardiaca. Ello incluye obviamente al ajo. Pero a causa de su olor y su sabor, a este bulbo casi no se le toma en cuenta entre las opciones vegetales. Lástima, porque resulta de suma importancia para el corazón. Y esto no es ninguna novedad. Hace más de 2500 años Dioscórides, uno de los médicos griegos más notables de la Antigüedad, ya hablaba de sus propiedades para la circulación, y lo recetaba a sus pacientes.

Desde entonces, los beneficios del ajo han dado mucho de qué hablar. Pero los primeros hallazgos científicos surgieron en la década de 1940, en Bulgaria. El doctor Wesselin Petkov utilizó con éxito el extracto de ajo para controlar el colesterol tanto en animales de laboratorio como en seres humanos. En las décadas siguientes se halló que también era eficaz para reducir la formación anormal de coágulos. Y para normalizar la presión arterial. Y para proteger de la oxidación al colesterol.

Actualmente se le conocen tantas propiedades cardioprotectoras al ajo, que cuando lo consumimos estamos realmente dando un "servicio completo" a nuestro corazón y arterias. Si usted creía que la soya es tan buena para el corazón que no tenía rivales, el ajo es un retador de lujo. Por ejemplo, contiene compuestos antioxidantes sumamente efectivos para evitar que el colesterol malo (LDL) se oxide y ataque la túnica interna de las arterias.

En un estudio clínico realizado en la universidad de Oxford (Inglaterra) en 2001, pudo verificarse una disminución promedio del colesterol oxidado hasta de 32% tras sólo dos semanas después de consumir ajo a diario. Y eso es apenas el principio. Porque el ajo y sus fitonutrientes (algunos de nombres muy complicados) también son capaces de normalizar los niveles sanguíneos del colesterol, y de manera más inocua y eficaz que muchos fármacos.

Una de las investigaciones que así lo demuestran se realizó en la universidad Loma Linda de California (Estados Unidos), donde se halló que el ajo reduce el colesterol malo (LDL) hasta en 27% y aumenta el colesterol bueno (HDL) en 12%. Y todo ello sin disminuir los niveles corporales de coenzima Q_{10}, como hacen algunos medicamentos anticolesterol. En realidad esto último es uno de los riesgos más ominosos de los fármacos llamados genéricamente estatinas, que a la larga suelen aumentar la mortalidad entre sus usuarios.

Si leyó con atención la primera parte del libro, recordará que entre los riesgos para el corazón y las arterias se hallan también los triglicéridos elevados. Y recordará también que dimos algunos tips nutricionales para normalizarlos. Añada a ellos también el ajo. En la India, el doctor Arun K. Bordia logró disminuir los triglicéridos altos de un grupo de voluntarios en 16% utilizando extracto de ajo en cápsulas. En Alemania, un científico de la universidad politécnica de Berlín, el doctor Hans Butenandt, obtuvo reducciones del orden de 24% utilizando un gramo diario de polvo de ajo.

Una vez controlados los lípidos sanguíneos, hay que mantener una presión arterial saludable. La hipertensión significa un riesgo tan alto, que incluso una presión ligeramente por encima de la considerada normal (presión sistólica 130–139 y diastólica de 85–89) eleva las probabilidades de sufrir un infarto o una embolia hasta en 200%. Pero esto puede cambiar consumiendo ajo. El extracto de ajo equivalente a cuatro dientes al día reduce la presión sistólica (la cifra mayor) en 30% y la diastólica (la cifra menor) en 20% en apenas ocho semanas.

Otro factor de riesgo que conviene tener muy en cuenta es la posible formación de coágulos anormales. Como vimos en páginas anteriores, en su producción participan diversos compuestos corporales como la fibrina, los tromboxanos y la lipoproteína (a). El ajo ayuda a controlarlos a todos de manera tan eficaz, que Erick Block, un científico de la universidad de Nueva York (Estados Unidos) halló que el equivalente a tres dientes de ajo diarios disminuyen la tendencia formarse coágulos internos en 15% y aumenta la capacidad para disolverlos en 20%.

En otras palabras, un solo alimento, el ajo, es capaz de disminuir de manera muy efectiva e inofensiva los factores de riesgo cardiovascular que más se mencionan a nivel de laboratorio clínico. Si esto lo anima a aumentar su consumo de ajo (o a ingerirlo en cápsulas), no estaría por demás agregar una tabletita diaria de complejo B (para abatir uno de los riesgos no cubiertos por el ajo, la homocisteína).

En cuanto a las formas de beneficiarse con este bulbo, la máxima protección la proveen los ajos crudos (inclúyalo en sus salsitas mexicanas crudas). Pero también ayudan los ajos cocidos, los ajos en vinagre, la sal de ajo, la mantequilla de ajo, el alioli (aceite con ajo) y las cápsulas de extracto de ajo. Quizás esta última manera de consumirlo no sea la más recomendable para quienes lo disfrutan en la comida, pero sí desde el punto de vista de los olores.

Existen extractos de ajo deodorizados que limitan al máximo el aliento desagradable y el mal olor corporal. Y usarlo de esta manera obviamente es preferible a no ingerirlo nuca. Otras maneras prácticas para combatir el mal olor después de consumir ajo, es masticar perejil o granos de café, salvado de trigo, apio o manzana o hierbabuena. O si de plano no quiere tomarse esas molestias, procure que su pareja también ingiera ajo. Así no podrá rechazarlo "por su mal aliento".

Por cierto, la protección que brinda el ajo es valedera para ambos sexos. Y es máxima si se ingiere junto con alimentos problemáticos para el corazón. En un estudio clínico en el que dos grupos de voluntarios comían gran cantidad de mantequilla con las comidas, se observó lo que ocurría si la combinaban o no con ajo. En el primer grupo, que tómo exclusivamente mantequilla, el colesterol total aumentó en 7% en cuestión de 6 semanas. Pero en el segundo, que recibió cápsulas de extracto de ajo, el colesterol total disminuyó en el mismo porcentaje.

En este mismo estudio se observó que los mejores resultados se obtenían con dientes de ajo crudos. En segundo lugar, con extracto de ajo en cápsula de gelatina blanda, y en tercero, con tabletas comunes. Y por último, una recomendación: no se desespere si al ingerir ajo no ve normalizarse sus lípidos sanguíneos con la rapidez que quisiera. En algunos individuos, el ajo es más lento que en otros. Pero a final de cuentas, los beneficios llegan. Buen provecho.

9) La grasa monoinsaturada

Durante décadas, las grasas poliinsaturadas se llevaron todo el mérito como protectoras del corazón. Sin embargo, el consenso actual es que tratándose de evitar un infarto, las grasas monoinsaturadas son en realidad las mejores. A diferencia de las poliinsaturadas, no sólo reducen el colesterol total, sino que también bajan el colesterol malo (LDL). Este efecto es por sí mismo bueno, pero se amplifica porque a la vez elevan el colesterol bueno (y hacen más resistente a la oxidación al colesterol malo).

Una dieta enriquecida en este tipo de grasa es tan efectiva para normalizar los diferentes colesteroles como una dieta baja en calorías, baja en grasa, alta en consumo de frutas y verduras, y reforzada con ejercicio (como la ideada por el doctor Dean Ornish). Si en vez de hacer reducciones drásticas de grasa total se le va sustituyendo con grasa monoinsaturada, también se reducen los triglicéridos (hasta en 13%).

Traducido a términos de probabilidades de sufrir males cardiacos, las dietas bajas en grasa pueden reducirlas en 12%. Pero las dietas en las que predomina la grasa monoinsaturada las abaten hasta en

21%. El grado de protección sería aún mayor si al mismo tiempo se baja al mínimo la ingestión de grasas saturadas y trans. Si se sustituye casi la totalidad de estas dos grasas con grasa monoinsaturada, el grado de protección salta a un prodigioso 40-50%.

Esta capacidad de la grasa monoinsaturada para regular el metabolismo del colesterol se ve también reflejada en la vesícula biliar. El consumo regular de esta forma de grasa disminuye la formación de cálculos biliares y favorece la producción de bilis. Esto es de particular importancia porque a través de esta última el organismo se deshace de cualquier exceso de colesterol sérico.

Podemos encontrar grasa monoinsaturada sobre todo en los aceites de oliva y de canola, en las semillas oleaginosas (nueces, almendras, pistaches, avellanas, etc.) y en el aguacate. Piérdale el miedo a la grasa de las nueces y procure consumirlas más a menudo. En un estudio hecho en California (EUA) con 30 mil personas, se halló que el consumo frecuente de estas semillas se correspondía con bajos índices de infartos, y viceversa.

La grasa saturada y la poliinsaturada está presente en alimentos grasosos comunes (carnes, quesos, mantequilla o margarina, panes y galletas, pasteles, comida rápida, platillos fritos, empanizados o capeados, frituras de bolsita, botanas doradas, etc.). Trate de sustituir buena parte de dicha grasa con ácidos grasos monoinsaturados, procedentes del aguacate, el aceite de oliva, el aceite de canola y las semillas grasosas ya mencionadas.

El consenso científico actual es que una dieta rica en grasas no tiene por qué ser nociva para el corazón, con una condición: que sea baja en grasas de origen animal, y alta en grasa monoinsaturada. Y si ésta procede del aceite de oliva extra virgen, todavía mejor. La razón es que además contiene principios antioxidantes que conservan intacto al colesterol LDL, para que no ataque a las arterias. Por si fuese poco, también contiene fitonutrientes que interfieren con la absorción intestinal del colesterol de los alimentos, ayudando a eliminarlo sin que nos afecte.

10) Hierva la leche

Se ha identificado una serie de sustancias capaces de desencadenar la lesión primaria del proceso arterioesclerótico. Algunas de ellas son toxinas o desechos metabólicos, como la homocisteína. Otras son subproducto inevitable de las reacciones químicas corporales, como los radicales libres. Otras más, químicas normales del cuerpo que han sufrido una modificación desfavorable. Entre ellas están el hierro y el colesterol oxidados.

Y a esa creciente lista podríamos agregar una molécula procedente de los alimentos. Se trata de algo presente en la leche de vaca, identificado en ella desde la década de 1960, pero cuya importancia para la salud cardiovascular se ha desdeñado. Para entonces ya se conocía el paralelismo entre el consumo de leche de vaca y la incidencia de ataques cardiacos. Y tal relación se achacaba a la presencia de grasa saturada y colesterol en dicho alimento.

Pero un médico estadounidense, el doctor Karl A. Oster, reparó en un detalle curioso que no embonaba bien con dicha teoría. La capacidad aterogénica no dependía de la cantidad de grasa y colesterol presentes en la leche. Es decir, igualmente ocasionaba placas de colesterol si era entera, semidescremada o descremada. Lo cual resultaba ilógico. Una lecha descremada no debería ocasionar problemas en las arterias.

Analizando el tipo de procesamiento industrial a que se sometía la leche, el doctor Oster halló que la solución del enigma no parecía hallarse en la pasteurización ni en el descremado. Pero en un tercer proceso, la homogenización, sí. Este último lo que hace es desaparecer de la vista las gruesas gotas de grasa sobrenadantes de la leche, que disgustan a muchos consumidores.

Y lo logra fraccionando el tamaño de partícula de dicha grasa. Una gran gota se convierte en cientos de gotitas minúsculas. La gota grande, por su tamaño, no puede atravesar la barrera intestinal sin ser antes digerida. Las gotitas, sí. ¿No sería posible que tal capacidad de penetración hacia el torrente sanguíneo explicara la agresividad de la leche homogenizada, sin importar qué cantidad de colesterol estuviese presente?

Oster publicó su teoría en un docto volumen llamado *Myocardiology*, el cual captó el interés de numerosos científicos, entre ellos un investigador de la universidad de Harvard, el cardiólogo William Dock. Este médico ya había reparado en la anterior paradoja, ejemplificada en la diferencia entre los índices de mortalidad cardiaca entre Estados Unidos y Suecia. Mientras que los estadounidenses, con una incidencia de 212 decesos por 100 mil, consumían 124 litros anuales de leche por persona, los suecos apenas presentaban 75 decesos/100 mil, aun cuando consumían 170 litros anuales por persona.

El enigma de esta enorme diferencia no parecía tener solución. A menos, claro, que se invocara la teoría del doctor Oster. La única diferencia entre ambas leches era que la estadounidense estaba homogenizada, y la sueca no. Y profundizando en esta vertiente, Dock halló algo más. La homogenización favorece también la absorción de una enzima (la xantina oxidasa, o xo), antes de que sea inactivada por la digestión. Experimentando con monos y conejos, el doctor Dock halló que efectivamente, al pasar intacta al torrente circulatorio, la xo era capaz de favorecer la arterioesclerosis.

Eso era algo malo, pues la leche es un buen alimento. Rica en proteínas, es una de nuestras mejores fuentes de calcio y potasio. Si usted la tolera bien y quiere seguir disfrutándola sin temor a que favorezca un infarto, no sería mala idea que la consumiera hervida. Un calentamiento de cinco minutos ("un hervor") es suficiente para romper el tamaño de partícula e inactivar a la xo. Algo muy importante: hágalo incluso para los niños.

11) Cuidado con la carne a las brasas

¿Conoce usted a Terry Shintani? Es un talentoso escritor y divulgador científico estadounidense, que alguna vez dijo: "La justicia es lenta, pero certera. Los seres humanos matan a millones de reses, las cuales a la larga acaban matando también a millones de personas". Se refería, obviamente, a todas las víctimas de infartos y embolias ocasionadas por exceso de colesterol y grasa de origen animal.

Por supuesto que se trata de cifras escandalosas, de las cuales no nos gustaría formar parte. Y si queremos lograrlo, debemos comenzar por comprender que no todos esos decesos se deben al colesterol y a la grasa. De todos los animales carnívoros, el ser humano es el único que la cocina antes de ingerirla. Y ésta es una de las tantas causas por las que sólo a él le perjudica comérsela.

Cuando exponemos las carnes al calor, se generan toda una serie de cambios, entre ellos, la producción de sustancias químicas que antes no estaban presentes. Un grupo de ellas se conoce como aminas heterocíclicas (AHC). Se trata de compuestos con una pésima reputación. Son mutágenas (ocasionan daño genético a las células), carcinógenas (producen cáncer) y teratógenas (favorecen malformaciones fetales). Por si fuera poco, también son cardiotóxicas. Es decir, afectan directamente al corazón.

Su producción en las carnes está en función del grado de calor utilizado. Las carnes hervidas, cocidas o guisadas tienen cantidades mínimas. Cuando se fríen, especialmente a muy altas temperaturas o en exceso, la producción de AHC se dispara. Pero su presencia es máxima en las carnes doradas en la parrilla o a las brasas. La razón es sencilla. El calor directo de las llamas es muy elevado. Además, los jugos y la grasa derretida gotean directamente a las fuentes de calor, chamuscándose y transformándose en docenas de sustancias peligrosas, entre ellas las AHC.

En el Instituto Nacional del Cáncer de Estados Unidos se han recabado pruebas de que las AHC pueden ocasionar necrosis (muerte) de manera específica en los tejidos cardiacos. Esta muerte celular (a la que a veces se designa como cardiomiopatía) se debe a la degeneración de las mitocondrias, que son las centrales productoras de energía de las células. El bienestar o deterioro de todas las células del organismo, incluidas las cardiacas, depende del estado de sus mitocondrias. Las afecciones que cursan con destrucción masiva de estas estructuras celulares suelen desembocar en muertes prematuras, generalmente producidas por un paro cardiaco fulminante.

Sería bueno que recordara esto la siguiente vez que se le antoje una hamburguesa a las brasas, un pollo a la parrilla, un alambre o una longaniza frita. Pero bueno, no es obligatorio que deje de disfrutar de tales platillos. Consumidos de cuando en cuando, y protegiéndose con antioxidantes nutricionales (vitaminas c y E, selenio), con frutas y verduras ricas en fitonutrientes (*véase* la sección pertinente) y bebidas como el té verde, no resultarán tan arriesgadas como para el resto de las personas.

Y la protección será máxima si acompañamos la carne asada con dos nutrientes sumamente valiosos: la coenzima Q_{10} y el extracto de semilla de uva roja. La coenzima Q_{10} se considera el alimento del corazón por excelencia. Y hay poderosas razones: mejora el desempeño energético de las mitocondrias, en especial las cardiacas. Las ayuda a producir más energía y las protege del daño oxidante. A su vez, los antioxidantes de la uva roja protegen a las mitocondrias celulares, las cuales suelen ser blanco predilecto de las AHC.

12) Si disfruta del té, que sea verde

Llevar una dieta sana es muy bueno para su corazón. Hacer ejercicio también. Ingerir complementos nutricionales resulta excelente. Pero si además agregamos el consumo habitual de té verde, los resultados pueden mejorar muchísimo. Las primeras pruebas científicas de este beneficio surgieron allá por 1986, cuando un investigador japonés, el doctor Ken Muramatsu, descubrió de manera accidental que sus ratas de laboratorio no desarrollaban placas de colesterol si bebían té verde.

Este hallazgo despertó mucha curiosidad en el ámbito científico y otros investigadores se abocaron a estudiar las propiedades de dicha infusión. Al año siguiente se aisló en el té verde un fitonutriente de nombre complicado (EGCG), pero de acción complementaria. Entre otras cosas, reduce la actividad del tromboxano A2, una sustancia corporal que estimula la formación de coágulos peligrosos, que pueden desembocar en infartos y embolias.

Esta saludable bebida abunda en antioxidantes llamados catequinas, los cuales exhiben una actividad hipotensora, es decir, ayudan a normalizar la presión arterial. Uno de los componentes corporales que hacen que suba la presión arterial es la angiotensina II, de efectos muy potentes. Sin embargo, las catequinas del té verde ayudan a reducir la producción de dicho compuesto, con lo que contribuyen a desactivar uno de los mayores factores de riesgo para los ataques cardiacos.

De todas las catequinas, la más poderosa es la llamada EGCG. A ella parece deberse también el efecto normalizador de los niveles de colesterol total y de colesterol malo (LDL) que muestra el té verde. Con ello, también permite lograr un factor cardiovascular (FC) más saludable. Las cantidades utilizadas en voluntarios fueron 2–4 tazas diarias de té verde (equivalentes a 1–2 cápsulas de su extracto).

Estos resultados fueron verificados por el doctor Shinishi Katsurada en 1996, quien además observó en seres humanos el mismo efecto que 10 años antes se había descubierto en animales de laboratorio: las catequinas del té verde protegen de manera muy efectiva al colesterol LDL de la oxidación, y colaboran a prevenir el desarrollo de placas de colesterol en las arterias.

Obviamente, la mejor manera de consumirlo es recién preparado. Pero puede beberse frío, caliente, o al tiempo (sería bueno traerlo consigo en un recipiente). La cantidad que se recomienda es de una a tres tazas al día. Sí, es cierto que contiene cafeína, pero sólo en pequeña proporción: 25 mg por taza. En comparación, en una taza de café instantáneo hay 65 mg, y en una taza de café de grano, más de 100. Pero tómelo en cuenta si es muy sensible a la cafeína.

Otro recurso es beneficiarse con el té verde a través de cápsulas con su extracto. Consiga las de mejor calidad, de preferencia con un extracto estandarizado y que ofrezcan una cantidad mínima de 240 mg de polifenoles o catequinas. Generalmente estos extractos están libres de cafeína. No tienen efectos secundarios, ni contraindicaciones con los principales medicamentos prescritos en las cardiopatías.

13) El café: más bueno que malo

"¡El café puede ocasionar ataques cardiacos!" ¿Cuántas veces no hemos visto un titular así en periódicos y revistas que buscan vender más? Incontables. Y lo peor de todo es que tienen razón. Y a la vez no la tienen. Lo que ocurre es que todo depende de la interpretación que se haga de la evidencia científica que respalda tales noticias. La relatividad no sólo está presente en las constantes cósmicas o en las ecuaciones de Einstein. También en la vida diaria.

Para darnos una mejor idea de ello, analicemos el resultado de una investigación muy seria, llevada a cabo en Inglaterra en 2001. El doctor Andrew Hatton y sus colaboradores encontraron, tras estudiar a más de 7 mil personas, que la cafeína y otros componentes del café afectan el ritmo cardiaco y producen palpitaciones. Esto puede empeorar el problema en quienes padecen de arritmias cardiacas. Visto de esta manera, sería fácil concluir: "El café es malo para el corazón". Sin embargo, todo depende de la dosis.

Tales resultados se obtuvieron consumiendo 9 o más tazas de café al día, lo que la mayoría de la gente no hace. El promedio de consumo, aun entre los bebedores habituales de esta bebida, es de sólo dos tazas al día. Claro que siempre habrá quien exagere y lo ingiera por litro. Por lo tanto, dos conclusiones son válidas: el café resulta inofensivo si se consume en cantidades moderadas, pero podría estar contraindicado en personas con arritmias si se abusa de él.

La diferencia entre disfrutar de este aromático brebaje sin exponerse, y aumentar el riesgo cardiovascular, parece ser cuestión de cantidades. Por debajo de tres tazas de café al día, no parece haber mayor peligro. Sin embargo, cuatro, seis o más tazas diarias de café pueden afectarnos de diversas maneras. Por ejemplo, llegan a producir nerviosismo o insomnio, descalcifican al organismo y elevan la presión arterial (hasta en 15%).

Incluso pueden elevar la homocisteína, que como ya vimos, se considera como un factor de riesgo cardiovascular muy peligroso. En una investigación realizada por el doctor G. N. Welch con bebedores y no bebedores de café, se halló que los niveles de esta toxina eran proporcionales al consumo de café, a partir de la cuarta taza consumida al día. Este hallazgo de alguna manera confirma un viejo adagio médico: "La quinta taza de café al día es la taza del infarto".

No obstante, si usted disfruta del café, existen maneras de revertir estos riesgos. La primera es no abusar de su consumo. La segunda, el tipo de café que elija. No todos los tipos de café tienen las mismas concentraciones de cafeína. Elija los que tienen concentraciones bajas. No menos importante, la manera en que fue preparado. Hay una gran distancia entre los efectos de un café instantáneo y uno de grano.

Normalmente pensamos que un alimento, entre menos procesado esté, más saludable resulta. Y casi siempre es cierto. Pero no en este caso. El café más natural, hecho con grano y en cafetera (o hervido) contiene un par de compuestos capaces de afectar las arterias. Se trata del cafeol y el cafestol, que elevan el colesterol total, el colesterol malo (HDL) y que pueden fomentar la arterioesclerosis. Ésa es la mala noticia para los bebedores de café.

La buena, que tales sustancias no están presentes en el café instantáneo. El procesamiento a que se ve sujeto las destruye. Por lo tanto, el café de grano puede elevar el colesterol, pero el instantáneo, no. Si tiene problemas con sus lípidos sanguíneos y es consumidor habitual de café, cámbielo por uno instantáneo. Y si además le teme a la cafeína, use uno descafeinado (los mejores son los descafeinados con agua, no con solventes químicos).

Por cierto, no eche a perder su café agregándole sustitutos de crema. Si le gusta el café con crema, añádale un chorrito de leche light o leche semidescremada para mejorar el sabor o la consistencia. Pero no utilice los polvillos o líquidos que los reemplazan. Sus fabricantes generalmente sustituyen la parte grasa de la leche con aceites poco sanos, o peor aún, con grasa hidrogenada (mucho más agresiva con las arterias). A través de los sustitutos para el café se pueden llegar a ingerir varios gramos diarios de tan peligrosa forma de grasa.

Para los puristas y gourmets, el café instantáneo no es un café de verdad. Es apenas un sucedáneo. Y se niegan a consumirlo ya procesado. Tampoco aceptan en el café añadidos como la canela (del café de olla) o la leche (de un capuchino o un café latte). A menos que usted pertenezca a tan selecto grupo, no le costará trabajo hacer el o los cambios pertinentes (y proteger su corazón).

Así, un café instantáneo, preparado con leche y no con sustituto de crema, y consumido con moderación, de entrada ya desactivó varios posibles riesgos, incluida la descalcificación. Y a la vez, conserva la mayor parte de sus ventajas: estimula al sistema nervioso central, mejora el desempeño cerebral, aumenta el vigor físico, contrarresta los efectos sedantes de los antigripales y contribuye a superar el desfase horario (*jet lag*).

En resumen, el café puede ser bueno para el corazón si se consume correctamente. Si toma café de grano, hacer el cambio a café instantáneo ayudaría bastante, y disminuir la cantidad, aún más. Para quienes beben 4 o más tazas de café al día, reducirlo a menos de tres podría abatir hasta en un 10% sus probabilidades de sufrir una cardiopatía.

Si lo que le preocupa es el contenido de cafeína de lo que bebe, tome en cuenta los siguientes datos. Una taza de café instantáneo contiene unos 65 mg de dicho alcaloide. Una taza de café de grano, entre 100 y 150 mg (promedio, 120 mg). Una taza de café express, hasta 350 mg. Otras bebidas que también contienen cafeína son los licores de café (300 mg por copa), los refrescos de cola (45 mg por lata) y los tés negro y verde (25 mg por taza).

14) ¿Vino tinto o jugo de uvas?

¿Ha oído usted hablar de la paradoja francesa? Es un término acuñado en 1991 por un investigador francés, el doctor Serge Renaud, para explicar algo aparentemente contradictorio: aunque los franceses llevan un tipo de vida tanto o más desordenado que el resto del mundo occidental, tienen un índice 35% menor de mortalidad cardiovascular.

Y el misterio se ahonda cuando averiguamos que tal grado de protección se da aun cuando los franceses comen más grasa, beben más alcohol y fuman más que los estadounidenses. Cuando el doctor Renaud, que trabaja en la universidad de Burdeos (Francia), descubrió estos datos, inició una investigación. Inicialmente modesto, su proyecto fue creciendo hasta abarcar a más de 34 mil varones de edad mediana.

Tres años después halló la explicación: en el tipo de alimentación que llevan unos y otros. La dieta mediterránea de los franceses se basa en más pescado que carne, pan integral, pastas integrales, frutas y verduras, aceite de oliva y vino tinto. Intrigado, Renaud comparó dietas e incidencias de males cardiacos entre diferentes regiones de Francia, y llegó a la conclusión de que de todos estos saludables elementos, el que parece ahondar la diferencia es precisamente el vino tinto.

Las uvas rojas con que se hace esta bebida contienen una larga lista de fitonutrientes asombrosamente efectivos: flavonoides, polifenoles, taninos, rutina, ácido elágico, delfinidina, resveratrol y proantocianidinas. ¿Sería ésa la explicación de la "paradoja francesa", o el contenido de alcohol del vino?

Desde principios de la década de 1990 es mucho lo que se ha investigado y escrito sobre todo esto. Y los descubrimientos básicos de Renaud se siguen manteniendo. La uva roja en cualquiera de sus presentaciones (como fruta fresca, en pasitas, como jugo o mermelada de uva, y en forma de vino tinto) es cardioprotectora, y de todas ellas la más potente es el vino. Y si bien el alcohol parece sumarse a dichos efectos, el grado de protección no se origina en éste. Se debe a que de todos los productos de uva, el vino es el que tiene los principios activos antes citados en mayor concentración.

En los hombres, una copa al día de vino tinto reduce las cardiopatías hasta en 21%. Y en las damas, la reducción llega a 17% con apenas media copa diaria. No es recomendable aumentar las cantidades, porque una dosis mayor resulta contraproducente. Por desgracia, el alcohol adicional hace no sólo que se pierda el beneficio, sino que el índice de mortalidad aumente (*véase* el siguiente inciso).

Si es usted abstemio o el vino tinto no le agrada, pruebe consumir uvas rojas con frecuencia, o su jugo (sólo verifique que no tenga azúcar añadida). Actualmente existe una opción natural y no alcohólica todavía mejor: el extracto de semilla de uva roja. Es un complemento nutricional que condensa lo mejor del vino tinto en apenas una cápsula. Si usted se toma una de ellas diariamente, el efecto será equivalente a haber brindado con vino tinto.

15) A su salud: tomar o no tomar alcohol

El consumo moderado de alcohol ayuda a alejar a los ataques cardiacos. Esto es algo que ya se sabía desde antes del estudio Framingham, pero los resultados de esta ambiciosa investigación vinieron a confirmarlo. En él se halló que el mecanismo probable a través del cual el alcohol ejerce sus beneficios es mejorando el perfil lipídico. En particular, que tiende a aumentar el colesterol bueno. Ésa es una excelente propiedad. Sin embargo, los aficionados a las copas no deberían tomar esta noticia con mucho entusiasmo, porque hay dos inconvenientes.

El primero tiene que ver con el colesterol HDL. No existe una sola molécula de HDL, sino varias. Y el alcohol aumenta una fracción poco importante para la salud, la llamada HDL–2. Y el segundo, más decepcionante aún, es que de acuerdo a investigaciones realizadas en el centro médico Mount Sinaí, de Nueva York, el consumo habitual de alcohol tiende a dañar al corazón al ensanchar al ventrículo izquierdo. Y el perjuicio se acentúa a partir de los dos tragos diarios. Quizá no tan casualmente, se ha encontrado que el efecto protector se acaba cuando se consumen más de 60 ml de alcohol al día (el equivalente a trago y medio).

Si esto le resulta decepcionante, recuerde que siempre hay dos posturas en torno a casi cualquier cosa. En este caso, también existen estudios científicos que avalan los beneficios del alcohol. En uno de ellos se encontró que quienes lo consumen habitualmente, pero con medida (hasta dos tragos al día, para los varones, y uno para las mujeres) corren un riesgo coronario entre 25 y 45% menor que los abstemios.

Asimismo, en un estudio hecho en Alemania en 1999 con más de 6000 voluntarios, se encontró que el consumo moderado de bebidas alcohólicas puede alargar el promedio de vida. Las razones aducidas por los autores son múltiples: el alcohol mejora la circulación, y con ello disminuye el riesgo de infartos, embolias y el bloqueo de las arterias de las piernas. Reduce el fibrinógeno hasta en 20%. Y lo usual: que aumenta el colesterol bueno.

En 2002 se precisó en Canadá una razón más: una copa de coñac (u otro licor fuerte) disminuye la formación de coágulos apenas 20 minutos después de consumirla, y su efecto se extiende hasta seis horas después. Si el consumo de alcohol se hace a través de vino tinto, el grado de protección es aún mayor. Sin embargo, como ya vimos, el alcohol no es tan bueno como parece.

Peor aún, los abusos logran que los posibles beneficios se reviertan: en los alcohólicos el riesgo de infarto está muy aumentado. Pero esto último cesa si deja de abusarse del alcohol. Su presión arterial sistólica puede bajar 5%, y la presión diastólica 3%. Y el riesgo de ataque cardiaco disminuirá en 27%. Si a dicha reducción se suman los efectos de dejar de fumar, adelgazar, hacer ejercicio, etc., los beneficios serán mayores.

Quizás una de las razones para que dejar de abusar del alcohol produzca beneficios, es que este último tiende a aumentar los niveles corporales de la proteína c reactiva. No menos preocupante resulta el hecho de que en quienes presentan la variante Apo E4 de las lipoproteínas sanguíneas (ver página 29) el consumo habitual de alcohol puede aumentar los niveles de los colesteroles malo y total. Y si se trata de fumadores, el riesgo es mucho mayor.

Consejos para sacarle máximo provecho al alcohol

Si los posibles inconvenientes del alcohol no le intimidan, le sugerimos seguir a las siguientes reglas. Trate de consumir bebidas bajas en graduación alcohólica (vinos, cerveza, cocteles) en vez de licores fuertes sin diluir (tequila, whisky, coñac). Prefiera bebidas ricas en antioxidantes (como el vino tino o la cerveza oscura) a los licores destilados que no los aportan (ron, mezcal, vodka, ginebra).

Evite los cocteles que abundan en azúcar o grasa y colesterol (cuba libre, ruso blanco, *egg nogg*); sustitúyalos con los que incorporan jugos de frutas no endulzados (bloody mary, destornillador, clamato). Y acompañe sus tragos con alimento. De esta manera, la absorción del alcohol es más pausada y no fomenta la producción de triglicéridos ni afecta tanto al hígado.

Una comida en forma es preferible a las botanas, porque éstas suelen ser poco sanas (rebosan de grasa y sal). Si va a consumir alcohol en cantidad (por ejemplo, en una fiesta o comida de negocios) protéjase ingiriendo antes una tableta de complejo B. Su cuerpo procesará mejor cualquier exceso, e hígado, corazón y cerebro se verán menos afectados.

No menos importante: si acostumbra consumir alcohol de manera cotidiana, antes tenga en cuenta una serie de estados de salud en los que el consumo de alcohol resulta contraindicado: enfermedades hepáticas y renales, enfermedad ácido péptica (gastritis, úlcera, reflujo), triglicéridos elevados, hipertensión arterial y apnea del sueño.

Si no acostumbra el alcohol, recuerde que su consumo no es imprescindible para estar sano del corazón (ni siquiera el vino tinto). Puede sustituir muchas de sus ventajas simplemente adoptando los múltiples consejos que compartimos con usted en el resto del libro.

16) Aprenda a comer sano fuera de casa

Casi podríamos dividir a la humanidad en dos bandos: los carnívoros y los vegetarianos. Unos y otros no se ven con buenos ojos, y se atacan de distintas maneras. Los primeros afirman que los segundos son chiflados que comen pura alfalfa, y los segundos se desquitan diciendo que los carnívoros comen cadáveres y tienen mal olor corporal. Pero independientemente de antipatías personales, lo cierto es que comer carne o productos de origen animal no ayuda mucho a evitar cardiopatías.

País tras país, a lo largo del mundo hay un consenso científico: los vegetarianos tienen menos sobrepeso y obesidad abdominal, niveles más bajos de glucosa y colesterol, mejores resultados en la presión sanguínea, sufren menos infartos y embolias, y viven más que quienes consumen alimentos cárnicos en su dieta. Incluso los vegetarianos obesos y fumadores tienen menos probabilidades de un infarto que los carnívoros (más que "carnívoros", omnívoros, porque consumen de todo, incluida la carne).

Pero obviamente no le pediremos que se convierta en vegetariano, si no lo desea. Pero sí le vamos a recomendar muy encarecidamente que aumente la proporción de vegetales en su dieta. Esto no siempre es fácil cuando se come fuera de casa, pero existen múltiples maneras de sortear las dificultades. Una de ellas es recordar que no necesariamente debe evitar las carnes. Sólo busque las que tengan menos grasa, colesterol y sal.

¿Cómo saberlo? Una manera es recordar cuáles carnes abundan más en dichos componentes. La siguiente lista puede ayudarnos: sesos > carnitas > hígado > carne de cerdo > carne de res > carnes blancas (pescado, pollo o pavo). Trate de evitar carnes muy saladas o doradas (cecina, carne asada, pollo a las brasas) o que chorreen grasa. Prefiera platillos en que las carnes hayan sido cocidas o guisadas, y estén acompañadas de verduras.

Evite los restaurantes y fonditas en donde el cocinero abuse de la grasa, el salero y los sabroseadores (caldo de pollo en polvo o cubitos). Pida al mesero que no le traiga charola con pan y mantequilla. Sáltese los aderezos salados o grasosos. Diríjase a las barras de ensaladas. Ahí puede encontrar fuentes de proteína opcionales a la carne: queso fresco, queso cottage, germinados, semillas cocidas (frijoles, lentejas, garbazos, etc.) o huevo cocido (si lo prefiere, consuma sólo la clara).

Y ya que hablamos de ensaladas, vale la pena recordar que últimamente ha cobrado cada vez más aceptación la dieta mediterránea, en la cual se adopta la forma de comer de los países europeos con costas en dicho mar. En esa dieta predominan el pescado, el pan integral, el ajo, las frutas y las verduras, el vino tinto y —por supuesto— el aceite de oliva. Y a través de este último, la saludable grasa monoinsaturada. Gracias a este tipo de dieta franceses, italianos y griegos tienen índices excepcionalmente bajos de males cardiovasculares.

Y esto último no es una leyenda urbana. Estudio tras estudio, esto se ha venido confirmando en los últimos años. Uno de los más recientes, realizado en Italia y que abarcó a más de 11 mil personas, concluyó algo sorprendente. Se descubrió que quienes seguían la pauta mediterránea de alimentación mostraron casi 33% menos de probabilidades de morir por un infarto que quienes no lo hacían. Y sus beneficios cardiovasculares no se limitan a reducir el colesterol.

En un estudio previo hecho en la India en 2002, la dieta mediterránea redujo el riesgo de sufrir un infarto tanto como el Lipitor (un fármaco anticolesterol, del grupo de las estatinas), aun sin disminuir el colesterol y en la misma medida que el medicamento. Este resultado se atribuye a las vitaminas y fitonutrientes antioxidantes de frutas, verduras y nueces. Sí, nueces como las de Castilla, encarcelada, de la India, y semillas relacionadas, como las avellanas y los pistaches, que también se consumen en la Europa mediterránea. Su contenido de ácido linoleico y fitosteroles permite reducir el colesterol total en 4%, y el colesterol malo en 6%.

En cuanto a los postres, ya se sabe que éstos son la parte menos recomendable de los buffets. Estos últimos suelen ofrecer una gran variedad de ellos, la mayoría desaconsejables. Pero ello no significa que se tenga que quedar sin postre. Simplemente elija lo que más le conviene. Evite los pasteles, las tartas, los flanes, los budines, las mermeladas, la cajeta y la crema pastelera. Mejor busque frutas frescas, frutas secas, yogures y gelatinas de agua o de leche.

Para quienes aman las carnes, lo mejor de la dieta mediterránea es que no es estrictamente vegetariana. Permite el consumo de carnes (incluidas las rojas), pero en forma moderada y siempre acompañadas de vegetales. Al mismo tiempo, permite beneficiarse

en varias de las formas aquí citadas (frutas y verduras, fibra dietética, vitaminas y minerales, grasa monoinsaturada, pescado marino, vino tinto, etc.). Y es muy sabrosa. ¡Más no se puede pedir!

17) No desdeñe el poder de las mascotas

Parece sacado de una fábula de Esopo, pero es algo real: un
perro o un gato de compañía puede salvarnos la vida, especialmente si vivimos solos. Actualmente se considera ausencia de un
núcleo familiar como un factor de riesgo para diversas enfermedades, entre ellas, las cardiacas. Pero con frecuencia un animal
favorito suple dicha carencia con ventaja. Esto se descubrió por
primera vez en Japón, en la década de 1970, al analizar la salud
cardiovascular de un grupo de altos ejecutivos.

Algunos de ellos mostraban un buen desempeño cardiaco, a
pesar de tener diversos factores en contra. Tratando de determinar
cuál era su secreto, y tras ir eliminando elementos de protección,
se halló uno totalmente inesperado: la presencia de un acuario
en la oficina. Quienes tenían uno de ellos con peces tropicales, y
se relajaban observando las evoluciones de los animalitos varias
veces durante su turno de trabajo, mostraban una presión arterial
menos elevada, mejor perfil lipídico y menores cantidades de adrenalina y cortisol (las hormonas típicas del estrés).

Posteriores investigaciones señalan que la interacción afectuosa casi con cualquier animalito (desde hámsters hasta peces
dorados, pasando por tarántulas, guacamayas e iguanas) resulta
beneficiosa. En el caso de canes y felinos, se establece con ellos
una relación afectuosa casi ideal: nos dan apoyo y simpatía in-
condicionales, y nosotros les retribuimos con un hogar, caricias y
alimento.

La compañía de un felino consentido que nos ronronee es excelente. Ese sonido tiene una frecuencia de entre 25 y 50 ciclos
por segundo, la cual resulta óptima para tranquilizarnos. Y por
increíble que parezca, tiene efectos terapéuticos recientemente

comprobados por el Instituto de Investigación Animal de Carolina del Norte (EUA). En los seres humanos que escuchan el ronroneo, aumenta la producción de compuestos aniinflamatorios, se eleva la tolerancia al dolor y se incrementa la densidad ósea.

El resultado no puede ser mejor: los dueños de mascotas tienden a ser más saludables, estar menos estresados y a tener mejor sueño y digestión. Todo eso se refleja incluso en una mejoría de la función cerebral (más ánimo, menos depresión y mayor presencia de ondas alfa). Las demostraciones de afecto de un perro o de un gato fomentan la relajación, disminuyen la frecuencia cardiaca y ayudan a superar problemas emocionales.

Los cambios que produce una mascota en su amo no son puramente subjetivos, sino demostrables clínicamente. Una investigación realizada en la universidad de Texas, en El Paso (EUA), demostró que los propietarios de mascotas tienen mejores perfiles de colesterol y triglicéridos. Son menos propensos a infartarse, y si esto les llega a ocurrir, es mucho más probable que sobrevivan y se recuperen (hasta 96% más).

Si ya tiene una mascota, conviva más con ella y trate de establecer una relación más cercana. Si aún no tiene mascota —y quiere hacerse responsable de una—, trate de adoptar la más conveniente para usted. Tome en cuenta las necesidades de cada animalito en cuanto a alimentación, limpieza, compañía, espacio y afecto. Si es necesario, asesórese para tomar la mejor decisión. Y, enhorabuena. Por increíble que parezca, los beneficios se empiezan a notar antes de un mes de convivencia.

18) ¿Aspirina o complementos nutricionales?

Las primeras pruebas de que con un analgésico popular, la aspirina, era posible reducir el riesgo de sufrir infartos y embolias surgieron desde la década de 1950. Durante años se manejó esto como recomendación coloquial, hasta que en 1974 investigadores médicos de la universidad de Boston (EUA) lo confirmaron a través de un amplio estudio clínico.

Desde entonces, se realizó mucha investigación al respecto, la suficiente como para que hace más de una década la agencia de Alimentos y Medicamentos de Estados Unidos (FDA) haya decidido recomendar a quienes estén en riesgo de sufrir un ataque cardiaco el consumir aspirina. Y esto ha hecho que cada vez más personas (sobre todo hombres maduros) la consuman de manera habitual.

Detrás de toda esa popularidad se esconden los efectos anticoagulantes del ácido acetilsalicílico (nombre químico de la aspirina). Básicamente lo que hace esta última es reducir la adhesividad de las plaquetas, cuya acumulación genera coágulos. Y en esta tarea, la aspirina es muy eficaz. A grado tal, que para recibir protección ni siquiera es imprescindible ingerir diariamente una tableta entera (500 mg). Se ha visto que dosis menores (tabletas de 325 mg) o la mitad, o aun la cuarta parte de esta dosis resultan útiles.

Y en ese sentido, una dosis baja de aspirina usada diariamente es capaz de reducir entre 32 y 44% la incidencia de infartos. Un grado elevado de protección, pero podría ser mayor. Y no lo es, porque la aspirina no puede evitar que las plaquetas se adhieran directamente a las paredes arteriales invadidas por el colesterol. En ese sentido, la vitamina E sí lo consigue, y su efectividad anticoagulante es mayor.

Además, recuérdese que como cualquier otro medicamento, la aspirina tiene efectos secundarios y riesgos potenciales. Por ello, algunas personas prefieren utilizar la dosis mínima protectora, que es de 40 mg diarios. Otros buscan opciones naturales, como las cerezas, las frambuesas, las zarzamoras, las ciruelas, los duraznos y las naranjas. Algunas más buscan ayuda en las complementos vitamínicos. De todos ellos, quizá la más beneficiosa para el corazón y las arterias sea la vitamina E.

No menos importante, en algunos estudios clínicos se señala que la vitamina E ayuda a bloquear el inicio y la progresión de la arterioesclerosis. Además, dicha vitamina previene que las plaquetas se adhieran a las paredes arteriales dañadas por la placa. Dos cosas que la aspirina no puede hacer. Pero si lo que se quiere es tener lo mejor de dos mundos —consumir al mismo tiempo aspirinas y vitamina E—, no hay inconveniente. Diversos estudios han mostrado que a dosis bajas, ambos productos se refuerzan mutuamente sin efectos colaterales serios (como entorpecer la coagulación o favorecer hemorragias).

A partir de 1998 la FDA comenzó también a recomendar que se ingieran 1–2 aspirinas al primer signo de un infarto. Por su poder anticoagulante, en tales condiciones la aspirina ayuda a disolver parcialmente los coágulos ya formados, e impide que se formen más coágulos. Esto resulta de vital importancia mientras se recibe atención especializada. Resultado neto: usadas a tiempo, una o dos aspirinas pueden salvarle la vida a alguien que se está infartando.

19) Los riesgos de los medicamentos anticolesterol

Es innegable que actualmente se dispone de un formidable arsenal farmacológico contra el colesterol. Entre los más utilizados están los fibratos (que reducen el colesterol total y los triglicéridos, y aumentan el colesterol bueno), las resinas (abaten ligeramente el colesterol malo y elevan el colesterol bueno), y la ezetimiba (que bloquea la absorción intestinal del colesterol). Pero indudablemente, por su efectividad, los medicamentos de elección suelen ser los integrantes de un grupo llamado colectivamente "estatinas".

La razón de este nombre genérico es que todas ellas comparten esa misma terminación: fluvastatina, simvastatina, pravastatina, cerivastatina, lovastatina y atorvastatina. Su popularidad está más que justificada. Son los fármacos más efectivos para regular los lípidos sanguíneos en pacientes cardiacos. Reducen tanto el colesterol total como el colesterol malo y los triglicéridos, y a la vez aumentan el colesterol bueno. ¡No suena nada mal!

El Lipitor (atorvastatina) y otras estatinas pueden resultar muy útiles para los pacientes con males cardiacos establecidos. Su capacidad para reducir el colesterol malo alcanza 30–40% (en algunos casos, hasta 50%). Sin embargo, no resulta recomendable su ingestión en personas sanas, simplemente como un preventivo del infarto. La protección es mínima, y puede abatir la producción de coenzima Q_{10}, lo que neutraliza cualquier beneficio. Además, aún se desconoce si hay otros efectos indeseables a largo plazo (lo cual es probable).

Para estas personas quizá resulte más recomendable el plan de la universidad de Toronto, que produce reducciones en el colesterol malo de hasta 30% en sólo cuatro semanas. Para ello se vale de una dieta vegetariana, baja en grasas y rica en alimentos anticolesterol (avena, soya, ajo, aceite de oliva, etc.). En un estudio reciente, quienes siguieron esta dieta bajaron tanto su colesterol malo como quienes recibieron lovastatina (Mevacor), y a un costo mucho menor.

Si usted tiene dolencias cardiacas y ha estado utilizando estatinas con buenos resultados, quizá sería recomendable que continúe. Pero hágalo siempre bajo vigilancia médica, y no se olvide de estar muy alerta por si muestra síntomas depresivos o se le bajan demasiado las defensas. No menos importante, cerciórese de recibir diariamente un complemento de coenzima Q_{10} (para suplir la que su cuerpo deja de producir): 1–2 cápsulas de 30 mg al día suelen ser suficientes.

Asimismo, el agregar fibra dietética al régimen medicamentoso mejora los resultados. Médicos estadounidenses reportan que 10 miligramos diarios de estatinas, complementados con una cucharadita de *Psyllum* disuelta en agua con cada alimento, resultan tan efectivos contra el colesterol como 20 mg de estatinas solas.

Como puede verse, la combinación fibra–fármacos permite disminuir la dosis (y con ello reducir la posibilidad de efectos secundarios, así como lograr ahorros económicos). Empero, procure no ingerir simultáneamente el *Psyllum* y las estatinas, porque la primera podría absorber parte del medicamento, limitando sus beneficios. Para evitarlo, tómese su medicamento 1–2 horas antes (o después) de la fibra.

Incluso el Orlistat (Xenical) y la Sibutramina (Meridia), un par de medicamentos originalmente ideados para el control de peso, también han mostrado que pueden proteger al corazón. El Orlistat, además de ayudar a adelgazar, inhibe la absorción del colesterol en 25%. Esto, por sí mismo, reduce el riesgo cardiovascular hasta en 20%. Por lo tanto, es apropiado ingerirlo junto con un platillo abundante en grasa animal.

Sin embargo, como también bloquea la absorción de vitaminas como la A, D y E, no se recomienda su uso frecuente o prolongado (2–3 meses, máximo). A su vez, la Sibutramina es muy efectiva para bajar de peso, y pese a que uno de sus posibles efectos secundarios es elevar la presión arterial, también reduce las probabilidades de un infarto. Si la está utilizando, no deje de hacerlo bajo vigilancia médica. ¡Y jamás se autorrecete!

Cuarta parte

Información decisiva que puede salvarle la vida

Para familiarizarse con los niveles de colesterol

En la década de 1960,
los científicos eran los únicos
que hablaban de colesterol.
En la de 1980, sólo lo
mencionaban los médicos.
Ahora, ya hasta se
volvió tema de chistes.

DOCTOR JAMES CLEEMAN

1) El colesterol

El consenso científico actual es que a partir de los 20 años deberíamos hacernos un análisis del colesterol cada cinco años, mientras los resultados sean normales. Si no lo son, entonces los chequeos deben hacerse con mayor frecuencia, quizá cada año. Y —sobre todo— se deben tomar las medidas adecuadas para normalizar los niveles.

Si los citados valores han permanecido bien hasta los 30 años, a partir de ahí valdría la pena no solamente hacerse medir el nivel de colesterol total, sino lo que se conoce como "perfil lipídico", en el cual se reportan los niveles de colesterol total, colesterol bueno (HDL), colesterol malo (LDL) y triglicéridos. Si uno o más de estos factores está incorrecto, también hay que tomar medidas para normalizarlo(s). No darles importancia constituye un riesgo calculado.

Si usted es aficionado a correr autos a gran velocidad, lanzarse en parapentes o bucear entre tiburones, entonces agregue a sus actividades de alto riesgo el tener elevados algunos de los factores mencionados. Sólo que sin percibir la electrizante sensación que proporciona la adrenalina a raudales. En efecto, cuando resultan elevados, ninguno de ellos es inofensivo. Pero si se suman dos o más, el riesgo puede multiplicarse dos, tres, cinco o más veces.

2) El perfil lipídico

En el vocabulario médico se conoce como perfil lipídico al reporte clínico de los niveles de los diferentes tipos de grasa que circulan por el torrente sanguíneo. Los tipos de grasa circulante son muy numerosos, pero con fines de monitorear la salud cardiaca normalmente se proporcionan los valores de unos cuántos. El más conocido es el colesterol total (CT), del cual se habla como si fuese el único existente.

Pero el colesterol circulante se presenta al menos en tres tipos: las lipoproteínas de muy baja densidad (VLDL, por sus siglas en inglés), que constituyen cerca de 15% del total; las lipoproteínas de baja densidad (LDL), que forman 65%; y las lipoproteínas de alta densidad (HDL), que suman sólo 20%. Este último parece el más insignificante, pero en realidad es la fracción más valiosa.

El colesterol unido a las lipoproteínas de baja y muy baja densidad está estrechamente relacionado con las enfermedades del corazón. Y a la inversa, el colesterol ligado a las lipoproteínas de alta densidad es cardioprotector, y por ello se le conoce popularmente como "colesterol bueno".

También suelen reportarse los triglicéridos, que estrictamente hablando, no son colesterol. Más bien son lo que los químicos llaman grasas neutras. Cuando están estáticas en el organismo dan lugar a la gordura y a las odiadas "llantitas", y cuando circulan por la sangre en cantidad elevada preocupan a los cardiólogos.

Según vimos, el hecho de tener anormales más de uno de estos valores multiplica el riesgo de un infarto o una embolia. Y en ese sentido, una de las combinaciones más temibles es tener alto el colesterol total y bajo el colesterol bueno. Cuando eso ocurre, las probabilidades de males cardiacos se disparan. Por ello, con frecuencia se incluye en el perfil lipídico el llamado factor cardiovascular (FC), que se obtiene dividiendo el colesterol total entre el colesterol bueno (en un momento abundaremos sobre este tema).

3) Cómo obtener mediciones más confiables

Los niveles de colesterol en el organismo varían de acuerdo a diversos factores que pueden afectarlos, y eso es algo que debemos tomar muy en cuenta. Hay variables a lo largo del día, del año, a características personales, la actividad física, etc. Incluso los resultados obtenidos dependen de la confiabilidad del laboratorio que efectuó la prueba. En este último sentido, caben esperar variaciones de 5–10%. Con frecuencia el valor más exacto es producto del promedio de varias mediciones.

La recomendación usual es hacerse checar el colesterol o el perfil lipídico en ayunas. Esto es importante, porque ingerir alimentos modifica los valores, de manera que se obtiene información inexacta. Asimismo, pueden modificar las cifras la obesidad, el embarazo, el hacer ejercicio y hasta la época del año (en invierno los índices de colesterol tienden a ser unos 5 mg más altos). Por lo tanto, las mediciones deben hacerse en ayunas y sin haber hecho ejercicio previamente.

Asimismo, para obtener resultados más confiables, trate de mantenerse tranquilo. Si le teme a las agujas hipodérmicas y siente miedo, ansiedad o recelo, eso modificará el resultado. Tome también en cuenta que algunos padecimientos pueden producir lecturas anormalmente elevadas. Por ejemplo, obesidad, cálculos biliares, trastornos de la tiroides, problemas renales, afecciones del páncreas y algunas infecciones virales.

Además, las personas con tipo sanguíneo A por lo general muestran niveles de colesterol sérico más altos que quienes tienen otros tipos de sangre (O, B y AB). Asimismo, la edad tiende a hacer más altos los resultados. Alguien que presentaba un promedio de 190 mg/dl a los 35 años, quizá muestre 220 a los 70, sin que esto necesariamente signifique que algo anda mal con su organismo.

Un aspecto importante a la hora de averiguar los niveles de colesterol es la manera en que se hizo la medición. Actualmente ya existen aparatos portátiles capaces de tomar lecturas, lo que hace más cómodo y menos traumático el momento. Empero, algunos aparatos medidores no suelen ser muy precisos, y podría haber diferencias apreciables con la cifra real. En general, podemos decir que los resultados de laboratorio suelen ser más confiables.

Y no menos importante, en un laboratorio se pueden solicitar los valores de HDL, LDL y triglicéridos, los cuales no proporcionan los aparatitos portátiles. Y es de vital importancia conocer tales valores (entre otras cosas, para calcular el FC). No obstante, no está demás tener un medidor casero de colesterol, para hacerse una idea aproximada de cómo anda éste. En especial si hay antecedentes de lípidos elevados, de riesgo cardiovascular, o ambos.

4) El colesterol total

Se considera "colesterol total" a la suma de todas las fracciones de colesterol (denominadas lipoproteínas) circulantes. Cuando se habla de colesterol en forma genérica, es a esta tipo de colesterol al que nos referimos. En este tipo de colesterol, mientras más bajo sea el nivel, mejor (siempre y cuando no sea inferior a 179). Los niveles menores se han relacionado con mayor incidencia de infecciones, cáncer, suicidios y en general, una mayor mortalidad. En este sentido, no hay que obsesionarse con presentar niveles de colesterol lo más bajos posible. Recuérdese que la mitad de los infartos afectan a personas que tenían su colesterol por debajo de 200 mg/dl.

- Alto: 240 mg/dl o más
- Fronterizo: 200–239 mg/dl
- Deseable: menos de 200 mg/dl
- Límite inferior: 180 mg/dl

5) El colesterol malo (LDL)

Ésta es una de las tantas fracciones del colesterol total. Técnicamente se consideran lipoproteínas de baja densidad (LDL, por sus siglas en inglés). En lenguaje coloquial se llama "colesterol malo" porque los niveles elevados aumentan el riesgo de los males cardiovasculares. A diferencia del colesterol total, lo deseable es tener valores lo más bajos posible. Hasta no hace mucho se aceptaba como cifra límite los 130 mg/dl, pero las nuevas pautas ahora establecen un tope de 100. ¿Óptimo? Cifras por debajo de 100.

- Muy alto: 190 mg/dl o más
- Alto: 160–189 mg/dl
- Fronterizo: 130–159 mg/dl
- Deseable: 100–129 mg/dl
- Óptimo: menos de 100 mg/dl (personas sanas); menos de 70 mg/dl (cardiacos)

6) El colesterol bueno (HDL)

Es otra de las fracciones del colesterol total. El término técnico es lipoproteínas de alta densidad (HDL, por sus siglas en inglés). Coloquialmente se llama "colesterol bueno" porque sus niveles elevados disminuyen el riesgo de los males cardiovasculares. A diferencia del colesterol total y el colesterol malo, lo deseable es tener valores lo más altos posible. Y en ese sentido, vale la pena cualquier esfuerzo: basta un aumento modesto para abatir las probabilidades de un infarto. Al igual que el colesterol malo, las cifras deseables de colesterol bueno cambiaron recientemente. Antes, el mínimo era de 35 mg/dl, y ahora es de 40.

- Riesgo cardiovascular: menos de 40 mg/dl (hombres) y menos de 50 mg/dl (mujeres)
- Deseable: 40 a 59 mg/dl (hombres) y más de 50 mg/dl (mujeres)
- Óptimo: 60 mg/dl o más (ambos sexos)

7) Los triglicéridos

No se trata de una variedad de colesterol, sino de grasa neutra. Es la forma en que circula la grasa por la sangre. Aunque no se acumulan en las arterias, los triglicéridos también son de peligro. Según el caso, su elevación puede representar un riesgo aún mayor que el del colesterol. Por lo tanto, mientras más bajo sea su nivel, mejor. En años pasados, 200 mg/dl se consideraba una cifra aceptable; actualmente se recomienda tener niveles menores de 150.

- Muy alto: 500 mg/dl o más
- Alto: 200–499 mg/dl
- Fronterizo: 151–199 mg/dl
- Deseable: 101–150 mg/dl
- Óptimo: 100 mg/dl o menos

8) El factor cardiovascular (FC)

Por sí mismos, los valores del colesterol total y de los colesteroles bueno y malo resultan muy significativos sobre el estado cardiovascular de un individuo. Pero se ha visto que la cifra que se obtiene dividiendo el colesterol total entre el colesterol bueno resulta aún más valiosa como pronóstico. La cifra obtenida generalmente oscila entre 3 y 7, y debe buscarse tener los valores más bajos. Averiguar esta cifra es particularmente útil para las mujeres, ya que muchas de ellas, que a primera vista tienen un colesterol total elevado, presentan al mismo tiempo altos índices de colesterol bueno. Y sólo al analizar el FC es posible de averiguar si hay o no riesgo de males cardiacos.

- Muy alto: 6 o más
- Alto: 5–5.9
- Fronterizo: 4–4.9
- Bueno: 3–3.9
- Óptimo: menor a 3

9) Las apolipoproteínas

Vale la pena mencionar que el factor cardiovascular no es la única técnica que nos permite averiguar el grado de riesgo cardiovascular. Existen otras muy eficaces, investigadas por el doctor James Maciejko. Entre ellas, la medición de componentes sanguíneos conocidos como apolipoproteínas. Se trata de las diferentes proteínas capaces de unirse al colesterol, que últimamente se han revelado como excelentes indicadores de riesgo cardiovascular.

Reciben diferentes denominaciones, como apo(a), apo(b) y apo A–I. La medición de los valores de esta última, por ejemplo, pueden resultar 2.5 veces más veraces que los del LDL, y el doble que los del FC, para predecir cardiopatías. Pero la medición de la apo A–I y de otras lipoproteínas aún no se hace de manera rutinaria en todos los laboratorios clínicos.

10) La homocisteína

De todas las posibles variables que se detectan en laboratorio para predecir riesgo cardiovascular, ésta es una de las que más pasan inadvertidas. La mejor muestra es que hasta ahora no se reporta de manera habitual, y que pocos médicos suelen encargarla como parte del "checkup". Pero más vale que usted sí la tome muy en serio. De acuerdo a investigaciones preliminares, entre 10 y un 20% de las muertes por cardiopatías se deben directamente a excesos de homocisteína en la sangre.

Y eso explica por qué muchas víctimas de infartos no tenían el colesterol elevado ni mostraban algún otro factor de riesgo. Si reprueba este examen, no se preocupe. Por lo general los excesos de homocisteína se deben a deficiencias vitamínicas fácilmente corregibles. Simplemente siga los consejos que se dan en la sección dedicada a la homocisteína.

- Muy alto: 15 mg/dl o más
- Alto: 14 mg/dl
- Normal: 10 mg/dl
- Óptimo: menor a 8 mg/dl

11) La proteína c reactiva (PcR)

Al igual que en el caso de la homocisteína, el exceso sanguíneo de este marcador podría explicar muchos casos aparentemente inexplicables de ataques cardiacos en personas "sanas". La presencia de proteína c reactiva en la sangre se asocia a procesos inflamatorios, ligados a problemas de salud como la obesidad o la artritis. Pero en personas libres de afecciones, podría estar delatando un proceso arterioesclerótico muy activo. En los hombres aumenta el riesgo de un infarto tres veces más, y en las mujeres, hasta siete veces más.

- Alto: mayor a 300 mg/dl
- Normal: menos de 300 mg/dl

12) El fibrinógeno

El fibrinógeno es uno de los múltiples componentes que producen la coagulación sanguínea. Por lo tanto, índices anormalmente elevados de este factor podrían estar señalando una mayor tendencia a la formación de coágulos. Si a esto le agregamos una mayor adhesividad de las plaquetas y una sobreproducción de tromboxanos, estarían dadas las condiciones para la formación de coágulos peligrosos, capaces de originar infartos y embolias. De ahí la importancia de averiguar sus niveles.

- Muy alto: mayor a 6 g/l
- Alto: 4.1 a 6 g/l
- Normal: 2–4 g/l
- Óptimo: 2 g/l

13) La lipoproteína (a)

Tan importante como los anteriores factores, resulta esta lipoproteína, de la que casi no se habla. Si un exceso de ella se suma a los de fibrinógeno, el pronóstico resulta mucho peor. Porque el fibrinógeno produce coágulos, y la Lp(a) evita que éstos se disuelvan. Consecuencia: los daños serán mayores, y quizá mortales.

- Muy alto: 30 mg/dl
- Alto: 27 mg/dl
- Normal: 20 mg/dl
- Óptimo: menor a 15 mg/dl

14) La ferritina

El exceso de hierro no es bueno, especialmente después de la edad madura. Pero no resulta sencillo saber cómo andamos en ese sentido. En un laboratorio clínico se detecta midiendo los niveles sanguíneos de una proteína llamada ferritina. Es particularmente importante medirse los niveles si se es varón mayor de 30 años o mujer que haya superado la menopausia. Aquí también no es conveniente tener los niveles muy por encima de lo normal. Si se superan los 200 mcg/l y además se tiene elevado el colesterol, la probabilidad de un infarto puede cuadruplicarse. La manera más rápida, sencilla y económica de deshacerse de los excesos de hierro corporal es donar (o vender) sangre.

- Riesgo cardiovascular: mayor a 200 mcg/l
- Normal: Igual o ligeramente menor a 200 mcg/dl
- Óptimo: 185 mcg/dl

Apéndices

Apéndice 1.
Verifique cuáles son sus probabilidades de sufrir un infarto

¿Sabía que adelgazar, dejar de fumar, hacer ejercicio y consumir pocas carnes rojas es bueno para su corazón, pero podría ser insuficiente para impedir un infarto? ¡Imagínese el riesgo que corren quienes ni siquiera han cumplido con uno o más de esos propósitos! Si usted ya lo ha hecho, y se siente identificado con proteger su corazón, le conviene saber lo elevado (o mínimo) que es el riesgo de un infarto en estos momentos. Averígüelo de inmediato resolviendo el test que se presenta a continuación. Sume sus puntos y vea en la siguiente página su resultado.

1) **Edad**. Actualmente tengo:

50+ años	40–49	30–39	21–29
(4 puntos)	(3)	(2)	(1)

2) **Herencia**. Sufrieron un infarto (o fallecieron por su causa):

Mi papá	Un tío o un abuelo	Dos o más de ellos	Nadie
(3 puntos)	(2)	(4)	(1)

3) **Peso corporal**. Actualmente estoy:

| Obeso (4 puntos) | Con sobrepeso (3) | En peso (2) | Delgado (1) |

4) **Alimentación**. En mi dieta consumo:

| De todo (4 puntos) | Carnes blancas (3) | Comida saludable (2) | Soy vegetariano (1) |

5) **Ejercicio**. Actualmente hago ejercicio:

| Nunca (4 puntos) | Fines de semana (3) | 2–4 veces por semana (2) | 5–7 veces (1) |

6) **Presión arterial**. Mi presión arterial es:

| Alta (4 puntos) | No sé (3) | Normal (2) | Ligeramente baja (1) |

7) **Colesterol**. Actualmente mi colesterol y triglicéridos están:

| Elevados (4 puntos) | No sé (3) | Normales (2) | Óptimos (1) |

8) **Estrés**. Actualmente estoy sujeto a estrés por:

| Mi trabajo (4 puntos) | Mi cónyuge (3) | Ambos (6) | No tengo estrés (1) |

9) **Tabaquismo**. Fumo el siguiente número de cigarros al día:

| Más de 20 (4 puntos) | 11–20 (3) | 1–10 (2) | No fumo (1) |

10) **Revisiones médicas**. Me hago un chequeo cardiovascular:

| Nunca (4 puntos) | Ocasionalmente (3) | Cada dos años (2) | Anualmente (1) |

Resultados:

- 35–42 puntos: Su riesgo es muy alto, y seguramente usted ya lo sabía. Trate de modificar las áreas en donde acumuló mayor puntaje, de acuerdo a los consejos que se dan en el presente texto.
- 25–34 puntos: Su riesgo es alto, y es hora de hacer algo. Seguramente ha ido posponiendo cambios en su vida (por ejemplo, bajar de peso, fumar menos, comer más sano), pero llegó la hora de rectificar el camino. Aquí le decimos cómo.
- 18–24 puntos: Su riesgo es promedio, pero no se confíe. Una tercera parte de los infartos le ocurren a la "gente promedio", ésa que no tiene ningún riesgo aparente. Siga con las indicaciones nutricionales de los capítulos precedentes y trate de mejorar en donde anda mal.
- 13–17 puntos: Su riesgo es bajo, pero vale la pena mejorar en las posibles áreas de riesgo. Con un esfuerzo mínimo, cosechará grandes resultados.
- 10–12 puntos: Su riesgo es mínimo, y le conviene permanecer así. Empero, si la mayor parte de su puntaje procede de sólo 2 o 3 áreas (por ejemplo, ejercicio, estrés, revisiones médicas), haga algo por reducir esos riesgos.

Nota:

Aunque este test está diseñado para cubrir las áreas de riesgo cardiovascular más importantes, no es exhaustivo. Aun habiendo obtenido un puntaje muy bajo, podrían seguir existiendo riesgos no cubiertos. Por lo tanto, se recomienda que ponga atención a las áreas en donde haya riesgo (y que se puedan modificar).

Por ejemplo, si fuma, que fume menos, o deje de hacerlo. Si es sedentario, que comience a hacer cada vez más ejercicio. Si tiene el colesterol alto, que haga modificaciones en su dieta, tome complementos nutricionales para reducirlo, o ambos, etcétera.

Apéndice 2.
Reconozca un infarto a tiempo y salve su vida

Un ataque cardiaco se produce cuando una parte del corazón se ve privada de oxígeno el tiempo suficiente como para que muera. Si el área afectada es pequeña, generalmente se logra sobrevivir. Pero si el área es extensa o muy importante, el corazón completo puede detenerse... para siempre.

Como ha podido ver, es posible hacer mucho para evitar que algo tan sombrío se cumpla. Pero siempre existirán imponderables, factores que escapan a nuestra vigilancia, o al control del cardiólogo. Y a través de tales rendijas es como se cuela un infarto en nuestras vidas. Tomemos también en cuenta que 25% de los infartos son silenciosos: no provocan síntomas o dolor. Sin embargo, con frecuencia son fatales.

La juventud no es ninguna garantía; 15% de los ataques cardiacos afectan a hombres menores de 35 años. Estar bien alimentado es de suma importancia, pero tampoco protege a 100%; hasta 10% de los infartos incide en personas que llevaban una dieta sana. La condición física tampoco es un antídoto: 7% afecta a personas que practican deporte.

Nadie quiere infartarse, pero el riesgo existe siempre. Lo mejor es estar en guardia. Y nada mejor para estar alertas que conocer bien al enemigo. Si reconocemos en nuestra persona las primeros síntomas de un ataque cardiaco, la batalla no estará perdida. Si reaccionamos con astucia y rapidez, las probabilidades de salir avante se multiplican. He aquí qué hacer y cómo.

Síntomas:

Los malestares clásicos que se relacionan con un infarto (dolor en el pecho, dolor o entumecimiento en el brazo izquierdo, dolor toráxico que irradia al cuello o los hombros) no siempre se presentan, y a veces lo hacen de manera leve y engañosa.

Por ello, también debe prestarse atención a otra serie de síntomas un poco más vagos, pero que con frecuencia preceden o acompañan a un ataque cardiaco. Preste mayor atención si presenta dos, tres o más de los siguientes síntomas:

- Fatiga
- Náusea
- Mareos
- Sudoración
- Indigestión
- Dificultad para respirar
- Inflamación en piernas, tobillos, o ambos

Si llega a reconocer estos síntomas y sospecha de un infarto, actúe con rapidez: no pierda tiempo, y solicite ayuda cuanto antes (podría perder el sentido en cualquier momento). Recuéstese o colóquese en una posición cómoda mientras lo auxilian. Controle su estrés: trate de no preocuparse demasiado. Tómese (o mastique) una aspirina.

Apéndice 3
El nivel de estrés en la vida cotidiana

Podemos definir el estrés de una manera rápida y sencilla diciendo que es "la reacción que se produce internamente en el organismo ante las exigencias de la vida". En otras palabras, el estrés es una respuesta. No es algo que exista de forma externa, sino la manera como reaccionamos a nuestro entorno. Podemos reaccionar positivamente, y el estrés será mínimo. O en forma negativa —como cuando se magnifica un problema—, y generar estrés en extremo destructivo. Eso depende de nuestra actitud mental y emocional.

Desde ese punto de vista, el estrés es algo profundamente personal y variable. Pero existe una tabla, elaborada por un par de investigadores estadounidenses, los doctores Thomas Holmes y Richard Rahe, que puede servirnos de guía para calcular el grado de estrés a que estamos sujetos en estos momentos. Si participamos en dos o más de los sucesos ahí considerados, hay que sumar los puntajes respectivos.

La escala utilizada sirve no sólo para saber lo estresados que estamos, sino también para prever los efectos de esa tensión sobre nuestra salud. De tal manera, un puntaje de 100, o más, señala que nuestra salud ya se está viendo afectada. Si fuese 160, o más, la probabilidad de enfermarse es alta; 200 o más puntos son altamente predictivos para que se presenten dolencias a corto plazo, y valdría la pena hacer todo lo posible por optimizar situaciones, negociar problemas o solucionar desaveniencias.

Suceso	Escala de estrés
Muerte del cónyuge	100
Divorcio	73
Separación matrimonial	65
Ir a prisión	63
Muerte de un familiar cercano	63
Enfermedad o accidente	53
Contraer matrimonio	50
Quedarse sin trabajo	47
Reconciliación matrimonial	45
Jubilación	45
Enfermedad de un familiar cercano	44
Embarazo	40
Problemas sexuales (como disfunción eréctil)	39
Nacimiento de un hijo	39
Ascenso o descenso en el trabajo	39
Cambios en la situación económica	38
Muerte de un amigo cercano	37
Cambio de trabajo	36
Desavenencias con el cónyuge	35
Finalización de una hipoteca o préstamo importante	31
Iniciación de una hipoteca o préstamo importante	30
Cambio de responsabilidad en el trabajo	29
Un hijo se independiza	29
Problemas legales	29
Logro de una meta importante	28
El cónyuge inicia o abandona un trabajo	26

Inicio o terminación de estudios profesionales	26
Cambio en las condiciones de vida	25
Cambio en los hábitos personales	24
Problemas laborales	23
Cambio de horario en el trabajo	20
Cambio de residencia	20
Cambio de escuela	20
Cambios en las diversiones	19
Cambios en las actividades religiosas	19
Cambios en las actividades sociales	18
Cancelación de un préstamo bancario	17
Cambio en los hábitos de descanso	16
Cambios en las reuniones familiares	15
Cambios en los hábitos alimentarios	15
Vacaciones	13
Celebración de la Navidad (o el Año Nuevo)	12
Infracción menor de la ley	11

Apéndice 4
Índice glicémico de los alimentos comunes

No todos los carbohidratos son iguales. A la hora de digerirlos y asimilarlos, algunos producen reacciones indeseables capaces de perturbar el metabolismo, y con el tiempo favorecer la aparición de problemas de salud como la obesidad, el síndrome metabólico, la hipertensión, los lípidos sanguíneos elevados y —por supuesto— los infartos. Para distinguir cuáles son los más recomendables tenemos a nuestra disposición el llamado índice glicémico (IG), una escala que va de 0 al 100 y que califica los alimentos según el grado en que afectan los niveles de la glucosa sanguínea.

Entre más alta sea la cifra, mayor será su efecto, y generalmente se acepta que los alimentos y las bebidas más recomendables están por debajo de los 50. Aunque no es exhaustiva, la presente lista enumera la mayor parte de los comunes y nos da una idea del índice glicémico de los ausentes. Los separa en cuatro grupos, y para beneficiarse con ella deberíamos evitar el consumir con frecuencia o en forma abundante los alimentos del primer grupo. Los del segundo se pueden ingerir más a menudo, pero también evitando cualquier exceso (y de preferencia consumiéndolos a la vez con alguna fuente de proteínas). Los alimentos de los dos grupos restantes no tienen restricciones.

Pan blanco de sal (bolillos, teleras)	Pan blanco (de caja, en rebanadas)
Pan dulce (de panadería)	Pastelitos y galletas dulces
Corn flakes y otros cereales de caja	Azúcar (blanca, morena, etc.)
Tortillas (de maíz y de harina)	Puré de papa
Arroz blanco	Galletas saladas (y pretzels)
Trigo o arroz inflados (cereal de caja)	Hot cakes (con miel o mermelada)
Elote (casero y de lata)	Palomitas (saladas o dulces)
Mango, plátano y sandía	Papaya amarilla
Uvas y su jugo	Barritas de granola o salvado
Pizzas	Postres y golosinas en general
Papas fritas	Frituras de maíz
Maicena	Granola (con miel)
Pasitas y ciruelas pasa	Galletas naturistas (con mascabado)
Refrescos endulzados con azúcar	Bebidas isotónicas (deportivas)
Agua de frutas (con azúcar)	Chocolate en barra (con azúcar)

Pan integral (sin azúcar añadida)	Galletas integrales (sin azúcar)
Pan multigrano (sin azúcar)	Hamburguesas
Cereales ricos en fibra (de caja)	Cereales sin azúcar (de caja)
Arroz integral o salvaje	Avena instantánea
Frijoles y chícharos	Papaya roja
Melón, piña y kiwi	Coctel de frutas (casero)
Naranja y su jugo (sin azúcar)	Yogur comercial (con azúcar)
Zanahoria y betabel	Chocolates en polvo (con azúcar)
Tortillas de maíz	Pastas integrales
Granola (sin miel)	Helados comerciales (con azúcar)
Miel de abeja o de maíz	Hamburguesas
Mijo	

Pan integral de centeno	Avena integral
Manzana (pero no su jugo)	Duraznos, peras y fresas
Garbanzos, habas y lentejas	Verduras en general
Leche de vaca y quesos	Yogur casero (sin azúcar)
Centeno y su harina integral	Plátano macho
Chocolate en barra (amargo)	Chabacanos
Agua de frutas (sin azúcar)	Salvado de trigo
Yogur comercial (sin azúcar)	Gluten

IG MUY BAJO (0–24)

Agua (natural o mineral)	Toronja y su jugo
Soya y sus derivados	Cacahuates
Carnes rojas y huevo	Carne de aves y pescado
Mantequilla y margarina	Aceites de comer
Nueces, almendra, pistaches, etc.	Ciruelas y cerezas (frescas)
Cebada y linaza	Vegetales de hoja
Refrescos dietéticos (light)	Fructosa
Endulzantes no calóricos	Sal, chiles y especias

Apéndice 5
En busca del complemento alimenticio ideal

Estamos ya en la parte final de esta obra, y a estas alturas seguramente ya comprendió la enorme importancia que reviste el enriquecer la dieta con vitaminas y minerales. El viejo consejo médico "No necesitas tomar vitaminas, con lo que comes es suficiente" es no solamente anacrónico sino arriesgado. Por su culpa se pueden producir deficiencias nutricionales que nos debiliten frente a enfermedades potencialmente graves.

Esperamos haberle proporcionado suficientes elementos para normar su criterio al respecto. Y si su decisión final es recurrir a productos comerciales que enriquezcan su dieta, la inquietud lógica debería ser qué marca usar. En cada inciso del libro en donde se mencionan nutrientes aislados se agregan las dosificaciones sugeridas. Empero, si se hace un recuento de toda esa información y con base en ella se busca un producto que satisfaga tales necesidades, no se va a encontrar ninguno.

Y la razón es simple: los multivitamínicos comunes están formulados exclusivamente para satisfacer las necesidades diarias (a veces, ni eso). Y para conferir protección confiable contra infartos y males cardiovasculares se hacen necesarias cantidades superiores. El resultado es que el multivitamínico ideal no existe. Pero le vamos a ayudar a hallar lo más cercano a uno ideal. Comience por buscar un multivitamínico que sea bueno, económico y esté bien balanceado. Asimismo, fíjese en que no tenga plantas medicinales adicionales (como ginseng o ginkgo biloba).

La razón es que dichas plantas no son nutrientes esenciales, sino medicamentos, y como tales no se deben ingerir por tiempo prolongado. Normalmente se consumen por un lapso (de uno a tres meses), y luego hay que descansar. De lo contrario, pueden desencadenarse efectos indeseables. El problema es que, mientras se descansa de los extractos botánicos, el cuerpo tampoco recibe las valiosas vitaminas y los minerales que necesita a diario. Ese inconveniente no se da con un multivitamínico exento de plantas medicinales.

Ingerir una tableta al día de uno de esos multivitamínicos sería un buen comienzo. Pero como no suelen contener cantidades idóneas de ciertos nutrientes (magnesio, cromo, selenio, vitaminas C y E, etc.), es necesario agregárselos. Y eso se hace con productos que los contienen aisladamente. Por ejemplo, agregar un complemento con cápsulas de vitamina E de 400 UI. Otro con 500 mg de vitamina C por tableta. Otro con 400 mg de magnesio, otro con 200 mcg de cromo, otro más con 100 mcg de selenio, y así sucesivamente.

Según sea el factor de riesgo que se quiera cubrir, serán los nutrientes que se agreguen (mayor información en los incisos de la primera parte del libro). Hacer esto necesariamente incrementa el monto destinado a los complementos, es cierto. Pero es inevitable si se desea estar bien nutrido. Piense en esta erogación no como en un gasto, sino como una inversión. Las inversiones bancarias reditúan intereses monetarios. Este otro tipo de inversión le reditúará en salud y vida.

Una vez que las arterias están tapadas y se hace necesaria una derivación cardiaca cuyo costo (unos 50 mil dólares) no cubre la mayoría de los seguros médicos, ¿qué no se daría por haber hecho algo a tiempo para que esto no sucediera? Aun el costo de la estancia en una unidad hospitalaria de cuidados intensivos para ser atendido de una emergencia cardiaca es mucho más elevado que lo que se pudo haber invertido en complementos nutricionales. Y si el infarto fue fatal... pues ya no hubo tiempo para arrepentirse.

Por lo tanto, le recomendamos tomar en serio nuestra sugerencia de utilizar productos nutricionales. Como le decimos, un buen comienzo es ingerir un multivitamínico a diario. Y para que se ayude a elegir el más adecuado, presentamos a continuación ejemplos de diferentes opciones. Estúdielas, compárelas y téngalas en cuenta la siguiente vez que elija un multivitamínico.

QUIÉN ES QUIÉN ENTRE LOS MULTIVITAMÍNICOS

Ingrediente	Más recomendable	Menos recomendable	El menos recomendable
Vitamina A (retinol)	Sí contiene	Sí contiene	Sí contiene
Vitamina B (tiamina)	Sí contiene	Sí contiene	Sí contiene
Vitamina B (riboflavina)	Sí contiene	Sí contiene	Sí contiene
Vitamina B (niacina)	Sí contiene	Sí contiene	Sí contiene
Vitamina B (pantotenato)	Sí contiene	Sí contiene	No contiene
Vitamina B (piridoxina)	Sí contiene	Sí contiene	Sí contiene
Vitamina B (cobalamina)	Sí contiene	Sí contiene	Sí contiene
Ácido fólico	Sí contiene	Sí contiene	No contiene
Biotina	Sí contiene	Sí contiene	No contiene

Colina	Sí contiene	No contiene	No contiene
Inositol	Sí contiene	No contiene	No contiene
Betacaroteno	Sí contiene	No contiene	No contiene
Vitamina C (ácido ascórbico)	Sí contiene	Sí contiene	Sí contiene
Vitamina D (calciferol)	Sí contiene	Sí contiene	Sí contiene
Vitamina E (alfa tocoferol)	Sí contiene	Sí contiene	Sí contiene
Vitamina E (alfa tocoferol)	Sí contiene	Sí contiene	No contiene
Vitamina K (menaquinonas)	Sí contiene	Sí contiene	No contiene
Calcio	Sí contiene	Sí contiene	Sí contiene
Magnesio	Sí contiene	Sí contiene	Sí contiene
Hierro	Sí contiene	10 miligramos	18 miligramos
Cobre	Sí contiene	Sí contiene	Sí contiene
Zinc	Sí contiene	Sí contiene	Sí contiene
Manganeso	Sí contiene	Sí contiene	Sí contiene
Molibdeno	Sí contiene	Sí contiene	Sí contiene
Cromo	50 microgramos	20 microgramos	No contiene
Selenio	50 microgramos	20 microgramos	No contiene
Yodo	Sí contiene	Sí contiene	Sí contiene
Ginseng	No contiene	Sí contiene	Sí contiene
Ginko biloba	No contiene	No contiene	Sí contiene

Apéndice 6
Valores deseables de los componentes sanguíneos que afectan la salud cardiovascular

Existe una serie de sustancias corporales susceptibles de medirse en laboratorio clínico, y que influyen sobre la salud del sistema circulatorio. Los más conocidos son el colesterol total, los colesteroles bueno y malo, y los triglicéridos. Pero tenerlos normales ya no es suficiente para estar tranquilos. Se han ido añadiendo otros factores bioquímicos tanto o más importantes que los anteriores, a los cuales conviene conocer y estar familiarizados con sus valores óptimos. A continuación se enumeran algunos de los que se deberían tener siempre presentes.

Factor	Valor óptimo	Valor promedio	Valor de riesgo
Colesterol total	Menor a 200 mg/dl	201-230 mg/dl	Mayor a 240 mg/dl
Colesterol malo (LDL)	Menor a 100 mg/ldl	101-129 mg/dl	Mayor a 130 mg/dl

Colesterol bueno (HDL)	Mayor a 60 mg/dl (ambos sexos)	50 mg/dl (mujeres) 40 mg/dl (hombres)	Menor a 50 mg/dl (mujeres) Menor a 40 mg/dl (hombres)
Triglicéridos	Menor a 100 mg/dl	100-200 mg/dl	Mayor a 200 mg/dl
Factor cardiovascular	Menor a 3	4-5	Mayor a 5
Homocisteína	8 mg/dl o menos	10-12 mg/dl	Mayor a 14
Ácido úrico	7 mg/dl o menos	7 mg/dl	Mayor a 7 mg/dl
Glucosa	Menor a 100 mg/dl	101-120 mg/dl	Mayor a 120 mg/dl
Insulina	10 mU/ml	12-20 mU/ml	Mayor a 10 mU/ml
Fibrinógeno	2 g/dl	3-4 g/dl	Mayor a 4 g/dl
Proteína C reactiva	Menor a 300 mg/dl	300 mg/dl	Mayor a 300 mg/dl
Lipoproteína (a)	Menor a 15 mg/dl	18-20 mg/dl	Mayor a 20 mg/dl
Ferritina	185 mcg/dl	200 mcg/dl	Mayor a 200 mcg/dl

Buena nutrición, cero infartos, de Erwin Möller
se terminó de imprimir en enero del 2008
en los talleres de Litográfica Ingramex, S.A. de C.V.
Centeno 162, Col. Granjas Esmeralda
Del. Iztapalapa C.P. 09810
México, D.F.

Democratizing Innovation

Democratizing Innovation

Eric von Hippel

The MIT Press
Cambridge, Massachusetts
London, England

First MIT Press paperback edition, 2006

MIT Press books may be purchased at special quantity discounts for business or sales promotional use. For information, please email special_sales@mitpress.mit.edu or write to Special Sales Department, The MIT Press, 55 Hayward Street, Cambridge, MA 02142.

Set in Stone sans and Stone serif by The MIT Press. Printed and bound in the United States of America.

Library of Congress Cataloging-in-Publication Data

Hippel, Eric von.
Democratizing innovation / Eric von Hippel.
p. cm.
Includes bibliographical references and index.
ISBN-13 978-0-262-00274-5 (alk. paper), 978-0-262-72047-2 (pbk. : alk. paper)
ISBN 0-262-00274-4 (alk. paper), 0-262-72047-7 (pbk. : alk. paper)
1. Technological innovations—Economic aspects. 2. Diffusion of innovations.
3. Democracy. I. Title.
HC79.T4H558 2005
338'.064—dc22   2004061060

10 9 8 7

Dedicated to all who are building the information commons.

Contents

Acknowledgements

Early in my research on the democratization of innovation I was very fortunate to gain five major academic mentors and friends. Nathan Rosenberg, Richard Nelson, Zvi Griliches, Edwin Mansfield, and Ann Carter all provided crucial support as I adopted economics as the organizing framework and toolset for my work. Later, I collaborated with a number of wonderful co-authors, all of whom are friends as well: Stan Finkelstein, Nikolaus Franke, Dietmar Harhoff, Joachim Henkel, Cornelius Herstatt, Ralph Katz, Georg von Krogh, Karim Lakhani, Gary Lilien, Christian Luthje, Pamela Morrison, William Riggs, John Roberts, Stephan Schrader, Mary Sonnack, Stefan Thomke, Marcie Tyre, and Glen Urban. Other excellent research collaborators and friends of long standing include Carliss Baldwin, Susumu Ogawa, Sonali Shah, Sarah Slaughter, and Lars Jeppesen.

At some point as interest in a topic grows, there is a transition from dyadic academic relationships to a real research community. In my case, the essential person in enabling that transition was my close friend and colleague Dietmar Harhoff. He began to send wonderful Assistant Professors (*Habilitanden*) over from his university, Ludwig Maximilians Universität in Munich, to do collaborative research with me as MIT Visiting Scholars. They worked on issues related to the democratization of innovation while at MIT and then carried on when they returned to Europe. Now they are training others in their turn.

I have also greatly benefited from close contacts with colleagues in industry. As Director of the MIT Innovation Lab, I work together with senior innovation managers in just a few companies to develop and try out innovation tools in actual company settings. Close intellectual colleagues and friends of many years standing in this sphere include Jim Euchner from Pitney-Bowes, Mary Sonnack and Roger Lacey from 3M, John Wright from IFF, Dave Richards from Nortel Networks, John Martin from Verizon, Ben Hyde from the Apache Foundation, Brian Behlendorf from the Apache Foundation and CollabNet, and Joan Churchill and Susan Hiestand from Lead User Concepts. Thank you so much for the huge (and often humbling) insights that your and our field experimentation has provided!

I am also eager to acknowledge and thank my family for the joy and learning they experience and share with me. My wife Jessie is a professional editor and edited my first book in a wonderful way. For this book, however, time devoted to bringing up the children made a renewed editorial collaboration impossible. I hope the reader will not suffer unduly as a consequence! My children Christiana Dagmar and Eric James have watched me work on the book—indeed they could not avoid it as I often write at home. I hope they have been drawing the lesson that academic research can be really fun. Certainly, that is the lesson I drew from my father, Arthur von Hippel. He wrote his books in his study upstairs when I was a child and would often come down to the kitchen for a cup of coffee. In transit, he would throw up his hands and say, to no one in particular, "*Why* do I choose to work on such difficult problems?" And then he would look deeply happy. Dad, I noticed the smile!

Finally my warmest thanks to my MIT colleagues and students and also to MIT as an institution. MIT is a really inspiring place to work and learn from others. We all understand the requirements for good research and learning, and we all strive to contribute to a very supportive academic environment. And, of course, new people are always showing up with new and interesting ideas, so fun and learning are always being renewed!

Democratizing Innovation

1 | Introduction and Overview

When I say that innovation is being democratized, I mean that users of products and services—both firms and individual consumers—are increasingly able to innovate for themselves. User-centered innovation processes offer great advantages over the manufacturer-centric innovation development systems that have been the mainstay of commerce for hundreds of years. Users that innovate can develop exactly what they want, rather than relying on manufacturers to act as their (often very imperfect) agents. Moreover, individual users do not have to develop everything they need on their own: they can benefit from innovations developed and freely shared by others.

The trend toward democratization of innovation applies to information products such as software and also to physical products. As a quick illustration of the latter, consider the development of high-performance windsurfing techniques and equipment in Hawaii by an informal user group. High-performance windsurfing involves acrobatics such as jumps and flips and turns in mid-air. Larry Stanley, a pioneer in high-performance windsurfing, described the development of a major innovation in technique and equipment to Sonali Shah:

In 1978 Jürgen Honscheid came over from West Germany for the first Hawaiian World Cup and discovered jumping, which was new to him, although Mike Horgan and I were jumping in 1974 and 1975. There was a new enthusiasm for jumping and we were all trying to outdo each other by jumping higher and higher. The problem was that . . . the riders flew off in mid-air because there was no way to keep the board with you—and as a result you hurt your feet, your legs, and the board.

Then I remembered the "Chip," a small experimental board we had built with footstraps, and thought "it's dumb not to use this for jumping." That's when I first started jumping with footstraps and discovering controlled flight. I could go so much faster than I ever thought and when you hit a wave it was like a motorcycle rider hitting a ramp; you just flew into the air. All of a sudden not only could you fly into the air, but you could land the thing, and not only that, but you could change direction in the air!

The whole sport of high-performance windsurfing really started from that. As soon as I did it, there were about ten of us who sailed all the time together and within one or two days there were various boards out there that had footstraps of various kinds on them, and we were all going fast and jumping waves and stuff. It just kind of snowballed from there. (Shah 2000)

By 1998, more than a million people were engaged in windsurfing, and a large fraction of the boards sold incorporated the user-developed innovations for the high-performance sport.

The user-centered innovation process just illustrated is in sharp contrast to the traditional model, in which products and services are developed by manufacturers in a closed way, the manufacturers using patents, copyrights, and other protections to prevent imitators from free riding on their innovation investments. In this traditional model, a user's only role is to have needs, which manufacturers then identify and fill by designing and producing new products. The manufacturer-centric model does fit some fields and conditions. However, a growing body of empirical work shows that users are the first to develop many and perhaps most new industrial and consumer products. Further, the contribution of users is growing steadily larger as a result of continuing advances in computer and communications capabilities.

In this book I explain in detail how the emerging process of user-centric, democratized innovation works. I also explain how innovation by users provides a very necessary complement to and feedstock for manufacturer innovation.

The ongoing shift of innovation to users has some very attractive qualities. It is becoming progressively easier for many users to get precisely what they want by designing it for themselves. And innovation by users appears to increase social welfare. At the same time, the ongoing shift of product-development activities from manufacturers to users is painful and difficult for many manufacturers. Open, distributed innovation is "attacking" a major structure of the social division of labor. Many firms and industries must make fundamental changes to long-held business models in order to adapt. Further, governmental policy and legislation sometimes preferentially supports innovation by manufacturers. Considerations of social welfare suggest that this must change. The workings of the intellectual property system are of special concern. But despite the difficulties, a democratized and user-centric system of innovation appears well worth striving for.

Users, as the term will be used in this book, are firms or individual consumers that expect to benefit from *using* a product or a service. In contrast, manufacturers expect to benefit from *selling* a product or a service. A firm or an individual can have different relationships to different products or innovations. For example, Boeing is a manufacturer of airplanes, but it is also a user of machine tools. If we were examining innovations developed by Boeing for the airplanes it sells, we would consider Boeing a manufacturer-innovator in those cases. But if we were considering innovations in metal-forming machinery developed by Boeing for in-house use in building airplanes, we would categorize those as user-developed innovations and would categorize Boeing as a user-innovator in those cases.

Innovation user and innovation manufacturer are the two general "functional" relationships between innovator and innovation. Users are unique in that they alone benefit *directly* from innovations. All others (here lumped under the term "manufacturers") must sell innovation-related products or services to users, indirectly or directly, in order to profit from innovations. Thus, in order to profit, inventors must sell or license knowledge related to innovations, and manufacturers must sell products or services incorporating innovations. Similarly, suppliers of innovation-related materials or services—unless they have direct use for the innovations—must sell the materials or services in order to profit from the innovations.

The user and manufacturer categorization of relationships between innovator and innovation can be extended to specific functions, attributes, or features of products and services. When this is done, it may turn out that different parties are associated with different attributes of a particular product or service. For example, householders are the users of the switching attribute of a household electric light switch—they use it to turn lights on and off. However, switches also have other attributes, such as "easy wiring" qualities, that may be used only by the electricians who install them. Therefore, if an electrician were to develop an improvement to the installation attributes of a switch, it would be considered a user-developed innovation.

A brief overview of the contents of the book follows.

Development of Products by Lead Users (Chapter 2)

Empirical studies show that many users—from 10 percent to nearly 40 percent—engage in developing or modifying products. About half of these studies do not determine representative innovation frequencies; they were designed for other purposes. Nonetheless, when taken together, the findings make it very clear that users are doing a *lot* of product modification and product development in many fields.

Studies of innovating users (both individuals and firms) show them to have the characteristics of "lead users." That is, they are ahead of the majority of users in their populations with respect to an important market trend, and they expect to gain relatively high benefits from a solution to the needs they have encountered there. The correlations found between innovation by users and lead user status are highly significant, and the effects are very large.

Since lead users are at the leading edge of the market with respect to important market trends, one can guess that many of the novel products they develop for their own use will appeal to other users too and so might provide the basis for products manufacturers would wish to commercialize. This turns out to be the case. A number of studies have shown that many of the innovations reported by lead users are judged to be commercially attractive and/or have actually been commercialized by manufacturers.

Research provides a firm grounding for these empirical findings. The two defining characteristics of lead users and the likelihood that they will develop new or modified products have been found to be highly correlated (Morrison et al. 2004). In addition, it has been found that the higher the intensity of lead user characteristics displayed by an innovator, the greater the commercial attractiveness of the innovation that the lead user develops (Franke and von Hippel 2003a). In figure 1.1, the increased concentration of innovations toward the right indicates that the likelihood of innovating is higher for users having higher lead user index values. The rise in average innovation attractiveness as one moves from left to right indicates that innovations developed by lead users tend to be more commercially attractive. (Innovation attractiveness is the sum of the novelty of the innovation and the expected future generality of market demand.)

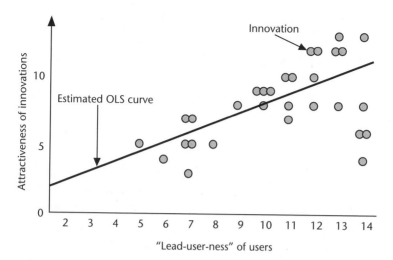

Figure 1.1
User-innovators with stronger "lead user" characteristics develop innovations having higher appeal in the general marketplace. Estimated OLS function: $Y = 2.06 + 0.57x$, where Y represents attractiveness of innovation and x represents lead-user-ness of respondent. Adjusted $R^2 = 0.281$; $p = 0.002$; $n = 30$. Source of data: Franke and von Hippel 2003.

Why Many Users Want Custom Products (Chapter 3)

Why do so many users develop or modify products for their own use? Users may innovate if and as they want something that is not available on the market and are able and willing to pay for its development. It is likely that many users do not find what they want on the market. Meta-analysis of market-segmentation studies suggests that users' needs for products are highly heterogeneous in many fields (Franke and Reisinger 2003).

Mass manufacturers tend to follow a strategy of developing products that are designed to meet the needs of a large market segment well enough to induce purchase from and capture significant profits from a large number of customers. When users' needs are heterogeneous, this strategy of "a few sizes fit all" will leave many users somewhat dissatisfied with the commercial products on offer and probably will leave some users seriously dissatisfied. In a study of a sample of users of the security features of Apache web server software, Franke and von Hippel (2003b) found that users had a very high heterogeneity of need, and that many had a high willingness to pay to get precisely what they wanted. Nineteen percent of the users sampled actually innovated to tailor Apache more closely to their needs. Those who did were found to be significantly more satisfied.

Users' Innovate-or-Buy Decisions (Chapter 4)

Even if many users want "exactly right products" and are willing and able to pay for their development, why do users often do this for themselves rather than hire a custom manufacturer to develop a special just-right product for them? After all, custom manufacturers specialize in developing products for one or a few users. Since these firms are specialists, it is possible that they could design and build custom products for individual users or user firms faster, better, or cheaper than users could do this for themselves. Despite this possibility, several factors can drive users to innovate rather than buy. Both in the case of user firms and in the case of individual user-innovators, agency costs play a major role. In the case of individual user-innovators, enjoyment of the innovation process can also be important.

With respect to agency costs, consider that when a user develops its own custom product that user can be trusted to act in its own best interests. When a user hires a manufacturer to develop a custom product, the situation is more complex. The user is then a principal that has hired the custom manufacturer to act as its agent. If the interests of the principal and the agent are not the same, there will be agency costs. In general terms, agency costs are (1) costs incurred to monitor the agent to ensure that it (or he or she) follows the interests of the principal, (2) the cost incurred by the agent to commit itself not to act against the principal's interest (the "bonding cost"), and (3) costs associated with an outcome that does not fully serve the interests of the principal (Jensen and Meckling 1976). In the specific instance of product and service development, a major divergence of interests between user and custom manufacturer does exist: the user wants to get precisely what it needs, to the extent that it can afford to do so. In contrast, the custom manufacturer wants to lower its development costs by incorporating solution elements it already has or that it predicts others will want in the future—even if by doing so it does not serve its present client's needs as well as it could.

A user wants to preserve its need specification because that specification is chosen to make *that user's* overall solution quality as high as possible at the desired price. For example, an individual user may specify a mountain-climbing boot that will precisely fit his unique climbing technique and allow him to climb Everest more easily. Any deviations in boot design will require compensating modifications in the climber's carefully practiced and deeply ingrained climbing technique—a much more costly solution from the user's point of view. A custom boot manufacturer, in contrast, will have a strong incentive to incorporate the materials and processes it has in stock and expects to use in future even if this produces a boot that is not precisely right for the present customer. For example, the manufacturer will not want to learn a new way to bond boot components together even if that would produce the best custom result for one client. The net result is that when one or a few users want something special they will often get the best result by innovating for themselves.

A small model of the innovate-or-buy decision follows. This model shows in a quantitative way that user firms with unique needs will always be better off developing new products for themselves. It also shows that development by manufacturers can be the most economical option when n or more user firms want the same thing. However, when the number of user firms wanting the same thing falls between 1 and n, manufacturers may not find it profitable to develop a new product for just a few users. In that case, more than one user may invest in developing the same thing independently, owing to market failure. This results in a waste of resources from the point of view of social welfare. The problem can be addressed by new institutional forms, such as the user innovation communities that will be studied later in this book.

Chapter 4 concludes by pointing out that an additional incentive can drive individual user-innovators to innovate rather than buy: they may value the *process* of innovating because of the enjoyment or learning that it brings them. It might seem strange that user-innovators can enjoy product development enough to want to do it themselves—after all, manufacturers pay their product developers to do such work! On the other hand, it is also clear that enjoyment of problem solving is a motivator for many individual problem solvers in at least some fields. Consider for example the millions of crossword-puzzle aficionados. Clearly, for these individuals enjoyment of the problem-solving process rather than the solution is the goal. One can easily test this by attempting to offer a puzzle solver a completed puzzle—the very output he or she is working so hard to create. One will very likely be rejected with the rebuke that one should not spoil the fun! Pleasure as a motivator can apply to the development of commercially useful innovations as well. Studies of the motivations of volunteer contributors of code to widely used software products have shown that these individuals too are often strongly motivated to innovate by the joy and learning they find in this work (Hertel et al. 2003; Lakhani and Wolf 2005).

Users' Low-Cost Innovation Niches (Chapter 5)

An exploration of the basic processes of product and service development show that users and manufacturers tend to develop different *types* of innovations. This is due in part to information asymmetries: users and manufacturers tend to know different things. Product developers need two types of information in order to succeed at their work: need and context-of-use information (generated by users) and generic solution information (often initially generated by manufacturers specializing in a particular type of solution). Bringing these two types of information together is not easy. Both need information and solution information are often very "sticky"—that is, costly to move from the site where the information was generated to other sites. As a result, users generally have a more accurate and more detailed model of their needs than manufacturers have, while manufacturers have a better model of the solution approach in which they specialize than the user has.

When information is sticky, innovators tend to rely largely on information they already have in stock. One consequence of the information asymmetry between users and manufacturers is that users tend to develop innovations that are functionally novel, requiring a great deal of user-need information and use-context information for their development. In contrast, manufacturers tend to develop innovations that are improvements on well-known needs and that require a rich understanding of solution information for their development. For example, firms that use inventory-management systems, such as retailers, tend to be the developers of new approaches to inventory management. In contrast, manufacturers of inventory-management systems and equipment tend to develop improvements to the equipment used to implement these user-devised approaches (Ogawa 1998).

If we extend the information-asymmetry argument one step further, we see that information stickiness implies that information on hand will also differ among *individual* users and manufacturers. The information assets of some particular user (or some particular manufacturer) will be closest to what is required to develop a particular innovation, and so the cost of developing that innovation will be relatively low for that user or manufacturer. The net result is that user innovation activities will be *distributed* across many users according to their information endowments. With respect to innovation, one user is by no means a perfect substitute for another.

Why Users Often Freely Reveal Their Innovations (Chapter 6)

The social efficiency of a system in which individual innovations are developed by individual users is increased if users somehow diffuse what they have developed to others. Manufacturer-innovators *partially* achieve this when they sell a product or a service on the open market (partially because they diffuse the product incorporating the innovation, but often not all the information that others would need to fully understand and replicate it). If user-innovators do not somehow also diffuse what they have done, multiple users with very similar needs will have to independently develop very similar innovations—a poor use of resources from the viewpoint of social welfare. Empirical research shows that users often do achieve widespread diffusion by an unexpected means: they often "freely reveal" what they have developed. When we say that an innovator freely reveals information about a product or service it has developed, we mean that all intellectual property rights to that information are voluntarily given up by the innovator, and all interested parties are given access to it—the information becomes a public good.

The empirical finding that users often freely reveal their innovations has been a major surprise to innovation researchers. On the face of it, if a user-innovator's proprietary information has value to others, one would think that the user would strive to prevent free diffusion rather than help others to free ride on what it has developed at private cost. Nonetheless, it is now very clear that individual users and user firms—and sometimes manufacturers—often freely reveal detailed information about their innovations.

The practices visible in "open source" software development were important in bringing this phenomenon to general awareness. In these projects it was clear *policy* that project contributors would routinely and systematically freely reveal code they had developed at private expense (Raymond 1999). However, free revealing of product innovations has a history that began long before the advent of open source software. Allen, in his 1983 study of the eighteenth-century iron industry, was probably the first to consider the phenomon systematically. Later, Nuvolari (2004) discussed free revealing in the early history of mine pumping engines. Contemporary free revealing by users has been documented by von Hippel and Finkelstein (1979) for medical equipment, by Lim (2000) for semiconductor process equipment, by Morrison, Roberts, and von Hippel (2000) for library information systems, and by Franke and Shah (2003) for sporting equipment. Henkel (2003) has documented free revealing among manufacturers in the case of embedded Linux software.

Innovators often freely reveal because it is often the best or the only practical option available to them. Hiding an innovation as a trade secret is unlikely to be successful for long: too many generally know similar things, and some holders of the "secret" information stand to lose little or nothing by freely revealing what they know. Studies find that innovators in many fields view patents as having only limited value. Copyright protection and copyright licensing are applicable only to "writings," such as books, graphic images, and computer software.

Active efforts by innovators to freely reveal—as opposed to sullen acceptance—are explicable because free revealing can provide innovators with significant private benefits as well as losses or risks of loss. Users who freely reveal what they have done often find that others then improve or suggest improvements to the innovation, to mutual benefit (Raymond 1999). Freely revealing users also may benefit from enhancement of reputation, from positive network effects due to increased diffusion of their innovation, and from other factors. Being the first to freely reveal a particular innovation can also enhance the benefits received, and so there can actually be a rush to reveal, much as scientists rush to publish in order to gain the benefits associated with being the first to have made a particular advancement.

Innovation Communities (Chapter 7)

Innovation by users tends to be widely distributed rather than concentrated among just a very few very innovative users. As a result, it is important for user-innovators to find ways to combine and leverage their efforts. Users achieve this by engaging in many forms of cooperation. Direct, informal user-to-user cooperation (assisting others to innovate, answering questions, and so on) is common. Organized cooperation is also common, with users joining together in networks and communities that provide useful structures and tools for their interactions and for the distribution of innovations. Innovation communities can increase the speed and effectiveness with which users and also manufacturers can develop and test and diffuse their innovations. They also can greatly increase the ease with which innovators can build larger systems from interlinkable modules created by community participants.

Free and open source software projects are a relatively well-developed and very successful form of Internet-based innovation community. However, innovation communities are by no means restricted to software or even to information products, and they can play a major role in the development of physical products. Franke and Shah (2003) have documented the value that user innovation communities can provide to user-innovators developing physical products in the field of sporting equipment. The analogy to open source innovation communities is clear.

The collective or community effort to provide a public good—which is what freely revealed innovations are—has traditionally been explored in the literature on "collective action." However, behaviors seen in extant innovation communities fail to correspond to that literature at major points. In essence, innovation communities appear to be more robust with respect to recruiting and rewarding members than the literature would predict. Georg von Krogh and I attribute this to innovation contributors' obtaining some private rewards that are not shared equally by free riders (those who take without contributing). For example, a product that a user-innovator develops and freely reveals might be perfectly suited to that user-innovator's requirements but less well suited to the requirements of free riders. Innovation communities thus illustrate a "private-collective" model of innovation incentive (von Hippel and von Krogh 2003).

Adapting Policy to User Innovation (Chapter 8)

Is innovation by users a "good thing?" Welfare economists answer such a question by studying how a phenomenon or a change affects social welfare. Henkel and von Hippel (2005) explored the social welfare implications of user innovation. They found that, relative to a world in which only manufacturers innovate, social welfare is very probably increased by the presence of innovations freely revealed by users. This finding implies that policy making should support user innovation, or at least should ensure that legislation and regulations do not favor manufacturers at the expense of user-innovators.

The transitions required of policy making to achieve neutrality with respect to user innovation vs. manufacturer innovation are significant. Consider the impact on open and distributed innovation of past and current policy decisions. Research done in the past 30 years has convinced many academics that intellectual property law is sometimes or often not having its intended effect. Intellectual property law was intended to increase the amount of innovation investment. Instead, it now appears that there are economies of scope in both patenting and copyright that allow firms to use these forms of intellectual property law in ways that are directly opposed to the intent of policy makers and to the public welfare. Major firms can invest to develop large portfolios of patents. They can then use these to create "patent thickets"—dense networks of patent claims that give them plausible grounds for threatening to sue across a wide range of intellectual property. They may do this to prevent others from introducing a superior innovation and/or to demand licenses from weaker competitors on favorable terms (Shapiro 2001). Movie, publishing, and software firms can use large collections of copyrighted work to a similar purpose (Benkler 2002). In view of the distributed nature of innovation by users, with each tending to create a relatively small amount of intellectual property, users are likely to be disadvantaged by such strategies.

It is also important to note that users (and manufacturers) tend to build prototypes of their innovations economically by modifying products already available on the market to serve a new purpose. Laws such as the (US) Digital Millennium Copyright Act, intended to prevent consumers from illegally copying protected works, also can have the unintended side effect of preventing users from modifying products that they purchase (Varian 2002). Both fairness and social welfare considerations suggest that innovation-related policies should be made neutral with respect to the sources of innovation.

It may be that current impediments to user innovation will be solved by legislation or by policy making. However, beneficiaries of existing law and policy will predictably resist change. Fortunately, a way to get around some of these problems is in the hands of innovators themselves. Suppose many innovators in a particular field decide to freely reveal what they have developed, as they often have reason to do. In that case, users can collectively create an information commons (a collection of information freely available to all) containing substitutes for some or a great deal of information now held as private intellectual property. Then user-innovators can work around the strictures of intellectual property law by simply using these freely revealed substitutes (Lessig 2001). This is essentially what is happening in the field of software. For many problems, user-innovators in that field now have a choice between proprietary, closed software provided by Microsoft and other firms and open source software that they can legally download from the Internet and legally modify to serve their own specific needs.

Policy making that levels the playing field between users and manufacturers will force more rapid change onto manufacturers but will by no means destroy them. Experience in fields where open and distributed innovation processes are far advanced show how manufacturers can and do adapt. Some, for example, learn to supply proprietary platform products that offer user-innovators a framework upon which to develop and use their improvements.

Democratizing Innovation (Chapter 9)

Users' ability to innovate is improving *radically* and *rapidly* as a result of the steadily improving quality of computer software and hardware, improved access to easy-to-use tools and components for innovation, and access to a steadily richer innovation commons. Today, user firms and even individual hobbyists have access to sophisticated programming tools for software and sophisticated CAD design tools for hardware and electronics. These information-based tools can be run on a personal computer, and they are rapidly coming down in price. As a consequence, innovation by users will continue to grow even if the degree of heterogeneity of need and willingness to invest in obtaining a precisely right product remains constant.

Equivalents of the innovation resources described above have long been available within corporations to a few. Senior designers at firms have long been supplied with engineers and designers under their direct control, and with the resources needed to quickly construct and test prototype designs. The same is true in other fields, including automotive design and clothing design: just think of the staffs of engineers and modelmakers supplied so that top auto designers can quickly realize and test their designs.

But if, as we have seen, the information needed to innovate in important ways is widely distributed, the traditional pattern of concentrating innovation-support resources on a few individuals is hugely inefficient. High-cost resources for innovation support cannot efficiently be allocated to "the right people with the right information:" it is very difficult to know who these people may be before they develop an innovation that turns out to have general value. When the cost of high-quality resources for design and prototyping becomes very low (the trend we have described), these resources can be diffused very widely, and the allocation problem diminishes in significance. The net result is and will be to democratize the opportunity to create.

On a level playing field, users will be an increasingly important source of innovation and will increasingly substitute for or complement manufacturers' innovation-related activities. In the case of information products, users have the possibility of largely or completely doing without the services of manufacturers. Open source software projects are object lessons that teach us that users can create, produce, diffuse, provide user field support for, update, and use complex products by and for themselves in the context of user innovation communities. In physical product fields, product development by users can evolve to the point of largely or totally supplanting product development—but not product manufacturing—by manufacturers. (The economies of scale associated with manufacturing and distributing physical products give manufacturers an advantage over "do-it-yourself" users in those activities.)

The evolving pattern of the locus of product development in kitesurfing illustrates how users can displace manufacturers from the role of product developer. In that industry, the collective product-design and testing work of a user innovation community has clearly become superior in both quality and quantity relative to the levels of in-house development effort that manufacturers of kitesurfing equipment can justify. Accordingly, manufacturers of such equipment are increasingly shifting away from product design and focusing on producing product designs first developed and tested by user innovation communities.

How can or should manufacturers adapt to users' encroachment on elements of their traditional business activities? There are three general possibilities: (1) Produce user-developed innovations for general commercial sale and/or offer custom manufacturing to specific users. (2) Sell kits of product-design tools and/or "product platforms" to ease users' innovation-related tasks. (3) Sell products or services that are complementary to user-developed innovations. Firms in fields where users are already very active in product design are experimenting with all these possibilities.

Application: Searching for Lead User Innovations (Chapter 10)

Manufacturers design their innovation processes around the way they think the process works. The vast majority of manufacturers still think that product development and service development are always done by manufacturers, and that their job is always to find a need and fill it rather than to sometimes find and commercialize an innovation that lead users have already developed. Accordingly, manufacturers have set up market-research departments to explore the needs of users in the target market, product-development groups to think up suitable products to address those needs, and so forth. The needs and prototype solutions of lead users—if encountered at all—are typically rejected as outliers of no interest. Indeed, when lead users' innovations do enter a firm's product line—and they have been shown to be the actual source of many major innovations for many firms—they typically arrive with a lag and by an unconventional and unsystematic route. For example, a manufacturer may "discover" a lead user innovation only when the innovating user firm contacts the manufacturer with a proposal to produce its design in volume to supply its own in-house needs. Or sales or service people employed by a manufacturer may spot a promising prototype during a visit to a customer's site.

Modification of firms' innovation processes to *systematically* search for and further develop innovations created by lead users can provide manufacturers with a better interface to the innovation process as it actually works, and so provide better performance. A natural experiment conducted at 3M illustrates this possibility. Annual sales of lead user product ideas generated by the average lead user project at 3M were conservatively forecast by management to be more than 8 times the sales forecast for new products developed in the traditional manner—$146 million versus $18 million per year. In addition, lead user projects were found to generate ideas for new product lines, while traditional market-research methods were found to produce ideas for incremental improvements to existing product lines. As a consequence, 3M divisions funding lead user project ideas experienced their highest rate of major product line generation in the past 50 years (Lilien et al. 2002).

Application: Toolkits for User Innovation and Custom Design (Chapter 11)

Firms that understand the distributed innovation process and users' roles in it can *change* factors affecting lead user innovation and so affect its rate and direction in ways they value. Toolkits for user innovation custom design offer one way of doing this. This approach involves partitioning product-development and service-development projects into solution-information-intensive subtasks and need-information-intensive subtasks. Need-intensive subtasks are then assigned to users along with a kit of tools that enable them to effectively execute the tasks assigned to them. The resulting co-location of sticky information and problem-solving activity makes innovation within the solution space offered by a particular toolkit cheaper for users. It accordingly attracts them to the toolkit and so influences what they develop and how they develop it. The custom semiconductor industry was an early adopter of toolkits. In 2003, more than $15 billion worth of semiconductors were produced that had been designed using this approach.

Manufacturers that adopt the toolkit approach to supporting and channeling user innovation typically face major changes in their business models, and important changes in industry structure may also follow. For example, as a result of the introduction of toolkits to the field of semiconductor manufacture, custom semiconductor manufacturers—formerly providers of both design and manufacturing services to customers—lost much of the work of custom product design to customers. Many of these manufacturers then became specialist silicon foundries, supplying production services primarily. Manufacturers may or may not wish to make such changes. However, experience in fields where toolkits have been deployed shows that customers tend to prefer designing their own custom products with the aid of a toolkit over traditional manufacturer-centric development practices. As a consequence, the only real choice for manufacturers in a field appropriate to the deployment of toolkits may be whether to lead or to follow in the transition to toolkits.

Linking User Innovation to Other Phenomena and Fields (Chapter 12)

In chapter 12 I discuss links between user innovation and some related phenomena and literatures. With respect to phenomena, I point out the relationship of user innovation to *information* communities, of which user innovation communities are a subset. One open information community is the online encyclopedia Wikipedia (www.wikipedia.org). Other such communities include the many specialized Internet sites where individuals with both common and rare medical conditions can find one another and can find specialists in those conditions. Many of the advantages associated with user innovation communities also apply to open information networks and communities. Analyses appropriate to information communities follow the same overall pattern as the analyses provided in this book for innovation communities. However, they are also simpler, because in open information communities there may be little or no proprietary information being transacted and thus little or no risk of related losses for participants.

Next I discuss links between user-centric innovation phenomena and the literature on the economics of knowledge that have been forged by Foray (2004) and Weber (2004). I also discuss how Porter's 1991 work on the competitive advantage of nations can be extended to incorporate findings on nations' lead users as product developers. Finally, I point out how findings explained in this book link to and complement research on the Social Construction of Technology (Pinch and Bijker 1987).

I conclude this introductory chapter by reemphasizing that user innovation, free revealing, and user innovation communities will flourish under many but not all conditions. What we know about manufacturer-centered innovation is still valid; however, lead-user-centered innovation patterns are increasingly important, and they present major new opportunities and challenges for us all.

2 | Development of Products by Lead Users

The idea that novel products and services are developed by manufacturers is deeply ingrained in both traditional expectations and scholarship. When we as users of products complain about the shortcomings of an existing product or wish for a new one, we commonly think that "they" should develop it—not us. Even the conventional term for an individual end user, "consumer," implicitly suggests that users are not active in product and service development. Nonetheless, there is now very strong empirical evidence that product development and modification by both user firms and users as individual consumers is frequent, pervasive, and important.

I begin this chapter by reviewing the evidence that many users indeed do develop and modify products for their own use in many fields. I then show that innovation is concentrated among *lead* users, and that lead users' innovations often become commercial products.

Many Users Innovate

The evidence on user innovation frequency and pervasiveness is summarized in table 2.1. We see here that the frequency with which user firms and individual consumers develop or modify products for their own use range from 10 percent to nearly 40 percent in fields studied to date. The matter has been studied across a wide range of industrial product types where innovating users are user firms, and also in various types of sporting equipment, where innovating users are individual consumers.

The studies cited in table 2.1 clearly show that a lot of product development and modification by users is going on. However, these findings should not be taken to reflect innovation rates in overall populations of users. All of the studies probably were affected by a response bias. (That is, if someone

Table 2.1
Many respondents reported developing or modifying products for their own use in the eight product areas listed here.

	Number and type of users sampled	Percentage developing and building product for own use	Source
Industrial products			
1. Printed circuit CAD software	136 user firm attendees at PC-CAD conference	24.3%	Urban and von Hippel 1988
2. Pipe hanger hardware	Employees in 74 pipe hanger installation firms	36%	Herstatt and von Hippel 1992
3. Library information systems	Employees in 102 Australian libraries using computerized OPAC library information systems	26%	Morrison et al. 2000
4. Surgical equipment	261 surgeons working in university clinics in Germany	22%	Lüthje 2003
5. Apache OS server software security features	131 technically sophisticated Apache users (webmasters)	19.1%	Franke and von Hippel 2003
Consumer products			
6. Outdoor consumer products	153 recipients of mail order catalogs for outdoor activity products for consumers	9.8%	Lüthje 2004
7. "Extreme" sporting equipment	197 members of 4 specialized sporting clubs in 4 "extreme" sports	37.8%	Franke and Shah 2003
8. Mountain biking equipment	291 mountain bikers in a geographic region	19.2%	Lüthje et al. 2002

sends a questionnaire about whether you innovated or not, you might be more inclined to respond if your answer is "Yes."). Also, each of the studies looked at innovation rates affecting a particular product type among users who care a great deal about that product type. Thus, university surgeons (study 4 in table 2.1) care a great deal about having just-right surgical equipment, just as serious mountain bikers (study 8) care a great deal about having just-right equipment for their sport. As the intensity of interest goes down, it is likely that rates of user innovation drop too. This is probably what is going on in the case of the study of purchasers of outdoor consumer products (study 6). All we are told about that sample of users of outdoor consumer products is that they are recipients of one or more mail order catalogs from suppliers of relatively general outdoor items—winter jackets, sleeping bags, and so on. Despite the fact that these users were asked if they have developed or modified any item in this broad category of goods (rather than a very specific one such as a mountain bike), just 10 percent answered in the affirmative. Of course, 10 percent or even 5 percent of a user population numbering in the tens of millions worldwide is still a very large number—so we again realize that many users are developing and modifying products.

The cited studies also do not set an upper or a lower bound on the commercial or technical importance of user-developed products and product modifications that they report, and it is likely that most are of minor significance. However, most innovations from *any* source are minor, so user-innovators are no exception in this regard. Further, to say an innovation is minor is not the same as saying it is trivial: minor innovations are cumulatively responsible for much or most technical progress. Hollander (1965) found that about 80 percent of unit cost reductions in Rayon manufacture were the cumulative result of minor technical changes. Knight (1963, VII, pp. 2–3) measured performance advances in general-purpose digital computers and found, similarly, that "these advances occur as the result of equipment designers using their knowledge of electronics technology to produce a multitude of small improvements that together produce significant performance advances."

Although most products and product modifications that users or others develop will be minor, users are by no means restricted to developing minor or incremental innovations. Qualitative observations have long indicated that important process improvements are developed by users. Adam Smith (1776, pp. 11–13) pointed out the importance of "the invention of a great number of machines which facilitate and abridge labor, and enable one man to do the work of many." He also noted that "a great part of the machines made use of in those manufactures in which labor is most subdivided, were originally the invention of common workmen, who, being each of them employed in some very simple operation, naturally turned their thoughts towards finding out easier and readier methods of performing it." Rosenberg (1976) studied the history of the US machine tool industry and found that important and basic machine types like lathes and milling machines were first developed and built by user firms having a strong need for them. Textile manufacturing firms, gun manufacturers and sewing machine manufacturers were important early user-developers of machine tools. Other studies show quantitatively that some of the most important and novel products and processes have been developed by user firms and by individual users. Enos (1962) reported that nearly all the most important innovations in oil refining were developed by user firms. Freeman (1968) found that the most widely licensed chemical production processes were developed by user firms. Von Hippel (1988) found that users were the developers of about 80 percent of the most important scientific instrument innovations, and also the developers of most of the major innovations in semiconductor processing. Pavitt (1984) found that a considerable fraction of invention by British firms was for in-house use. Shah (2000) found that the most commercially important equipment innovations in four sporting fields tended to be developed by individual users.

Lead User Theory

A second major finding of empirical research into innovation by users is that most user-developed products and product modifications (and the most commercially attractive ones) are developed by users with "lead user" characteristics. Recall from chapter 1 that lead users are defined as members of a user population having two distinguishing characteristics: (1) They are at the leading edge of an important market trend(s), and so are currently experiencing needs that will later be experienced by many users in that market. (2) They anticipate relatively high benefits from obtaining a solution to their needs, and so may innovate.

The theory that led to defining "lead users" in terms of these two characteristics was derived as follows (von Hippel 1986). First, the "ahead on an important market trend" variable was included because of its assumed effect on the commercial attractiveness of innovations developed by users residing at a leading-edge position in a market. Market needs are not static—they evolve, and often they are driven by important underlying trends. If people are distributed with respect to such trends as diffusion theory indicates, then people at the leading edges of important trends will be experiencing needs today (or this year) that the bulk of the market will experience tomorrow (or next year). And, if users develop and modify products to satisfy their own needs, then the innovations that lead users develop should later be attractive to many. The expected benefits variable and its link to innovation likelihood was derived from studies of industrial product and process innovations. These showed that the greater the benefit an entity expects to obtain from a needed innovation, the greater will be that entity's investment in obtaining a solution, where a solution is an innovation either developed or purchased (Schmookler 1966; Mansfield 1968).

Empirical studies to date have confirmed lead user theory. Morrison, Roberts, and Midgely (2004) studied the characteristics of innovating and non-innovating users of computerized library information systems in a sample of Australian libraries. They found that the two lead user characteristics were distributed in a continuous, unimodal manner in that sample. They also found that the two characteristics of lead users and the actual development of innovations by users were highly correlated. Franke and von Hippel (2003b) confirmed these findings in a study of innovating and non-innovating users of Apache web server software. They also found that the commercial attractiveness of innovations developed by users increased along with the strength of those users' lead user characteristics.

Evidence of Innovation by Lead Users

Several studies have found that user innovation is largely the province of users that have lead user characteristics, and that products lead users develop often form the basis for commercial products. These general findings appear robust: the studies have used a variety of techniques and have addressed a variety of markets and innovator types. Brief reviews of four studies will convey the essence of what has been found.

Innovation in Industrial Product User Firms

In the first empirical study of lead users' role in innovation, Urban and von Hippel (1988) studied user innovation activity related to a type of software used to design printed circuit boards. A major market trend to which printed circuit computer-aided design software (PC-CAD) must respond is the steady movement toward packing electronic circuitry more densely onto circuit boards. Higher density means one that can shrink boards in overall size and that enables the circuits they contain to operate faster—both strongly desired attributes. Designing a board at the leading edge of what is technically attainable in density at any particular time is a very demanding task. It involves some combination of learning to make the printed circuit wires narrower, learning how to add more layers of circuitry to a board, and using smaller electronic components.

To explore the link between user innovation and needs at the leading edge of the density trend, Urban and von Hippel collected a sample of 138 user-firm employees who had attended a trade show on the topic of PC-CAD. To learn the position of each firm on the density trend, they asked questions about the density of the boards that each PC-CAD user firm was currently producing. To learn about each user's likely expected benefits from improvements to PC-CAD, they asked questions about how satisfied each respondent was with their firm's present PC-CAD capabilities. To learn about users' innovation activities, they asked questions about whether each firm had modified or built its own PC-CAD software for its own in-house use.

Users' responses were cluster analyzed, and clear lead user ($n = 38$) and non-lead-user ($n = 98$) clusters were found. Users in the lead user cluster were those that made the densest boards on average and that also were dissatisfied with their PC-CAD capabilities. In other words, they were at the leading edge of an important market trend, and they had a high incentive to innovate to improve their capabilities. Strikingly, 87 percent of users in the lead user cluster reported either developing or modifying the PC-CAD software that they used. In contrast, only 1 percent of non-lead users reported this type of innovation. Clearly, in this case user innovation was very strongly concentrated in the lead user segment of the user population. A discriminant analysis on indicated that "build own system" was the most important indicator of membership in the lead user cluster. The discriminant analysis had 95.6 percent correct classification of cluster membership.

The commercial attractiveness of PC-CAD solutions developed by lead users was high. This was tested by determining whether lead users and more ordinary users preferred a new PC-CAD system concept containing features developed by lead users over the best commercial PC-CAD system available at the time of the study (as determined by a large PC-CAD system manufacturer's competitive analysis) and two additional concepts. The concept containing lead user features was significantly preferred at even twice the price ($p < 0.01$).

Innovation in Libraries

Morrison, Roberts, and von Hippel (2000) explored user modifications made by Australian libraries to computerized information search systems called Online Public Access systems ("OPACs"). Libraries might not seem the most likely spot for technological innovators to lurk. However, computer technologies and the Internet have had a major effect on how libraries are run, and many libraries now have in-house programming expertise. Computerized search methods for libraries were initially developed by advanced and technically sophisticated user institutions. Development began in the United States in the 1970s with work by major universities and the Library of Congress, with support provided by grants from the federal government (Tedd 1994). Until roughly 1978, the only such systems extant were those that had been developed by libraries for their own use. In the late 1970s, the first commercial providers of computerized search systems for libraries appeared in the United States, and by 1985 there were at least 48 OPAC vendors in the United States alone (Matthews 1985). In Australia (site of the study sample), OPAC adoption began about 8 years later than in the United States (Tedd 1994).

Morrison, Roberts, and I obtained responses from 102 Australian libraries that were users of OPACs. We found that 26 percent of these had in fact modified their OPAC hardware or software far beyond the user-adjustment capabilities provided by the system manufacturers. The types of innovations that the libraries developed varied widely according to local needs. For example, the library that modified its OPAC to "add book retrieval instructions for staff and patrons" (table 2.2) did so because its collection of books was distributed in a complex way across a number of buildings—making it difficult for staff and patrons to find books without precise directions. There was little duplication of innovations except in the case of adding Internet search capabilities to OPACs. In that unusual case, nine libraries went ahead and did the programming needed to add this important feature in advance of its being offered by the manufacturers of their systems.

The libraries in the sample were asked to rank themselves on a number of characteristics, including "leading edge status" (LES). (Leading edge status, a construct developed by Morrison, is related to and highly correlated with the lead user construct (in this sample, $\rho_{(LES, CLU)} = 0.904$, $p = 0.000$).[1] Self-evaluation bias was checked for by asking respondents to name other

Table 2.2
OPAC modifications created by users served a wide variety of functions.

Improved library management	Improved information-search capabilities
Add library patron summary statistics	Integrate images in records (2)
Add library identifiers	Combined menu/command searches
Add location records for physical audit	Add title sorting and short title listing
Add book retrieval instructions for staff and patrons	Add fast access key commands
	Add multilingual search formats
Add CD ROM System backup	Add key word searches (2)
Add book access control based on copyright	Add topic linking and subject access
Patrons can check their status via OPAC	Add prior search recall feature
Patrons can reserve books via OPAC (2)	Add search "navigation aids"
Remote access to OPAC by different systems	Add different hierarchical searches
Add graduated system access via password	Access to other libraries' catalogs (2)
Add interfaces to other in-house IT systems	Add or customize web interface (9)
Word processing and correspondence (2)	Hot links for topics
Umbrella for local information collection (2)	Extended searches
Local systems adaptation	Hot links for source material

Source of data: Morrison et al. 2000, table 1. Number of users (if more than one) developing functionally similar innovations is shown in parentheses after description of innovation.

libraries they regarded as having the characteristics of lead users. Self-evaluations and evaluations by others did not differ significantly.

Libraries that had modified their OPAC systems were found to have significantly higher LES—that is, to be lead users. They were also found to have significantly higher incentives to make modifications than non-innovators, better in-house technical skills, and fewer "external resources" (for example, they found it difficult to find outside vendors to develop the modifications they wanted for them). Application of these four variables in a logit model classified libraries into innovator and non-innovator categories with an accuracy of 88 percent (table 2.3).

The commercial value of user-developed innovations in the library OPAC sample was assessed in a relatively informal way. Two development managers employed by the Australian branches of two large OPAC manufacturers were asked to evaluate the commercial value of each user innovation in the sample. They were asked two questions about each: (1) "How important commercially to your firm is the functionality added to OPACs by this user-developed modification?" (2) "How novel was the information contained

Table 2.3
Factors associated with innovating in librararies (logit model). $\chi^2_4 = 33.85$; $\rho^2 = 0.40$; classification rate = 87.78%.

	Coefficient	Standard error
Leading-edge status	1.862	0.601
Lack of incentive to modify	−0.845	0.436
Lack of in-house technology skills	−1.069	0.412
Lack of external resources	0.695	0.456
Constant	−2.593	0.556

Source: Morrison et al. 2000, table 6.

in the user innovation to your firm at the time that innovation was developed?" Responses from both managers indicated that about 70 percent (25 out of 39) of the user modifications provided functionality improvements of at least "medium" commercial importance to OPACs—and in fact many of the functions were eventually incorporated in the OPACs the manufacturers sold. However, the managers also felt that their firms generally already knew about the lead users' needs when the users developed their solutions, and that the innovations the users developed provided novel information to their company only in 10–20 percent of the cases. (Even when manufacturers learn about lead users' needs early, they may not think it profitable to develop their own solution for an "emerging" need until years later. I will develop this point in chapter 4.)

"Consumer" Innovation in Sports Communities

Franke and Shah (2003) studied user innovation in four communities of sports enthusiasts. The communities, all located in Germany, were focused on four very different sports.

One community was devoted to canyoning, a new sport popular in the Alps. Canyoning combines mountain climbing, abseiling (rappelling), and swimming in canyons. Members do things like rappel down the middle of an active waterfall into a canyon below. Canyoning requires significant skill and involves physical risk. It is also a sport in rapid evolution as participants try new challenges and explore the edges of what is both achievable and fun.

The second community studied was devoted to sailplaning. Sailplaning or gliding, a more mature sport than canyoning, involves flying in a closed, engineless glider carrying one or two people. A powered plane tows the glider to a desired altitude by means of a rope; then the rope is dropped and the engineless glider flies on its own, using thermal updrafts in the atmosphere to gain altitude as possible. The sailplaning community studied by Franke and Shah consisted of students of technical universities in Germany who shared an interest in sailplaning and in building their own sailplanes.

Boardercross was the focus of the third community. In this sport, six snowboarders compete simultaneously in a downhill race. Racetracks vary, but each is likely to incorporate tunnels, steep curves, water holes, and jumps. The informal community studied consisted of semi-professional athletes from all over the world who met in as many as ten competitions a year in Europe, in North America, and in Japan.

The fourth community studied was a group of semi-professional cyclists with various significant handicaps, such as cerebral palsy or an amputated limb. Such individuals must often design or make improvements to their equipment to accommodate their particular disabilities. These athletes knew each other well from national and international competitions, training sessions, and seminars sponsored by the Deutscher Sportbund (German National Sports Council).

A total of 197 respondents (a response rate of 37.8 percent) answered a questionnaire about innovation activities in their communities. Thirty-two percent reported that they had developed or modified equipment they used for their sport. The rate of innovation varied among the sports, the high being 41 percent of the sailplane enthusiasts reporting innovating and the low being 18 percent of the boardercross snowboarders reporting. (The complexity of the equipment used in the various sports probably had something to do with this variation: a sailplane has many more components than a snowboard.)

The innovations developed varied a great deal. In the sailplane community, users developed innovations ranging from a rocket-assisted emergency ejection system to improvements in cockpit ventilation. Snowboarders invented such things as improved boots and bindings. Canyoners' inventions included very specialized solutions, such as a way to cut loose a trapped rope by using a chemical etchant. With respect to commercial potential, Franke and Shah found that 23 percent of the user-developed innovations reported were or soon would be produced for sale by a manufacturer.

Franke and Shah found that users who innovated were significantly higher on measures of the two lead user characteristics than users who did not innovate (table 2.4). They also found that the innovators spent more

Table 2.4
Factors associated with innovation in sports communities.

	Innovators[a]	Non-innovators[b]	Significance of difference[c]
Time in community			
Years as a community member	4.46	3.17	$p < 0.01$
Days per year spent with community members	43.07	32.73	$p < 0.05$
Days per year spent participating in the sport	72.48	68.71	not significant
Role in community[d]			
"I am a very active member of the community."	2.85	3.82	$p < 0.01$
"I get together with members of the community for activities that are not related to the sport (movies, dinner parties, etc.)."	3.39	4.14	$p < 0.05$
"The community takes my opinion into account when making decisions"	2.89	3.61	$p < 0.05$
Lead user characteristic 1: being ahead of the trend[d]			
"I usually find out about new products and solutions earlier than others."	2.71	4.03	$p < 0.001$
"I have benefited significantly by the early adoption and use of new products."	3.58	4.34	$p < 0.01$
"I have tested prototype versions of new products for manufacturers."	4.94	5.65	$p < 0.05$
"In my sport I am regarded as being on the "cutting edge."	4.56	5.38	$p < 0.01$
"I improved and developed new techniques in my sport."	4.29	5.84	$p < 0.001$
Lead user characteristic 2: high benefit from innovation[d]			
"I have new needs which are not satisfied by existing products."	3.27	4.38	$p < 0.001$
"I am dissatisfied with the existing equipment."	3.90	5.13	$p < 0.001$

Source: Franke and Shah 2003, table 3.

a. All values are means; $n = 60$.

b. All values are means; $n = 129$.

c. Two-tailed t-tests for independent samples.

d. Rated on seven-point scale, with 1 = very accurate and 7 = not accurate at all. Two-tailed t-tests for independent samples.

time in sporting and community-related activities and felt they had a more central role in the community.

Innovation among Hospital Surgeons

Lüthje (2003) explored innovations developed by surgeons working at university clinics in Germany. Ten such clinics were chosen randomly, and 262 surgeons responded to Lüthje's questionnaire—a response rate of 32.6 percent. Of the university surgeons responding, 22 percent reported developing or improving some item(s) of medical equipment for use in their own practices. Using a logit model to determine the influence of user characteristics on innovation activity, Lüthje found that innovating surgeons tended to be lead users ($p < 0.01$). He also found that solutions to problems encountered in their own surgical practices were the primary benefit that the innovating surgeons expected to obtain from the solutions they developed ($p < 0.01$). In addition, he found that the level of technical knowledge the surgeon held was significantly correlated with innovation ($p < 0.05$). Also, perhaps as one might expect in the field of medicine, the "contextual barrier" of concerns about legal problems and liability risks was found to have a strongly significant negative correlation with the likelihood of user invention by surgeons ($p < 0.01$).

With respect to the commercial value of the innovations the lead user surgeons had developed, Lüthje reported that 48 percent of the innovations developed by his lead user respondents were or soon would be marketed by manufacturers of medical equipment.

Discussion

The studies reviewed in this chapter all found that user innovations in general and commercially attractive ones in particular tended to be developed by lead users. These studies were set in a range of fields, but all were focused on hardware innovations or on information innovations such as new software. It is therefore important to point out that, in many fields, innovation in *techniques* is at least as important as equipment innovation. For example, many novel surgical operations are performed with standard equipment (such as scalpels), and many novel innovations in snowboarding are based on existing, unmodified equipment. Technique-only innovations are also likely to be the work of lead users, and indeed many of the equipment innovations documented in the studies reviewed here involved innovations in technique as well as innovations in equipment.

Despite the strength of the findings, many interesting puzzles remain that can be addressed by the further development of lead user theory. For example, empirical studies of innovation by lead users are unlikely to have sampled the world's foremost lead users. Thus, in effect, the studies reviewed here determined lead users to be those highest on lead user characteristics that were within their samples. Perhaps other samples could have been obtained in each of the fields studied containing users that were even more "leading edge" with respect to relevant market trends. If so, why were the samples of moderately leading-edge users showing user innovation if user innovation is concentrated among "extreme" lead users? There are at least three possible explanations. First, most of the studies of user innovation probably included users reasonably close to the global leading edge in their samples. Had the "top" users been included, perhaps the result would have been that still more attractive user innovations would have been found. Second, it may be that the needs of local user communities differ, and so local lead users really may be the world's lead users with respect to their particular needs. Third, even if a sample contains lead users that are not near the global top with respect to lead users' characteristics, local lead users might still have reasons to (re)develop innovations locally. For example, it might be cheaper, faster, more interesting, or more enjoyable to innovate than to search for a similar innovation that a "global top" lead user might already have developed.

3 | Why Many Users Want Custom Products

The high rates of user innovation documented in chapter 2 suggest that many users may want custom products. Why should this be so? I will argue that it is because many users have needs that differ in detail, and many also have both sufficient willingness to pay and sufficient resources to obtain a custom product that is just right for their individual needs. In this chapter, I first present the case for heterogeneity of user needs. I then review a study that explores users' heterogeneity of need and willingness to pay for product customization.

Heterogeneity of User Needs

If many individual users or user firms want something different in a product type, it is said that heterogeneity of user need for that product type is high. If users' needs are highly heterogeneous, only small numbers of users will tend to want exactly the same thing. In such a case it is unlikely that mass-produced products will precisely suit the needs of many users. Mass manufacturers tend to want to build products that will appeal to more users rather than fewer, so as to spread their fixed costs of development and production. If many users want something different, and if they have adequate interest and resources to get exactly the product they need, they will be driven either to develop it for themselves or to pay a custom manufacturer to develop it for them.

Are users' needs for new products (and services) often highly heterogeneous? A test of reason suggests that they are. An individual's or a firm's need for a many products depends on detailed considerations regarding the user's initial state and resources, on the pathway the user must traverse to get from the initial state to the preferred state, and on detailed considerations regarding their preferred end state as well. These are likely to be different for each individual user and for each user firm at some level of detail. This, in turn, suggests that needs for many new products and services that are precisely right for each user will differ: that needs for those products will be highly heterogeneous.

Suppose, for example, that you decide you need a new item of household furnishing. Your house is already furnished with hundreds of items, big and small, and the new item must "fit in" properly. In addition, your precise needs for the new item are likely to be affected by your living situation, your resources, and your preferences. For example: "We need a new couch that Uncle Bill will like, that the kids can jump on, that matches the wallpaper I adore, that reflects my love of coral reefs and overall good taste, and that we can afford." Many of these specific constraints are not results of current whim and are not easy to change. Perhaps you can change the wallpaper, but you are less likely to change Uncle Bill, your kids, your established tastes with respect to a living environment, or your resource constraints.

The net result is that the most desired product characteristics might be specific to each individual or firm. Of course, many will be willing to satisfice—make compromises—on many items because of limits on the money or time they have available to get exactly what they want. Thus, a serious mountain biker may be willing to simply buy almost any couch on sale even if he or she is not fully happy with it. On the other hand, that same biker may be totally unwilling to compromise about getting mountain biking equipment that is precisely right for his or her specific needs. In terms of industrial products, NASA may insist on getting precisely right components for the Space Shuttle if they affect mission safety, but may be willing to satisfice on other items.

Evidence from Studies of User Innovation

Two studies of innovation by users provide indirect information on the heterogeneity of user need. They provide descriptions of the *functions* of the innovations developed by users in their samples. Inspection of these descriptions shows a great deal of variation and few near-duplicates. Different functionality, of course, implies that the developers of the products had different needs. In the 2000 study of user modifications of library IT systems by Morrison, Roberts, and von Hippel, discussed earlier, only 14 of 39 innovations are functionally similar to any other innovations in the sample. If one type of functionality that was repeatedly developed ("web interface") is excluded, the overlap is even lower (see table 2.2). Other responses by study participants add to this impression of high heterogeneity of need among users. Thirty percent of the respondents reported that their library IT system had been highly customized by the manufacturer during installation to meet their specific needs. In addition, 54 percent of study respondents agreed with the statement "We would like to make additional improvements to our IT system functionality that can't be made by simply adjusting the standard, customer-accessible parameters provided by the supplier."

Similar moderate overlap in the characteristics of user innovations can be seen in innovation descriptions provided in the study of mountain biking by Lüthje, Herstatt, and von Hippel (2002). In that study sample, I estimate that at most 10 of 43 innovations had functionality similar to that of another sample member. This diversity makes sense: mountain biking, which outsiders might assume is a single type of athletic activity, in fact has many subspecialties.

As can be seen in table 3.1, the specializations of mountain bikers in the our study sample involved very different mountain biking terrains, and important variations in riding conditions and riding specializations. The innovations users developed were appropriate to their own heterogeneous riding activities and so were quite heterogeneous in function. Consider three examples drawn from our study:

• I ride on elevated, skinny planks and ladders, do jumps, steep technical downhills, obstacles and big drops. Solution devised: I needed sophisticated cycling armor and protective clothing. So I designed arm and leg armor, chest protection, shorts, pants and a jacket that enable me to try harder things with less fear of injury.

• I do back-country touring and needed a way to easily lift and carry a fully loaded mountain bike on the sides of steep hills and mountains and dangle it over cliffs as I climbed. Solution devised: I modified the top tube and the top of my seat post to provide secure attachment points for a carrying strap, then I modified a very plush and durable mountaineering sling to serve as the over-shoulder strap. Because the strap sits up high, I only need to bend my knees a little bit to lift the bike onto my shoulders, yet it is just high enough to keep the front wheel from hitting when I am climbing a steep hill. Eventually, I came up with a quick-release lateral strap to keep the main strap from sliding off my shoulder, but it will easily break away if I fall or land in a fast river and need to ditch my bike.

• When riding on ice, my bike has no traction and I slip and fall. Solution devised: I increased the traction of my tires by getting some metal studs used by the auto

Table 3.1
Activity specializations of innovating mountain bikers.

Preferred terrain	Number of bikers	Outside conditions	Number of bikers	Focus on particular riding abilities	Number of bikers
Fast downhill tracks (steep, drops, fast)	44 (39.6%)	Darkness, night riding	45 (40.5%)	Jumps, drops, stunts, obstacles	34 (30.6%)
Technical single tracks (up and down, rocky, jumps)	68 (61.3%)	Snow, ice, cold	60 (54.1%)	Technical ability/balance	22 (19.8%)
Smooth single tracks (hilly, rolling, speed, sand, hardpack)	13 (11.7%)	Rain, mud	53 (47.7%)	Fast descents / downhill	34 (30.6%)
Urban and streets	9 (8.1%)	Heat	15 (13.5%)	Endurance	9 (8.1%)
No special terrain preferred	5 (4.5%)	High altitude	10 (9.0%)	Climbing	17 (13%)
		No extreme outside conditions	29 (26.1%)	Sprint	3 (2.7%)
				No focus on specific riding ability	36 (32.4%)

Source: Lüthje, Herstatt, and von Hippel 2002. This table includes the 111 users in the study sample who had ideas for improvements to mountain biking equipment. (Of these, 61 had actually gone on to build the equipment they envisioned.) Many of these users reported experience in more than one category of activity, so the sum in each column is higher than 111.

industry for winter tires. Then I selected some mountain biking tires with large blocks of rubber in the tread pattern, drilled a hole in the center of each block and inserted a stud in each hole.

Evidence from Studies of Market Segmentation

Empirical data on heterogeneity of demand for specific products and services are sparse. Those most interested in studying the matter are generally mass manufacturers of products and services for consumers—and they do not make a practice of prospecting for heterogeneity. Instead, they are interested in finding areas where users' needs are similar enough to represent profitable markets for standard products produced in large volumes. Manufacturers customarily seek such areas via market-segmentation studies that partition markets into a very few segments—perhaps only three, four, or five. Each segment identified consists of customers with relatively similar needs for a particular product (Punj and Stewart 1983; Wind 1978). For example, toothpaste manufacturers may divide their markets into segments such as boys and girls, adults interested in tooth whitening, and so on.

Since the 1970s, nearly all market-segmentation studies have been carried out by means of cluster analysis (Green 1971; Green and Schaffer 1998). After cluster analysis places each participant in the segment of the market most closely matching his needs, a measure of within-segment need variation is determined. This is the proportion of total variation that is within each cluster, and it shows how much users' needs deviate from the averages in "their" respective segments. If within-segment variation is low, users within the segment will have fairly homogeneous needs, and so may be reasonably satisfied with a standard product designed to serve all customers in their segment. If it high, many users are likely to be dissatisfied—some seriously so.

Within-segment variation is seldom reported in published studies, but a survey of market-segmentation studies published in top-tier journals did find 15 studies reporting that statistic. These studies specified 5.5 clusters on average, and had an average remaining within-cluster variance of 46 percent (Franke and Reisinger 2003). Franke and von Hippel (2003b) found similar results in an independent sample. In that study, an average of 3.7 market segments were specified and 54 percent of total variance was left as within-segment variation after the completion of cluster analysis. These data suggest that heterogeneity of need might be very substantial among users in many product categories.[1]

A Study of Heterogeneity and Willingness To Pay

A need for a novel product not on the market must be accompanied by adequate willingness to pay (and resources) if it is to be associated with the actual development or purchase of a custom product. What is needed to reliably establish the relationship among heterogeneity of demand, willingness to pay, and custom product development or purchase is studies that address all three factors in the same sample. My colleague Nikolaus Franke and I conducted one such study in a population of users of web server software, a product used primarily by industrial firms (Franke and von Hippel 2003b).

Franke and I looked in detail at users' needs for security features in Apache web server software, and at users' willingness to pay for solutions that precisely fit their needs. Apache web server software is open source software that is explicitly designed to allow modification by anyone having appropriate skills. Anyone may download open source software from the Internet and use it without charge. Users are also explicitly granted the legal right to study the software's source code, to modify the software, and to distribute modified or unmodified versions to others. (See chapter 7 for a full discussion of open source software.)

Apache web server software is used on web server computers connected to the Internet. A web server's function is to respond to requests from Internet browsers for particular documents or content. A typical server waits for clients' requests, locates the requested resource, applies the requested method to the resource, and sends the response back to the client. Web server software began by offering relatively simple functionality. Over time, however, Apache and other web server software programs have evolved into the complicated front end for many of the technically demanding applications that now run on the Internet. For example, web server software is now used to handle security and authentication of users, to provide e-commerce shopping carts, and gateways to databases. In the face of strong competition from commercial competitors (including Microsoft and Sun/Netscape), the Apache web server has become the most popular web server software on the Internet, used by 67 percent of the many millions of World Wide Web sites extant in early 2004. It has also received many industry awards for excellence.

Franke and I created a preliminary list of server security functions from published and web-based sources. The preliminary list was evaluated and corrected by experts in web server security and Apache web server software. We eventually ended up with a list of 45 security functions that some or many users might need. Solutions to some were already incorporated in the standard Apache code downloadable by users, others were available in additional modules, and a few were not yet addressed by any security module generally available to the Apache community. (Security threats can emerge quickly and become matters of great concern before a successful response is developed and offered to the general community. A recent example is site flooding, a form of attack in which vandals attempt to cause a website to fail by flooding it with a very large number of simultaneous requests for a response.)

Users of the security functions of web server software are the webmasters employed by firms to make sure that their software is up to date and functions properly. A major portion of a webmaster's job is to ensure that the software used is secure from attacks launched by those who wish illicit access or simply want to cause the software to fail in some way. We collected responses to our study questions from two samples of Apache webmasters: webmasters who posted a question or an answer on a question at the Apache Usenet Forum[2] and webmasters who subscribed to a specialized online Apache newsgroup.[3] This stratified sample gave us an adequate representation of webmasters who both did and did not have the technical skills needed to modify Apache security software to better fit their needs: subscribers to apache-modules.org tend to have a higher level of technical skills on average than those posting to the Apache Usenet Forum. Data were obtained by means of an Internet-based questionnaire.

The Heterogeneity of Users' Needs

Franke and I found the security module needs of Apache users were very heterogeneous indeed both among those that had the in-house capability to write code to modify Apache and those that did not. The calibrated coefficient of heterogeneity, H_c, was 0.98, indicating that there was essentially no tendency of the users to cluster beyond chance. (We defined the "heterogeneity of need" in a group as the degree to which the needs of i individuals can be satisfied with j standard products which optimally meet their needs. This means that heterogeneity of need is high when many standard products are necessary to satisfy the needs of i individuals and low when the needs can be satisfied by a few standard products. The higher the coefficient the more heterogeneous are the needs of users in a sample. If the calibrated heterogeneity coefficient H_c equals 1, there is no systematic tendency of the users to cluster. If it is lower than 1, there is some tendency of the individuals to cluster. A coefficient of 0 means that the needs of all individuals are exactly the same.[4])

Even this understates the heterogeneity. Responding Apache webmasters went far beyond the 45 security-related functions of web server software that we offered for their evaluation. In our questionnaire we offered an open question asking users to list up to four additional needs they experienced that were not covered by the standard list. Nearly 50 percent used the opportunity to add additional functions. When duplicates were eliminated, we found that 92 distinct additional security-related needs had been noted by one or more webmaster users.[5]

High heterogeneity of need in our sample suggests that there should be a high interest in obtaining modifications to Apache—and indeed, overall satisfaction with the existing version was only moderate.

Willingness to Pay for Improvements

It is not enough to want a better-fitting custom product. One must also be willing and able to pay to get what one wants. Those in the Apache sample who did innovate were presumably willing to pay the price to do so. But how much were the users in our sample—the innovators and the non-innovators—willing to pay *now* for improvements? Estimating a user's willingness to pay (WTP) is known to be a difficult task. Franke and I used the contingent valuation method, in which respondents are directly asked how much they are willing to pay for a product or service (Mitchell and Carson 1989). Results obtained by that method often overestimate WTP significantly. Empirical studies that compare expressed WTP with actual cash payments on average showed actual spending behavior to be somewhat smaller than expressed WTP in the case of private purchases (such as in our case). In contrast, they generally find willingness to pay to be greatly overstated in the case of public goods such as the removal of a road from a wilderness area.[6]

To compensate for the likely overstatement of expressed relative to actual WTP in our study, Franke and I conservatively deflated respondents' indicated willingness to pay by 80 percent. (Although the product in question was intended for private use, webmasters were talking about their willingness to spend company money, not their own money.) We asked each user who had indicated that he was not really satisfied with a function (i.e., whose satisfaction with the respective function was 4 or less on a 7-point scale, where 1 = not satisfied at all, and 7 = very satisfied) to estimate how much he would be willing to pay to get a very satisfactory solution regarding this function. After deflation, our sample of 137 webmasters said they were willing to pay $700,000 in aggregate to modify web server software to a point that fully satisfied them with respect to their security function needs. This amounts to an average of $5,232 total willingness to pay per respondent. This is a striking number because the price of commercial web server software similar to Apache's for one server was about $1,100 at the time of our study (source: www.sun.com, November 2001). If we assume that each webmaster was in charge of ten servers on average, this means that each webmaster was willing to pay half the price of a total server software package to get his heterogeneous needs for security features better satisfied.

Increased Satisfaction from Customization of Apache

Recall that it takes some technical skill to modify Apache web server software by writing new code. In table 3.2, Franke and I examined only the technically skilled users in our sample who claimed the capability of making

Table 3.2

Skilled users who customized their software were more satisfied than those who did not customize.

	Users who customized ($n = 18$)	Users who did not customize ($n = 44$)	Difference (one-tailed t-test)
Satisfaction with basic web server functionality	5.5	4.3	0.100
Satisfaction with authentication of client	3.0	1.0	0.001
Satisfaction with e-commerce-related functions	1.3	0.0	0.023
Satisfaction with within-site user access control	8.5	6.9	0.170
Satisfaction with other security functions	3.9	3.9	0.699
Overall satisfaction	4.3	2.6	0.010

Source: Franke and von Hippel 2003, table 8. In this table, 45 individual functions are grouped into five general categories. The satisfaction index ranges from −21 to +21.

modifications to Apache web server software. For these technically skilled users, we found significantly higher satisfaction levels among those that actually did customize their software—but even the users that made modifications were not fully satisfied.

One might wonder why users with the ability to modify Apache closer to their liking were not totally satisfied. The answer can be found in respondents' judgments regarding how much effort it would require to modify Apache still more to their liking. We asked all respondents who indicated dissatisfaction of level 4 or lower with a specific function of Apache how much working time it would cost them to improve the function to the point where they would judge it to be very satisfactory (to be at a satisfaction level of 7). For the whole sample and all dissatisfactions, we obtained a working time of 8,938 person-days necessary to get a very satisfactory solution. This equals $78 of incremental benefit per incremental programmer working day ($716,758 divided by 8,938 days). This is clearly below the regular wages a skilled programmer gets. Franke and I concluded from this that skilled users do not improve their respective Apache versions to the point where they are perfectly satisfied because the costs of doing so would exceed the benefits.

Discussion

Heterogeneity of user need is likely to be high for many types of products. Data are still scanty, but high heterogeneity of need is a very straightforward explanation for why there is so much customization by users: many users have "custom" needs for products and services.

Those interested can easily enhance their intuitions about heterogenity of user need and related innovation by users. User innovation appears to be common enough so that one can find examples for oneself in a reasonably small, casual sample. Readers therefore may find it possible (and enjoyable) to do their own informal tests of the matter. My own version of such a test is to ask the students in one of my MIT classes (typically about 50 students) to think about a particular product that many use, such as a backpack. I first ask them how satisfied they are with their backpack. Initially, most will say "It's OK." But after some discussion and thinking, a few complaints will slowly begin to surface (slowly, I think, because we all take some dissatisfaction with our products as the unremarkable norm). "It doesn't fit comfortably" in this or that particular way. "When my lunch bag or thermos leaks the books and papers I am carrying get wet—there should be a waterproof partition." "I carry large drawings to school rolled up in my backpack with the ends sticking out. They are ruined if it rains and I have not taken the precaution of wrapping them in plastic." Next, I ask whether any students have modified their backpacks to better meet their needs. Interestingly enough, one or two typically have. For example, one student showed us how he had installed a power strip with several electrical outlets into his backpack, attached to a single extension cord. That way, he explained, he was able to charge up all the electronic equipment he carried around from only one wall plug—and without having to remove anything from the backpack. Since backpacks are not products of very high professional or hobby interest to most users, the presence of even some user innovation to adapt to individual users' unmet needs in such small, casual samples is an interesting intuition builder with respect to the findings discussed in this chapter.

4 | Users' Innovate-or-Buy Decisions

Why does a user wanting a custom product sometimes innovate for itself rather than buying from a manufacturer of custom products? There is, after all, a choice—at least it would seem so. However, if a user with the resources and willingness to pay does decide to buy, it may be surprised to discover that it is not so easy to find a manufacturer willing to make exactly what an individual user wants. Of course, we all know that mass manufacturers with businesses built around providing standard products in large numbers will be reluctant to accommodate special requests. Consumers know this too, and few will be so foolish as to contact a major soup producer like Campbell's with a request for a special, "just-right" can of soup. But what about manufacturers that specialize in custom products? Isn't it their business to respond to special requests? To understand which way the innovate-or-buy choice will go, one must consider both transaction costs and information asymmetries specific to users and manufacturers. I will talk mainly about transaction costs in this chapter and mainly about information asymmetries in chapter 5.

I begin this chapter by discussing four specific and significant transaction costs that affect users' innovate-or-buy decisions. Next I review a case study that illustrates these. Then, I use a simple quantitative model to further explore when user firms will find it more cost-effective to develop a solution—a new product or service—for themselves rather than hiring a manufacturer to solve the problem for them. Finally, I point out that *individual* users can sometimes be more inclined to innovate than one might expect because they sometimes value the *process* of innovating as well as the novel product or service that is created.

Users' vs. Manufacturers' Views of Innovation Opportunities

Three specific contributors to transaction costs—in addition to the "usual suspects," such as opportunism—often have important effects on users' decisions whether to buy a custom product or to develop it for themselves. These are (1) differences between users' and manufacturers' views regarding what constitutes a desirable solution, (2) differences in innovation quality signaling requirements between user and manufacturer innovators, and (3) differences in legal requirements placed on user and manufacturer innovators. The first two of these factors involve considerations of agency costs. When a user hires a manufacturer to develop a custom product, the user is a principal that has hired the custom manufacturer as to act as its agent. When the interests of the principal and the agent are not the same, agency costs will result. Recall from chapter 1 that agency costs are (1) costs incurred to monitor the agent to ensure that it follows the interests of the principal, (2) the cost incurred by the agent to commit itself not to act against the principal's interest (the "bonding cost"), and (3) costs associated with an outcome that does not fully serve the interests of the principal (Jensen and Meckling 1976). In the specific instance of product and service development, agency considerations enter because a user's and a manufacturer's interests with respect to the development of a custom product often differ significantly.

Preferences Regarding Solutions

Individual products and services are components of larger user solutions. A user therefore wants a product that will make the best overall tradeoff between solution quality and price. Sometimes the best overall tradeoff will result in a willingness to pay a surprisingly large amount to get a solution component precisely right. For example, an individual user may specify tennis racket functionality that will fit her specific technique and relative strengths and will be willing to pay a great deal for exactly that racket. Deviations in racket functionality would require compensating modifications in her carefully practiced and deeply ingrained hitting technique—a much more costly overall solution from the user's point of view. In contrast, a user will be much less concerned with precisely *how* the desired functionality is attained. For example, tennis players will typically be unconcerned about whether a tennis racket is made from metal, carbon fiber, plastic or wood—or, for that matter, from mud—if it performs precisely as desired. And, indeed, users have quickly shifted to new types of rackets over the years as new materials promise a better fit to their particular functional requirements.

Of course, the same thing is true in the case of products for industrial users. For example, a firm with a need for a process machine may be willing to pay a great deal for one that is precisely appropriate to the characteristics of the input materials being processed, and to the skills of employees who will operate the machine. Deviations in either matter would require compensating modifications in material supply and employee training—likely to be a much more costly overall solution from the user's point of view. In contrast, the user firm will be much less concerned with precisely how the desired functionality is achieved by the process machine, and will care only that it performs precisely as specified.

Manufacturers faced with custom development requests from users make similar calculations, but theirs revolve around attempting to conserve the applicability of a low-cost (to them) solution. Manufacturers tend to specialize in and gain competitive advantage from their capabilities in one or a few specific solution types. They then seek to find as many profitable applications for those solutions types as possible. For example, a specialist in fabricating custom products from carbon fiber might find it profitable to make any kind of product—from airplane wings to tennis rackets—as long as they are made from carbon fiber. In contrast, that same manufacturer would have no competitive advantage in—and so no profit from making— any of these same products from metal or wood.

Specializations in solution types can be very narrow indeed. For example, thousands of manufacturers specialize in adhesive-based fastening solutions, while other thousands specialize in mechanical fastening solutions involving such things as metal screws and nails. Importantly, companies that produce products and solution types that have close functional equivalence from the user's point of view can look very different from the point of view of a solution supplier. For example, a manufacturer of standard or custom adhesives needs chemists on staff with an expertise in chemical formulation. It also needs chemistry labs and production equipment designed to mix specialized batches of chemicals on a small scale, and it needs the equipment, expertise and regulatory approvals to package that kind of product in a way that is convenient to the customer and also in line with regulatory safeguards. In contrast, manufacturers specializing in standard or custom metal fastening solutions need none of these things. What they need instead are mechanical design engineers, a machine shop to build product prototypes and production tooling, specialized metal-forming production equipment such as screw machines, and so on.

Users, having an investment only in a need specification and not in a solution type, want the best functional solution to their problem, independent of solution type used. Manufacturers, in contrast, want to supply custom solutions to users that utilize their existing expertise and production capabilities. Thus, in the case of the two fastening technology alternatives just described, users will prefer whatever solution approach works best. In contrast, adhesives manufacturers will find it tremendously more attractive to create a solution involving adhesive-based fastening, and manufacturers specializing in mechanical fastening will similarly strongly prefer to offer to develop solutions involving mechanical fastening.

The difference between users' incentives to get the best functional solution to their need and specialist manufacturers' incentives to embed a specific solution type in the product to be developed are a major source of agency costs in custom product development, because there is typically an information asymmetry between user and manufacturer with respect to what will be the best solution. Manufacturers tend to know more than users about this and to have a strong incentive to provide biased information to users in order to convince them that the solution type in which they specialize is the best one to use. Such biases will be difficult for users to detect because, again, they are less expert than the suppliers in the various solution technologies that are candidates.

Theoretically, this agency cost would disappear if it were possible to fully specify a contract (Aghion and Tirole 1994; Bessen 2004). But in product development, contracting can be problematic. Information regarding characteristics of solutions and needs is inescapably incomplete at the time of contracting—users cannot fully specify what they want in advance of trying out prototype solutions, and manufacturers are not fully sure how planned solution approaches will work out before investing in customer-specific development.

Users' Expectations

When users buy a product from manufacturers, they tend to expect a package of other services to come along with the product they receive. However, when users develop a product for themselves, some of these are not demanded or can be supplied in a less formal, less expensive way by users for themselves. This set of implicit expectations can raise the cost to a user of a custom solution bought from a manufacturer relative to a home-developed solution.

Users typically expect a solution they have purchased to work correctly and reliably "right out of the box." In effect, a sharp line is drawn between product development at the manufacturer's site and routine, trouble-free usage at the purchaser's site. When the user builds a product for itself, however, both the development and the use functions are in the same organization and may explicitly be overlapped. Repeated tests and repeated repairs and improvements during early use are then more likely to be understood and tolerated as an acceptable part of the development process.

A related difference in expectations has to do with field support for a product that has been purchased rather than developed in house. In the case of a purchased custom product, users expect that manufacturers will provide replacement parts and service if needed. Responding to this expectation is costly for a custom manufacturer. It must keep a record of what it has built for each particular user, and of any special parts incorporated in that user's products so that they can be built or purchased again if needed. In contrast, if a user has developed a product for itself, it has people on site who know details of its design. These employees will be capable of rebuilding or repairing or redesigning the product *ad hoc* if and as the need arises. (Of course, if these knowledgeable employees leave the user firm while the product they designed is still in use, such informality can prove costly.)

Manufacturers also must invest in indirect quality signals that may not have an effect on actual quality, but instead are designed to assure both the specific user being served and the market in general that the product being supplied is of high quality. These represent another element of agency costs that user-innovators do not incur. When users develop an innovation for themselves, they end up intimately knowing the actual quality of the solution they have developed, and knowing why and how it is appropriate to their task. As an example, an engineer building a million-dollar process machine for in-house use might feel it perfectly acceptable to install a precisely right and very cheap computer controller made and prominently labeled by Lego, a manufacturer of children's toys. (Lego provides computer controllers for some of its children's building kit products.) But if that same engineer saw a Lego controller in a million-dollar process machine his firm was purchasing from a specialist high-end manufacturer, he might not know enough about the design details to know that the Lego controller was precisely right for the application. In that case, the engineer and his managers might well regard the seemingly inappropriate brand name as an indirect signal of bad quality.

Manufacturers are often so concerned about a reputation for quality that they refuse to take shortcuts that a customer specifically requests and that might make sense for a particular customer, lest others get wind of what was done and take it as a negative signal about the general quality of the firm's products. For example, you may say to a maker of luxury custom cars: "I want to have a custom car of your brand in my driveway—my friends will admire it. But I only plan to drive it to the grocery store once in a while, so I only want a cheap little engine. A luxury exterior combined with cheap parts is the best solution for me in this application—just slap something together and keep the price low." The maker is likely to respond: "We understand your need, but we cannot be associated with any product of low quality. Someone else may look under the hood some day, and that would damage our reputation as a maker of fine cars. You must look elsewhere, or decide you are willing to pay the price to keep one of our fine machines idle on your driveway."

Differing Legal and Regulatory Requirements

Users that innovate do not generally face legal risk if the product they develop fails and causes costs to themselves but not to others. In contrast, manufacturers that develop and sell new products are regarded under US law as also providing an implied warranty of "fitness for the intended use." If a product does not meet this criterion, and if a different, written warranty is not in place, manufacturers can be found liable for negligence with respect to providing a defective design and failure to warn buyers (Barnes and Ulin 1984). This simple difference can cause a large difference in exposure to liability by innovators and so can drive up the costs of manufacturer-provided solutions relative to user-provided ones.

For example, a user firm that builds a novel process controller to improve its plant operations must pay its own actual costs if the self-built controller fails and ruins expensive materials being processed. On the other hand, if a controller manufacturer designed the novel controller product and sold it to customers, and a failure then occurred and could be traced back to a fault in the design, the controller manufacturer is potentially liable for actual user costs *and* punitive damages. It may also incur significant reputational losses if the unhappy user broadcasts its complaints. The logical response of a controller manufacturer to this higher risk is to charge more and/or to be much more careful with respect to running exhaustive, expensive, and lengthy tests before releasing a new product. The resulting increase in cost and delay for obtaining a manufacturer-developed product can tend to tip users toward building their own, in-house solutions.

Net Result

A net result of the foregoing considerations is that manufacturers often find that developing a custom product for only one or a few users will be unprofitable. In such cases, the transaction costs involved can make it cheaper for users with appropriate capabilities to develop the product for themselves. In larger markets, in contrast, fixed transaction costs will be spread over many customers, and the economies of scale obtainable by producing for the whole market may be substantial. In that case, it will likely be cheaper for users to buy than to innovate. As a result, manufacturers, when contacted by a user with a very specific request, will be keenly interested in how many others are likely to want this solution or elements of it. If the answer is "few," a custom manufacturer will be unlikely to accept the project.

Of course, manufacturers have an incentive to *make* markets attractive from their point of view. This can be done by deviating from precisely serving the needs of a specific custom client in order to create a solution that will be "good enough" for that client but at the same time of more interest to others. Manufacturers may do this openly by arranging meetings among custom buyers with similar needs, and then urging the group to come up with a common solution that all will find acceptable. "After all," as the representative will say, "it is clear that we cannot make a special product to suit each user, so all of you must be prepared to make really difficult compromises!" More covertly, manufacturers may simply ignore some of the specific requests of the specific user client and make something that they expect to be a more general solution instead.

The contrasting incentives of users and manufacturers with respect to generality of need being served—and also with respect to the solution choice issue discussed earlier—can result in a very frustrating and cloudy interaction in which each party hides its best information and attempts to manipulate others to its own advantage. With respect to generality of need, sophisticated users understand custom suppliers' preference for a larger market and attempt to argue convincingly that "everyone will want precisely what I am asking you for." Manufacturers, in turn, know users have this incentive and so will generally prefer to develop custom products for which they themselves have a reasonable understanding of demand. Users are also aware of manufacturers' strong preference for only producing products that embody their existing solution expertise. To guard against the possibility that this incentive will produce biased advice, they may attempt to shop around among a number of suppliers offering different solution types and/or develop internal expertise on solution possibilities and/or attempt to write better contracts. All these attempts to induce and guard against bias involve agency costs.

An Illustrative Case

A case study by Sarah Slaughter (1993) illustrates the impact of some of the transaction costs discussed above related to users' innovate-or-buy decisions. Slaughter studied patterns of innovation in stressed-skin panels, which are used in some housing construction. The aspects of the panels studied were related to installation, and so the users of these features were home builders rather than home owners. When Slaughter contrasted users' costs of innovating versus buying, she found that it was always much cheaper for the builder to develop a solution for itself at a construction site than to ask a panel manufacturer to do so.

A stressed-skin panel can be visualized as a large 4-by-8-foot sandwich consisting of two panels made of plywood with a layer of plastic foam glued in between. The foam, about 4 inches thick, strongly bonds the two panels together and also acts as a layer of thermal insulation. In 1989, manufacturing of stressed-skin panels was a relatively concentrated industry; the four largest manufacturers collectively having a 77 percent share of the market. The user industry was much less concentrated: the four largest constructors of panelized housing together had only 1 percent of the market for such housing in 1989.

In housing construction, stressed-skin panels are generally attached to strong timber frames to form the outer shell of a house and to resist shear loads (such as the force of the wind). To use the panels in this way, a number of subsidiary inventions are required. For example, one must find a practical, long-lasting way to attach panels to each other and to the floors, the roof, and the frame. Also, one has to find a new way to run pipes and wires from place to place because there are no empty spaces in the walls to put them—panel interiors are filled with foam.

Stressed-skin panels were introduced into housing construction after World War II. From then till 1989, the time of Slaughter's study, 34 innovations were made in 12 functionally important areas to create a complete building system for this type of construction. Slaughter studied the history of each of these innovations and found that 82 percent had been developed by users of the stressed-skin panels—residential builders—and only 18 percent by manufacturers of stressed-skin panels. Sometimes more than one user developed and implemented different approaches to the same functional problem (table 4.1). Builders freely revealed their innovations rather than protecting them for proprietary advantage. They were passed from builder to builder by word of mouth, published in trade magazines, and diffused widely. All were replicated at building sites for years before any commercial panel manufacturer developed and sold a solution to accomplish the same function.

Histories of the user-developed improvements to stressed-skin panel construction showed that the user-innovator construction firms did not engage in planned R&D projects. Instead, each innovation was an immediate response to a problem encountered in the course of a construction project. Once a problem was encountered, the innovating builder typically developed and fabricated a solution at great speed, using skills, materials, and equipment on hand at the construction site. Builders reported that the average time from discovery of the problem to installation of the completed solution on the site was only half a day. The total cost of each innovation, including time, equipment, and materials, averaged $153.

Example: Installing Wiring in a Stressed-Skin Panel

A builder was faced with the immediate problem of how to route wires through the foam interior of panels to wall switches located in the middle of

Table 4.1
Users would have found it much more costly to get custom solutions from manufacturers. The costs of user-developed innovations in stressed-skin panels were very low.

Function	Average user development time (days)	Average user development cost	N	Minimimum cost of waiting for manufacturer to deliver
Framing of openings in panels	0.1	$20	1	$1,400
Structural connection between panels	0.1	30	2	$1,400
Ventilation of panels on roof	0.1	32	2	$28,000
Insulated connection between panels	0.1	41	3	$2,800
Corner connection between panels	0.2	60	1	$2,800
Installation of HVAC in panels	0.2	60	2	$2,800
Installation of wiring in panels	0.2	79	7	$2,800
Connection of panels to roof	0.2	80	1	$2,800
Add insect repellency to panels	0.4	123	3	$70,000
Connect panels to foundation	0.5	160	1	$1,400
Connect panels to frames	1.2	377	3	$2,800
Development of curved panels	5.0	1,500	1	$28,000
Average for all innovations	0.5	$153		$12,367

N represents number of innovations developed by *users* to carry out each listed function. Source: Slaughter 1993, tables 4 and 5. Costs and times shown are averaged for all user-developed innovations in each functional category. (The six *manufacturer-developed* innovations in Slaughter's sample are not included in this table.)

the panels. He did not want cut grooves or channels through the surfaces of the panels to these locations—that would dangerously reduce the panels' structural strength. His inventive solution was to mount an electrically heated wire on the tip of a long pole and simply push the heated tip through the center insulation layer of the panel. As he pushed, the electrically heated tip quickly melted a channel through the foam plastic insulation from the edge of the panel to the desired spot. Wires were then pulled through this channel.

The builder-innovator reported that the total time to develop the innovation was only an hour, and that the total cost for time and materials equaled $40. How could it cost so little and take so little time? The builder explained that using hot wires to slice sheets of plastic foam insulation into pieces of a required length is a technique known to builders. His idea as to how to modify the slicing technique to melt channels instead came to him quickly. To test the idea, he immediately sent a worker to an electrical supply house to get some nichrome wire (a type of high-resistance wire often used as an electrical heating element), attached the wire to a tip of a pole, and tried the solution on a panel at the building site—and it worked!

This solution was described in detail in an article in a builder's magazine and was widely imitated. A panel manufacturer's eventual response (after the user solution had spread for a number of years) was to manufacture a panel with a channel for wires pre-molded into the plastic foam interior of the panel. This solution is only sometimes satisfactory. Builders often do not want to locate switch boxes at the height of the premolded channel. Also, sometimes construction workers will install some panels upside down in error, and the preformed channels will then not be continuous between one panel and the next. In such cases, the original, user-developed solution is again resorted to.

Example: Creating a Curved Panel

A builder was constructing a custom house with large, curved windows. Curved stressed-skin panels were needed to fill in the space above and below these windows, but panel manufacturers only sold flat panels at that time. The builder facing the problem could not simply buy standard flat panels and bend them into curved ones at the construction site—completed panels are rigid by design. So he bought plywood and plastic foam at a local building supply house and slowly bent each panel component separately over a curved frame quickly built at the construction site. He then bonded all three elements together with glue to create strong curved panels that would maintain their shape over time.

To determine whether users' decisions to innovate rather than buy made economic sense for them, Slaughter calculated, in a very conservative way, what it would have cost users to buy a manufacturer-developed solution embodied in a manufactured panel rather than build a solution for themselves. Her estimates included only the cost of the delay a user-builder would incur while waiting for delivery of a panel incorporating a manufacturer's solution. Delay in obtaining a solution to a problem encountered at a construction site is costly for a builder, because the schedule of deliveries, subcontractors, and other activities must then be altered. For example, if installation of a panel is delayed, one must also reschedule the arrival of the subcontractor hired to run wires through it, the contractor hired to paint it, and so on. Slaughter estimated the cost of delay to a builder at $280 per crew per day of delay (Means 1989). To compute delay times, she assumed that a manufacturer would always be willing to supply the special item a user requested. She also assumed that no time elapsed while the manufacturer learned about the need, contracted to do the job, designed a solution, and obtained needed regulatory approvals. She then asked panel manufacturers to estimate how long it would take them to simply construct a panel with the solution needed and deliver it to the construction site. Delay times computed in this manner ranged from 5 days for some innovations to 250 days for the longest-term one and averaged 44 days.

The conservative nature of this calculation is very clear. For example, Slaughter points out that the regulatory requirements for building components, not included, are in fact much more stringent for manufacturers than for user-builders in the field of residential construction. Manufacturers delivering products can be required to provide test data demonstrating compliance with local building codes for each locality served. Testing new products for compliance in a locality can take from a month to several years, and explicit code approval often takes several additional years. In contrast, a builder that innovates need only convince the local building inspector that what he has done meets code or performance requirements—often a much easier task (Ehrenkrantz Group 1979; Duke 1988).

Despite her very conservative method of calculation, Slaughter found the costs to users of obtaining a builder solution to be many times the actual costs of developing a solution for themselves (table 4.1). Clearly, users' decisions to innovate rather than buy made economic sense in this case.

Modeling Users' Innovate-or-Buy Decisions

In this section I summarize the core of the argument discussed in this chapter via a simple quantitative model developed with Carliss Baldwin. Our goal is to offer additional clarity by trading off the richness of the qualitative argument for simplicity.

Whether a user firm should innovate or buy is a variant of a well-known problem: where one should place an activity in a supply chain. In any real-world case many complexities enter. In the model that follows, Baldwin and I ignore most of these and consider a simple base case focused on the impact of transaction costs on users' innovate-or-buy considerations. The model deals with manufacturing firms and user firms rather than individual users. We assume that user firms and manufacturer firms both will hire designers from the same homogeneous pool if they elect to solve a user problem. We also assume that both user firms and manufacturer firms will incur the same costs to solve a specific user problem. For example, they will have the same costs to monitor the performance of the designer employees they hire. In this way we simplify our innovate-or-buy problem to one of transaction costs only.

If there are no transaction costs (for example, no costs to write and enforce a contract), then by Coase's theorem a user will be indifferent between making or buying a solution to its problem. But in the real world there *are* transaction costs, and so a user will generally prefer to either make or buy. Which, from the point of view of minimizing overall costs of obtaining a problem solution, is the better choice under any given circumstances?

Let V_{ij} be the value of a solution to problem j for user i. Let N_j be the number of users having problem j. Let Wh_j be the cost of solving problem j, where W = hourly wage and h_j = hours required to solve it. Let P_j be the price charged by a manufacturer for a solution to problem j. Let T be fixed or "setup" transaction costs, such as writing a general contract for buyers of a solution to problem j. Let t be variable or "frictional" transaction costs, such as tailoring the general contract to a specific customer.

To explore this problem we make two assumptions. First, we assume that a user firm knows its own problems and the value of a solution to itself, V_{ij}. Second, we assume that a manufacturer knows the number of users having each problem, N_j, and the value of solutions for each problem for all users, V_{ij}.

These assumptions are in line with real-world incentives of users and manufacturers, although information stickiness generally prevents firms from getting full information. That is, users have a high incentive to know their own problems and the value to them of a solution. Manufacturers, in turn, have an incentive to invest in understanding the nature of problems faced by users in the target market, the number of users affected, and the value that the users would attach to getting a solution in order to determine the potential profitability of markets from their point of view.

We first consider the user's payoff for solving a problem for itself. A user has no transaction costs in dealing with itself, so a user's payoff for solving problem j will be $V_{ij} - Wh_j$. Therefore, a user will buy a solution from an upstream manufacturer rather than develop one for itself if and only if $P_j \leq Wh_j$.

Next we consider payoffs to a manufacturer for solving problem j. In this case, transaction costs such as those discussed in earlier sections will be encountered. With respect to transaction costs assume first that $t = 0$ but $T > 0$. Then, the manufacturer's payoff for solving problem j will be $V_{ij} - Wh_j$, which needs to be positive in order for the manufacturer to find innovation attractive:

$N_j P_j - Wh_j - T > 0.$

But, as we saw, $P_j \leq Wh_j$ if the user is to buy, so we may substitute Wh_j for P_j in our inequality. Thus we obtain the following inequality as a condition for the user to buy:

$N_j(Wh_j) - Wh_j - T > 0,$

or

$N_j > (T / Wh_j) + 1.$

In other words, Baldwin and I find that the absolute lower bound on N is greater than 1. This means that a single user will always prefer to solve a unique problem j for itself (except in Coase's world, where $T = 0$, and the user will be indifferent). If every problem is unique to a single user, users will never choose to call on upstream manufacturers for solutions.

Now assume that $T = 0$ but $t > 0$. Then the condition for the user to buy rather than to innovate for itself becomes

$N_j(Wh_j - t) - Wh_j > 0,$

or equivalently (provided $Wh_j > t$)

$N_j > Wh_j / (Wh_j - t) > 1.$

Again, users will not call on upstream manufacturers to solve problems unique to one user.

The findings from the simplified model, then, are the following: Problems unique to one user will always be solved efficiently by users hiring designers to work for them in house. In contrast, problems affecting more than a moderate number of users, n, which is a function of the transaction costs, will be efficiently solved by the manufacturer hiring designers to develop the needed new product or service and then selling that solution to all users affected by the problem. However, given sufficient levels of T and/or of t, problems affecting more than one but fewer than n users will not be solved by a manufacturer, and so there will be a market failure: Assuming an institutional framework consisting only of independent users and manufacturers, multiple users will have to solve the same problem independently.

As illustration, suppose that $t = 0.25Wh_j$ and $T = 10Wh_j$. Then, combining the two expressions and solving for n yields

$$n = (11Wh_j/0.75Wh_j) = 14.66.$$

The condition for the user to buy the innovation rather than innovate itself becomes $N_j \geq 15$. For a number of users less than 15 but greater than 1, there will be a wasteful multiplication of user effort: several users will invest in developing the same innovation independently.

In a world that consists entirely of manufacturers and of users that do not share the innovations they develop, the type of wasteful duplicative innovation investment by users just described probably will occur often. As was discussed earlier in this chapter, and as was illustrated by Slaughter's study, substantial transaction costs might well be the norm. In addition, low numbers of users having the same need—situations where N_j is low—might also be the norm in the case of functionally novel innovations. Functionally novel innovations, as I will show later, tend to be developed by lead users, and lead users are by definition at the leading (low-N_j) edge of markets.

When the type of market failure discussed above does occur, users will have an incentive to search for institutional forms with a lower T and/or a lower t than is associated with assignment of the problem to an upstream manufacturer. One such institutional form involves interdependent innovation development among multiple users (for example, the institutional form used successfully in open source software projects that I will discuss in chapter 7). Baldwin and Clark (2003) show how this form can work to solve the problem of wasteful user innovation investments that were identified in our model. They show that, given modularity in the software's architecture, it will pay for users participating in open source software projects to generate and freely reveal some components of the needed innovation, benefiting from the fact that other users are likely to develop and reveal other components of that innovation. At the limit, the wasteful duplication of users' innovative efforts noted above will be eliminated; each innovation component will have been developed by only one user, but will be shared by many.

Benefiting from the Innovation Process

Some individual users (not user firms) may decide to innovate for themselves rather than buy even if a traditional accounting evaluation would show that they had made a major investment in time and materials for an apparently minor reward in product functionality. The reason is that individual users may gain major rewards from the process of innovating, in addition to rewards from the product being developed. Make-or-buy evaluations typically include factors such as the time and materials that must be invested to develop a solution. These costs are then compared with the likely benefits produced by the project's "output"—the new product or service created—to determine whether the project is worth doing. This was the type of comparison made by Slaughter, for example, in assessing whether it would be better for the users to make or to buy the stressed-skin panel innovations in her sample. However, in the case of individual user-innovators, this type of assessment can provide too narrow a perspective on what actually constitutes valuable project output. Specifically, there is evidence that individuals sometimes greatly prize benefits derived from their participation in *the process* of innovation. The process, they say, can produce learning and enjoyment that is of high value to them.

In the introductory chapter, I pointed out that some recreational activities, such as solving crossword puzzles, are clearly engaged in for process rewards only: very few individuals value the end "product" of a completed puzzle. But process rewards have also been found to be important for innovators that are producing outputs that they and others do value (Hertel, Niedner, and Herrmann 2003; Lakhani and Wolf 2005). Lakhani and Wolf studied a sample of individuals ($n = 684$, response rate = 34 percent) who had written new software code and contributed it to an open source project. They asked the programmers to list their three most important reasons for doing this. Fifty-eight percent of respondents said that an important motivation for writing their code was that they had a work need (33 percent), or a non-work need (30 percent) or both (5 percent) for the code itself. That is, they valued the project's "output" as this is traditionally viewed. However, 45 percent said that one of their top three reasons for writing code was intellectual stimulation, and 41 percent said one of their top three reasons was to improve their own programming skills (Lakhani and Wolf 2005, table 6). Elaborating on these responses, 61 percent of respondents said that their participation in the open source project was their most creative experience or was as creative as their most creative experience. Also, more than 60 percent said that "if there were one more hour in the day" they would always or often dedicate it to programming.

Csikszentmihalyi (1975, 1990, 1996) systematically studied the characteristics of tasks that individuals find intrinsically rewarding, such as rock climbing. He found that a level of challenge somewhere between boredom and fear is important, and also that the experience of "flow" gained when one is fully engaged in a task is intrinsically rewarding. Amabile (1996) proposes that intrinsic motivation is a key determining factor in creativity. She defines a creative task as one that is heuristic in nature (with no predetermined path to solution), and defines a creative outcome as a novel and appropriate (useful) response to such a task. Both conditions certainly can apply to the task of developing a product or a service.

In sum, to the extent that individual user-innovators benefit from the process of developing or modifying a product as well as from the product actually developed, they are likely to innovate even when the benefits expected from the product itself are relatively low. (Employees of a firm may wish to experience this type of intrinsic reward in their work as well, but managers and commercial constraints may give them less of an opportunity to do so. Indeed, "control over my own work" is cited by many programmers as a reason that they enjoy creating code as volunteers on open source projects more than they enjoy coding for their employers for pay.)

The Problem-Solving Process

Product and service development is at its core a problem-solving process. Research into the nature of problem solving shows it to consist of trial and error, directed by some amount of insight as to the direction in which a solution might lie (Baron 1988). Trial and error has also been found to be prominent in the problem-solving work of product and process development (Marples 1961; Allen 1966; von Hippel and Tyre 1995; Thomke 1998, 2003).

Trial-and-error problem solving can be envisioned as a four-phase cycle that is typically repeated many times during the development of a new product or service. Problem solvers first conceive of a problem and a related solution based on their best knowledge and insight. Next, they build a physical or virtual prototype of both the possible solution they have envisioned and the intended use environment. Third, they run the experiment—that is, they operate their prototyped solution and see what happens. Fourth and finally, they analyze the result to understand what happened in the trial and to assess the "error information" that they gained. (In the trial-and-error formulation of the learning process, error is the new information or learning derived from an experiment by an experimenter: it is the aspect(s) of the outcome that the experimenter did not predict.) Developers then use the new learning to modify and improve the solution under development before building and running a new trial (figure 5.1).

Trial-and-error experimentation can be informal or formal; the underlying principles are the same. As an example on the informal side, consider a user experiencing a need and then developing what eventually turns out to be a new product: the skateboard. In phase 1 of the cycle, the user combines

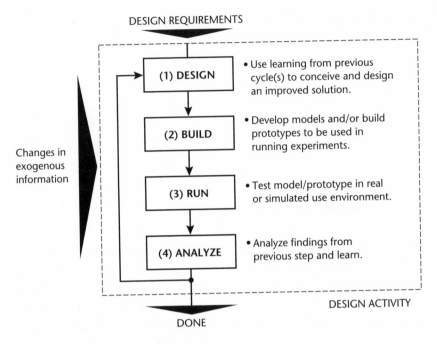

DESIGN REQUIREMENTS

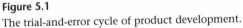

Figure 5.1
The trial-and-error cycle of product development.

need and solution information into a product idea: "I am bored with roller skating. How can I get down this hill in a more exciting way? Maybe it would be fun to put my skates' wheels under a board and ride down on that." In phase 2, the user builds a prototype by taking his skates apart and hammering the wheels onto the underside of a board. In phase 3, he runs the experiment by climbing onto the board and heading down the hill. In phase 4, he picks himself up from an inaugural crash and thinks about the error information he has gained: "It is harder to stay on this thing than I thought. What went wrong, and how can I improve things before my next run down the hill?"

As an example of more formal experimentation, consider a product-development engineer working in a laboratory to improve the performance of an automobile engine. In phase 1, need and solution information are again combined into a design idea: "I need to improve engine fuel efficiency. I think that a more even expansion of the flame in the cylinders is a possible solution direction, and I think that changing the shape of the spark plug electrodes will improve this." In phase 2, the engineer builds a spark plug incorporating her new idea. In phase 3, she inserts the new spark plug into a lab test engine equipped with the elaborate instrumentation needed to measure the very rapid propagation of a flame in the cylinders of an auto engine and runs the test. In phase 4, she feeds the data into a computer and analyzes the results. She asks: "Did the change in spark plug design change the flame front as expected? Did it change fuel efficiency? How can I use what I have learned from this trial to improve things for the next one?"

In addition to the difference in formality, there is another important difference between these two examples. In the first example, the skateboard user was conducting trial and error with a full prototype of the intended product in a real use environment—his own. In the second example, the experimental spark plug might have been a full prototype of a real product, but it probably consisted only of that portion of a real spark plug that actually extends into a combustion chamber. Also, only *aspects* of the use environment were involved in the lab experiment. That is, the test engine was not a real auto engine, and it was not being operated in a real car traveling over real roads.

Experimentation is often carried out using simplified versions—models— of the product being designed and its intended use environment. These models can be physical (as in the example just given), or they can be virtual (as in the case of thought experiments or computer simulations). In a computer simulation, both the product and the environment are represented in digital form, and their interaction is tested entirely within a computer. For example, one might make a digital model of an automobile and a crash barrier. One could then use a computer to simulate the crash of the model car into the model barrier. One would analyze the results by calculating the effects of that crash on the structure of the car.

The value of using models rather than the real thing in experimentation is twofold. First, it can reduce the cost of an experiment—it can be much cheaper to crash a simulated BMW than a real one. Second, it can make experimental results clearer by making them simpler or otherwise different than real life. If one is trying to test the effect of a small change on car safety, for example, it can be helpful to remove everything not related to that change from the experiment. For example, if one is testing the way a particular wheel suspension structure deforms in a crash, one does not have to know (or spend time computing) how a taillight lens will react in the crash. Also, in a real crash things happen only once and happen very fast. In a virtual crash executed by computer, on the other hand, one can repeat the crash sequence over and over, and can stretch time out or compress it exactly as one likes to better understand what is happening (Thomke 2003).

Users and others experimenting with real prototypes in real use environments can also modify things to make tests simpler and clearer. A restaurant chef, for example, can make slight variations in just a small part of a recipe each time a customer calls for it, in order to better understand what is happening and make improvements. Similarly, a process machine user can experiment with only a small portion of machine functioning over and over to test changes and detect errors.

Sometimes designers will test a real experimental object in a real experimental context only after experimenting with several generations of models that isolate different aspects of the real and/or encompass increasing amounts of the complexity of the real. Developers of pharmaceuticals, for example, might begin by testing a candidate drug molecule against just the purified enzyme or receptor it is intended to affect, then test it again and again against successively more complex models of the human organism (tissue cultures, animal models, etc.) before finally seeking to test its effect on real human patients during clinical trials (Thomke, von Hippel, and Franke 1998).

Sticky Information

Any experiment is only as accurate as the information that is used as inputs. If inputs are not accurate, outcomes will not be accurate: "garbage in, garbage out."

The goal of product development and service development is to create a solution that will satisfy needs of real users within real contexts of use. The more complete and accurate the information on these factors, the higher the fidelity of the models being tested. If information could be transferred costlessly from place to place, the quality of the information available to problem solvers would or could be independent of location. But if information is costly to transfer, things are different. User-innovators, for example, will then have better information about their needs and their use context than will manufacturers. After all, they create and live in that type of information in full fidelity! Manufacturer-innovators, on the other hand, must transfer that information to themselves at some cost, and are unlikely to be able to obtain it in full fidelity at any cost. However, manufacturers might well have a higher-fidelity model of the solution types in which they specialize than users have.

It turns out that much information needed by product and service designers is "sticky." In any particular instance, the stickiness of a unit of information is defined as the incremental expenditure required to transfer that unit of information to a specified location in a form usable by a specified information seeker. When this expenditure is low, information stickiness is low; when it is high, stickiness is high (von Hippel 1994). That information *is* often sticky has been shown by studying the costs of transferring information regarding fully developed process technology from one location to another with full cooperation on both sides. Even under these favorable conditions, costs have been found to be high—leading one to conclude that the costs of transferring information during product and service development are likely to be at least as high. Teece (1977), for example, studied 26 international technology-transfer projects and found that the costs of information transfer ranged from 2 percent to 59 percent of total project costs and averaged 19 percent—a considerable fraction. Mansfield et al. (1982) also studied a number of projects involving technology transfer to overseas plants, and also found technology-transfer costs averaging about 20 percent of total project costs. Winter and Suzlanski (2001) explored replication of well-known organizational routines at new sites and found the process difficult and costly.

Why is information transfer so costly? The term "stickiness" refers only to a consequence, not to a cause. Information stickiness can result from causes ranging from attributes of the information itself to access fees charged by an information owner. Consider tacitness—a lack of explicit encoding. Polanyi (1958, pp. 49–53) noted that many human skills are tacit because "the aim of a skilful performance is achieved by the observance of a set of rules which are not known as such to the person following them." For example, swimmers are probably not aware of the rules they employ to keep afloat (e.g., in exhaling, they do not completely empty their lungs), nor are medical experts generally aware of the rules they follow in order to reach a diagnosis of a disease. "Indeed," Polanyi says, "even in modern industries the indefinable knowledge is still an essential part of technology." Information that is tacit is also sticky because it cannot be transferred at low cost. As Polanyi points out, "an art which cannot be specified in detail cannot be transmitted by prescription, since no prescription for it exists. It can be passed on only by example from master to apprentice. . . ." Apprenticeship is a relatively costly mode of transfer.

Another cause of information stickiness is related to absorptive capacity. A firm's or an individual's capacity to absorb new, outside technical information is largely a function of prior related knowledge (Cohen and Levinthal 1990). Thus, a firm knowing nothing about circuit design but seeking to apply an advanced technique for circuit engineering may be unable to apply it without first learning more basic information. The stickiness of the information about the advanced technique for the firm in question is therefore higher than it would be for a firm that already knows that basic information. (Recall that the stickiness of a unit of information is defined as the incremental expenditure required to transfer a unit of information to a specified site in a form usable by a *specific* information seeker.)

Total information stickiness associated with solving a specific problem is also determined by the amount of information required by a problem solver. Sometimes a great deal is required, for two reasons. First, as Rosenberg (1976, 1982) and Nelson (1982, 1990) point out, much technological knowledge deals with the specific and the particular. Second, one does not know in advance of problem solving which particular items will be important.

An example from a study by von Hippel and Tyre (1995) illustrates both points nicely. Tyre and I studied how and why novel production machines failed when they were first introduced into factory use. One of the machines studied was an automated machine used by a computer manufacturing firm to place large integrated circuits onto computer circuit boards. The user firm had asked an outside group to develop what was needed, and that group had developed and delivered a robot arm coupled to a machine-vision system. The arm, guided by the vision system, was designed to pick up integrated circuits and place them on a circuit board at precise locations.

Upon being installed in the factory, the new component-placing machine failed many times as a result of its developers' lack of some bit of information about the need or use environment. For example, one day machine operators reported that the machine was malfunctioning—again—and they did not know why. Investigation traced the problem to the machine-vision system. This system used a small TV camera to locate specific metalized patterns on the surface of each circuit board being processed. To function, the system needed to "see" these metalized patterns clearly against the background color of the board's surface. The vision system developed by the machine-development group had functioned properly in their lab when tested with sample boards from the user factory. However, the field investigation showed that in the factory it failed when boards that were light yellow in color were being processed.

The fact that some of the boards being processed *were* sometimes light yellow was a surprise to the machine developers. The factory personnel who had set the specifications for the machine knew that the boards they processed varied in color; however, they had not volunteered the information, because they did not know that the developers would be interested. Early in the machine-development process, they had simply provided samples of boards used in the factory to the machine-development group. And, as it happened, these samples were green. On the basis of the samples, developers had then (implicitly) assumed that all boards processed in the field were green. It had not occurred to them to ask users "How much variation in board color do you generally experience?" Thus, they had designed the vision system to work successfully with boards that were green.

In the case of this field failure, the item of information needed to understand or predict this problem was known to the users and could easily have been provided to the machine developers—had the developers thought to ask and/or had users thought to volunteer it. But in the actual evolution of events this was not done. The important point is that this omission was not due to poor practice; it was due to the huge amount of information about the need and the use environment that was *potentially* relevant to problem solvers. Note that the use environment and the novel machine contain many highly specific attributes that could potentially interact to cause field problems. Note also that the property of the board causing this particular type of failure was very narrow and specific. That is, the problem was not that the board had physical properties, nor that it had a color. The problem was precisely that some boards were yellow, and a particular shade of yellow at that. Since a circuit board, like most other components, has many attributes in addition to color (shape, size, weight, chemical composition, resonant frequency, dielectric constant, flexibility, and so on), it is likely that problem solvers seeking to learn everything they might need to know about the use and the use environment would have to collect a very large (perhaps unfeasibly large) number of very specific items of information.

Next, consider that the information items the problem solver will actually need (of the many that exist) are contingent on the solution path taken by the engineer designing the product. In the example, the problem caused by the yellow color of the circuit board was contingent on the design solution to the component-placing problem selected by the engineer during the development process. That is, the color of the circuit boards in the user factory became an item the problem solvers needed to know only when engineers, in the course of their development of the component placer, decided to use a vision system in the component-placing machine they were designing, and the fact that some boards were yellow became relevant only when the engineers chose a video camera and lighting that could not distinguish the metalized patterns on the board against a yellow background. Clearly, it can be costly to transfer the many items of information that a product or service developer might require—even if each individual item has low stickiness—from one site to another.

How Information Asymmetries Affect User Innovation vs. Manufacturer Innovation

An important consequence of information stickiness is that it results in information asymmetries that cannot be erased easily or cheaply. Different users and manufacturers will have different stocks of information, and may find it costly to acquire information they need but do not have. As a result, each innovator will tend to develop innovations that draw on the sticky information it already has, because that is the cheapest course of action (Arora and Gambardella 1994; von Hippel 1994). In the specific case of product development, this means that users as a class will tend to develop innovations that draw heavily on their own information about need and context of use. Similarly, manufacturers as a class will tend to develop innovations that draw heavily on the types of solution information in which they specialize.

This effect is visible in studies of innovation. Riggs and von Hippel (1994) studied the types of innovations made by users and manufacturers that improved the functioning of two major types of scientific instruments.

Table 5.1
Users tend to develop innovations that deliver novel functions.

Type of improvement provided by innovation	Innovation developed by		
	User	Manufacturer	n
New functional capability	82%	18%	17
Sensitivity, resolution, or accuracy improvement	48%	52%	23
Convenience or reliability improvement	13%	87%	24
Total sample size			64

Source: Riggs and von Hippel 1994, table 3.

They found that users tended to develop innovations that enabled the instruments to do qualitatively new types of things for the first time. In contrast, manufacturers tended to develop innovations that enabled users to do the same things they had been doing, but to do them more conveniently or reliably (table 5.1). For example, users were the first to modify the instruments to enable them to image and analyze magnetic domains at submicroscopic dimensions. In contrast, manufacturers were the first to computerize instrument adjustments to improve ease of operation. Sensitivity, resolution, and accuracy improvements fall somewhere in the middle, as the data show. These types of improvements can be driven by users seeking to do specific new things, or by manufacturers applying their technical expertise to improve the products along known dimensions of merit, such as accuracy.

The variation in locus of innovation for different types of innovations, seen in table 5.1 does fit our expectations from the point of view of sticky information considerations. But these findings are not controlled for profitability, and so it might be that profits for new functional capabilities are systematically smaller than profits obtainable from improvements made to existing functionality. If so, this could also explain the patterns seen.

Ogawa (1998) took the next necessary step and conducted an empirical study that did control for profitability of innovation opportunities. He too found the sticky-information effect—this time visible in the division of labor *within* product-development projects. He studied patterns in the development of a sample of 24 inventory-management innovations. All were jointly developed by a Japanese equipment manufacturer, NEC, and by a user firm, Seven-Eleven Japan (SEJ). SEJ, the leading convenience-store company in Japan, is known for its inventory management. Using innovative methods and equipment, it is able to turn over its inventory as many as 30 times a year, versus 12 times a year for competitors (Kotabe 1995). An example of such an innovation jointly developed by SEJ and NEC is just-in-time reordering, for which SEJ created the procedures and NEC the hand-held equipment to aid store clerks in carrying out their newly designed tasks. Equipment sales to SEJ are important to NEC: SEJ has thousands of stores in Japan.

The 24 innovations studied by Ogawa varied in the amount of sticky need information each required from users (having to do with store inventory-management practices) and the amount of sticky solution information required from manufacturers (having to do with new equipment technologies). Each also varied in terms of the profit expectations of both user and manufacturer. Ogawa determined how much of the design for each was done by the user firm and how much by the manufacturer firm. Controlling for profit expectations, he found that increases in the stickiness of user information were associated with a significant increase in the amount of need-related design undertaken by the user (Kendall correlation coefficient $= 0.5784$, $P < 0.01$). Conversely he found that increased stickiness of technology-related information was associated in a significant reduction in the amount of technology design done by the user (Kendall correlation coefficients $= 0.4789$, $P < 0.05$). In other words, need-intensive tasks within product-development projects will tend to be done by users, while solution-intensive ones will tend to be done by manufacturers.

Low-Cost Innovation Niches

Just as there are information asymmetries between users and manufacturers as classes, there are also information asymmetries among *individual* user firms and individuals, and among individual manufacturers as well. A study of mountain biking by Lüthje, Herstatt, and von Hippel (2002) shows that information held locally by individual user-innovators strongly affects the type of innovations they develop.

Mountain biking involves bicycling on rough terrain such as mountain trails. It may also involve various other extreme conditions, such as bicycling on snow and ice and in the dark (van der Plas and Kelly 1998). Mountain biking began in the early 1970s when some young cyclists started to use their bicycles off-road. Existing commercial bikes were not suited to this type of rough use, so early users put together their own bikes. They used strong bike frames, balloon tires, and powerful drum brakes designed for motorcycles. They called their creations "clunkers" (Penning 1998; Buenstorf 2002).

Commercial manufacture of mountain bikes began about 1975, when some of the early users of mountain bikes began to also build bikes for others. A tiny cottage industry developed, and by 1976 a half-dozen small assemblers existed in Marin County, California. In 1982, a small firm named Specialized, an importer of bikes and bike parts that supplied parts to the Marin County mountain bike assemblers, took the next step and brought the first mass-produced mountain bike to market. Major bike manufacturers then followed and started to produce mountain bikes and sell them at regular bike shops across the United States. By the mid 1980s the mountain bike was fully integrated in the mainstream bike market, and it has since grown to significant size. In 2000, about 65 percent of total retail sales in the US bicycle market were generated in the mountain bike category (National Sporting Goods Association 2002).

Mountain biking enthusiasts did not stop their innovation activities after the introduction of commercially manufactured mountain bikes. They kept pushing mountain biking into more extreme environmental conditions, and they continued to develop new sports techniques involving mountain bikes (*Mountain Bike* 1996). Thus, some began jumping their bikes from house roofs and water towers and developing other forms of acrobatics. As they did so, they steadily discovered needs for improvements to their equipment. Many responded by developing and building the improvements they needed for themselves.

Our sample of mountain bikers came from the area that bikers call the North Shore of the Americas, ranging from British Columbia to Washington State. Expert mountain bikers told us that this was a current "hot spot" where new riding styles were being developed and where the sport was being pushed toward new limits. We used a questionnaire to collect data from members of North Shore mountain biking clubs and from contributors to the mailing lists of two North Shore online mountain biking forums. Information was obtained from 291 mountain bikers. Nineteen percent of bikers responding to the questionnaire reported developing and building a new or modified item of mountain biking equipment for their own use. The

Table 5.2

Innovators tended to use solution information they already had "in stock" to develop their ideas. Tabulated here are innovators' answers to the question "How did you obtain the information needed to develop your solution?"

	Mean	Median	Very high or high agreement
"I had it due to my professional background."	4.22	4	47.5%
"I had it from mountain biking or another hobby."	4.56	5	52.4%
"I learned it to develop this idea."	2.11	2	16%

Source: Lüthje et al. 2003. $N = 61$. Responses were rated on a seven-point scale, with 1 = not at all true and 7 = very true.

innovations users developed were appropriate to the needs associated with their own riding specialties and were heterogeneous in function.

We asked mountain bikers who had innovated about the sources of the need and solution information they had used in their problem solving. In 84.5 percent of the cases respondents strongly agreed with the statement that their need information came from *personal needs they had frequently experienced* rather than from information about the needs of others. With respect to solution information, most strongly agreed with the statement that *they used solution information they already had*, rather than learning new solution information in order to develop their biking equipment innovation (table 5.2).

Discussion

To the extent that users have heterogeneous and sticky need and solution information, they will have heterogeneous low-cost innovation niches. Users can be sophisticated developers within those niches, despite their reliance on their own need information and solution information that they already have in stock. On the need side, recall that user-innovators generally are lead users and generally are expert in the field or activity giving rise to their needs. With respect to solution information, user firms have specialties that may be at a world-class level. Individual users can also have high levels of solution expertise. After all, they are students or employees during the day, with training and jobs ranging from aerospace engineering to orthopedic surgery. Thus, mountain bikers might not want to *learn* orthopedic surgery to improve their biking equipment, but if they already *are* expert in that field they could easily draw on what they know for relevant solution information. Consider the following example drawn from the study of mountain biking discussed earlier:

I'm a human movement scientist working in ergonomics and biomechanics. I used my medical experience for my design. I calculated a frame design suitable for different riding conditions (downhill, climb). I did a CAD frame design on Catia and conceived a spring or air coil that can be set to two different heights. I plan to build the bike next year.

Users' low-cost innovation niches can be narrow because their development "labs" for such experimentation often consist largely of their individual use environment and customary activities. Consider, for example, the low-cost innovation niches of individual mountain bikers. Serious mountain bikers generally specialize in a particular type of mountain biking activity. Repeated specialized play and practice leads to improvement in related specialized skills. This, in turn, may lead to a discovery of a problem in existing mountain biking equipment and a responsive innovation. Thus, an innovating user in our mountain biking study reported the following: "When doing tricks that require me to take my feet off the bike pedals in mid-air, the pedals often spin, making it hard to put my feet back onto them accurately before landing." Such a problem is encountered only when a user has gained a high level of skill in the very specific specialty of jumping and performing tricks in mid-air. Once the problem has been encountered and recognized, however, the skilled specialist user can re-evoke the same problematic conditions at will during ordinary practice. The result is the creation of a low-cost laboratory for testing and comparing different solutions to that problem. The user is benefiting from enjoyment of his chosen activity and is developing something new via learning by doing at the same time.

In sharp contrast, if that same user decides to stray outside his chosen activity in order to develop innovations of interest to others with needs that are different from his own, the cost properly assignable to innovation will rise. To gain an equivalent-quality context for innovation, such a user must invest in developing personal skill related to the new innovation topic. Only in this way will he gain an equivalently deep understanding of the problems relevant to practitioners of that skill, and acquire a "field laboratory" appropriate to developing and testing possible solutions to those new problems.

Of course, these same considerations apply to user firms as well as to individual users. A firm that is in the business of polishing marble floors is a user of marble polishing equipment and techniques. It will have a low-cost learning laboratory with respect to improvements in these because it can conduct trial-and-error learning in that "lab" during the course of its customary business activities. Innovation costs can be very low because innovation activities are paid for in part by rewards unrelated to the novel equipment or technique being developed. The firm is polishing while innovating—and is getting paid for that work (Foray 2004). The low cost innovation niche of the marble polishing firm may be narrow. For example, it is unlikely to have any special advantage with respect to innovations in the polishing of wood floors, which requires different equipment and techniques.

Products, services, and processes developed by users become more valuable to society if they are somehow diffused to others that can also benefit from them. If user innovations are not diffused, multiple users with very similar needs will have to invest to (re)develop very similar innovations, which would be a poor use of resources from the social welfare point of view. Empirical research shows that new and modified products developed by users often do diffuse widely—and they do this by an unexpected means: user-innovators themselves often voluntarily publicly reveal what they have developed for all to examine, imitate, or modify without any payment to the innovator.

In this chapter, I first review evidence that free revealing is frequent. Next, I discuss the case for free revealing from an innovators' perspective, and argue that it often can be the best *practical* route for users to increase profit from their innovations. Finally, I discuss the implications of free revealing for innovation theory.

Evidence of Free Revealing

When my colleagues and I say that an innovator "freely reveals" proprietary information, we mean that all intellectual property rights to that information are voluntarily given up by that innovator and all parties are given equal access to it—the information becomes a public good (Harhoff, Henkel, and von Hippel 2003). For example, placement of non-patented information in a publicly accessible site such as a journal or public website would be free revealing as we define it. Free revealing as so defined does not mean that recipients necessarily acquire and utilize the revealed information at no cost to themselves. Recipients may, for example, have to pay for a subscription to a journal or for a field trip to an innovation site to acquire the information being freely revealed. Also, some may have to obtain complementary information or other assets in order to fully understand that information or put it to use. However, if the possessor of the information does not profit from any such expenditures made by its adopters, the information itself is still freely revealed, according to our definition. This definition of free revealing is rather extreme in that revealing with some small constraints, as is sometimes done, would achieve largely the same economic effect. Still, it is useful to discover that innovations are often freely revealed even in terms of this stringent definition.

Routine and intentional free revealing among profit-seeking firms was first described by Allen (1983). He noticed the phenomenon, which he called collective invention, in historical records from the nineteenth-century English iron industry. In that industry, ore was processed into iron by means of large furnaces heated to very high temperatures. Two attributes of the furnaces used had been steadily improved during the period 1850–1875: chimney height had been increased and the temperature of the combustion air pumped into the furnace during operation had been raised. These two technical changes significantly and progressively improved the energy efficiency of iron production—a very important matter for producers. Allen noted the surprising fact that employees of competing firms publicly revealed information on their furnace design improvements and related performance data in meetings of professional societies and in published material.

After Allen's initial observation, a number of other authors searched for free revealing among profit-seeking firms and frequently found it. Nuvolari (2004) studied a topic and time similar to that studied by Allen and found a similar pattern of free revealing in the case of improvements made to steam engines used to pump out mines in the 1800s. At that time, mining activities were severely hampered by water that tended to flood into mines of any depth, and so an early and important application of steam engines was for the removal of water from mines. Nuvolari explored the technical history of steam engines used to drain copper and tin mines in England's Cornwall District. Here, patented steam engines developed by James Watt were widely deployed in the 1700s. After the expiration of the Watt patent, an engineer named Richard Trevithick developed a new type of high-pressure engine in 1812. Instead of patenting his invention, he made his design available to all for use without charge. The engine soon became the basic design used in Cornwall. Many mine engineers improved Trevithick's design further and published what they had done in a monthly journal, *Leans Engine Reporter*. This journal had been founded by a group of mine managers with the explicit intention of aiding the rapid diffusion of best practices among these competing firms.

Free revealing has also been documented in the case of more recent industrial equipment innovations developed by users. Lim (2000) reports that IBM was first to develop a process to manufacture semiconductors that incorporated copper interconnections among circuit elements instead of the traditionally used aluminum ones. After some delay, IBM revealed increasing amounts of proprietary process information to rival users and to equipment suppliers. Widespread free revealing was also found in the case of automated clinical chemistry analyzers developed by the Technicon Corporation for use in medical diagnosis. After commercial introduction of the basic analyzer, many users developed major improvements to both the analyzer and to the clinical tests processed on that equipment. These users, generally medical personnel, freely revealed their improvements via publication, and at company-sponsored seminars (von Hippel and Finkelstein 1979). Mishina (1989) found free, or at least selective no-cost revealing in the lithographic equipment industry. He reported that innovating equipment users would sometimes reveal what they had done to machine manufacturers. Morrison, Roberts, and I, in our study of library IT search software (discussed in chapter 2 above), found that innovating users freely revealed 56 percent of the software modifications they had developed. Reasons given for not revealing the remainder had nothing to do with considerations of intellectual property protection. Rather, users who did not share said they had no convenient users' group forum for doing so, and/or they thought their innovation was too specialized to be of interest to others.

Innovating users of sports equipment also have been found to freely reveal their new products and product modifications. Franke and Shah (2003), in their study of four communities of serious sports enthusiasts described in chapter 2, found that innovating users uniformly agreed with the statement that they shared their innovation with their entire community free of charge—and strongly disagreed with the statement that they sold their innovations ($p < 0.001$, t-test for dependent samples). Interestingly, two of the four communities they studied engaged in activities involving significant competition among community members. Innovators in these two communities reported high but significantly less willingness to share, as one might expect in view of the potentially higher level of competitive loss free revealing would entail.

Contributors to the many open source software projects extant (more than 83,000 were listed on SourceForge.net in 2004) also routinely make the new code they have written public. Well-known open source software products include the Linux operating system software and the Apache web server computer software. Some conditions are attached to open source code licensing to ensure that the code remains available to all as an information commons. Because of these added protections, open source code does not quite fit the definition of free revealing given earlier in this chapter. (The licensing of open source software will be discussed in detail in chapter 7.)

Henkel (2003) showed that free revealing is sometimes practiced by directly competing manufacturers. He studied manufacturers that were competitors and that had all built improvements and extensions to a type of software known as embedded Linux. (Such software is "embedded in" and used to operate equipment ranging from cameras to chemical plants.) He found that these manufacturers freely revealed improvements to the common software platform that they all shared and, with a lag, also revealed much of the equipment-specific code they had written.

The Practical Case for Free Revealing

The "private investment model" of innovation assumes that innovation will be supported by private investment if and as innovators can make attractive profits from doing so. In this model, any free revealing or uncompensated "spillover" of proprietary knowledge developed by private investment will reduce the innovator's profits. It is therefore assumed that innovators will strive to avoid spillovers of innovation-related information. From the perspective of this model, then, free revealing is a major surprise: it seems to make no sense that innovators would intentionally give away information for free that they had invested money to develop.

In this subsection I offer an explanation for the puzzle by pointing out that free revealing is often the *best practical* option available to user innovators. Harhoff, Henkel, and von Hippel (2003) found that it is in practice very difficult for most innovators to protect their innovations from direct or approximate imitation. This means that the practical choice is typically *not* the one posited by the private investment model: should innovators voluntarily freely reveal their innovations, or should they protect them? Instead, the real choice facing user innovators often is whether to voluntarily freely reveal or to arrive at the same end state, perhaps with a bit of a lag, via involuntary spillovers. The practical case for voluntary free revealing is further strengthened because it can be accomplished at low cost, and often yields private benefits to the innovators. When benefits from free revealing exceed the benefits that are *practically* obtainable from holding an innovation secret or licensing it, free revealing should be the preferred course of action for a profit-seeking firm or individual.

Others Often Know Something Close to "Your" Secret

Innovators seeking to protect innovations they have developed as their intellectual property must establish some kind of monopoly control over the innovation-related information. In practice, this can be done either by effectively hiding the information as a trade secret, or by getting effective legal protection by patents or copyrights. (Trademarks also fall under the heading of intellectual property, but we do not consider those here.) In addition, however, it must be the case that *others* do not know substitute information that skirts these protections and that they *are* willing to reveal. If multiple individuals or firms have substitutable information, they are likely to vary with respect to the competitive circumstances they face. A specific innovator's ability to protect "its" innovation as proprietary property will then be determined for all holders of such information by the decision of the one having the least to lose by free revealing. If one or more information holders expect no loss or even a gain from a decision to freely reveal, then the secret will probably be revealed despite other innovators' best efforts to avoid this fate.

Commonly, many firms and individuals have information that would be valuable to those seeking to imitate a particular innovation. This is because innovators and imitators seldom need access to a specific version of an innovation. Indeed, engineers seldom even want to see a solution exactly as their competitors have designed it: specific circumstances differ even among close competitors, and solutions must in any case be adapted to each adopter's precise circumstances. What an engineer does want to extract from the work of others is the principles and the general outline of a possible improvement, rather than the easily redevelopable details. This information is likely to be available from many sources.

For example, suppose you are a system developer at a bank and you are tasked with improving in-house software for checking customers' credit online. On the face of it, it might seem that you would gain most by studying the details of the systems that competing banks have developed to handle that same task. It is certainly true that competing banks may face market conditions very similar to your bank, and they may well not want to reveal the valuable innovations they have developed to a competitor. However, the situation is still by no means bleak for an imitator. There are also many non-bank users of online credit checking systems in the world—probably millions. Some will have innovated and be willing to reveal what they have done, and some of these will have the information you need. The likelihood that the information you seek will be freely revealed by some individual or firm is further enhanced by the fact that your search for novel basic improvements may profitably extend far beyond the specific application of online credit checking. Other fields will also have information on *components* of the solution you need. For example, many applications in addition to online credit checking use software components designed to determine whether persons seeking information are authorized to receive it. Any can potentially be a provider of information for this element of your improved system.

A finding by Lakhani and von Hippel (2003) illustrates the possibility that many firms and individuals may have similar information. Lakhani and von Hippel studied Apache help-line websites. These sites enable users having problems with Apache software to post questions, and others to respond with answers. The authors asked those who provided answers how many other help-line participants they thought also knew a solution to specific and often obscure problems they had answered on the Apache online forum. Information providers generally were of the opinion that some or many other help-line participants also knew a solution, and could have provided an answer if they themselves had not done so (table 6.1).

Even in the unlikely event that a secret is held by one individual, that information holder will not find it easy to keep a secret for long. Mansfield (1985) studied 100 American firms and found that "information concerning development decisions is generally in the hands of rivals within about 12 to 18 months, on the average, and information concerning the detailed nature and operation of a new product or process generally leaks out within

Table 6.1
Even very specialized information is often widely known. Tabulated here are answers to a question asked of help-line information providers: "How many others do you think knew the answer to the question you answered?"

	Frequent providers ($n = 21$)	Other providers ($n = 67$)
Many	38%	61%
A few with good Apache knowledge	38%	18%
A few with specific problem experience	24%	21%

Source: Lakhani and von Hippel 2003, table 10.

about a year." This observation is supported by Allen's previously mentioned study of free revealing in the nineteenth-century English iron industry. Allen (1983, p. 17) notes that developers of improved blast furnace designs were unlikely to be able to keep their valuable innovations secret because "in the case of blast furnaces and steelworks, the construction would have been done by contractors who would know the design." Also, "the designs themselves were often created by consulting engineers who shifted from firm to firm."

Low Ability to Profit from Patenting

Next, suppose that a single user-innovator is the only holder of a particular unit of innovation-related information, and that for some reason there are no easy substitutes. That user actually does have a real choice with respect to disposing of its intellectual property: it can keep the innovation secret and profit from in-house use only, it can license it, or it can choose to freely reveal the innovation. We have just seen that the practical likelihood of keeping a secret is low, especially when there are multiple potential providers of very similar secrets. But if one legally protects an innovation by means of a patent or a copyright, one need not keep an innovation secret in order to control it. Thus, a firm or an individual that freely reveals is forgoing any chance to get a profit via licensing of intellectual property for a fee. What, in practical terms, is the likelihood of succeeding at this and so of forgoing profit by choosing to freely reveal?

In most subject matters, the relevant form of legal protection for intellectual property is the patent, generally the "utility" patent. (The notable exception is the software industry, where material to be licensed is often protected by copyright.) In the United States, utility patents may be granted for inventions related to composition of matter and/or a method and/or a use. They may not be granted for ideas per se, mathematical formulas, laws of nature, and anything repugnant to morals and public policy. Within subject matters potentially protectable by patent, protection will be granted only when the intellectual property claimed meets additional criteria of usefulness, novelty, and non-obviousness to those skilled in the relevant art. (The tests for whether these criteria have been met are based on judgement. When a low threshold is used, patents are easier to get, and vice-versa (Hall and Harhoff 2004).)

The real-world value of patent protection has been studied for more than 40 years. Various researchers have found that, with a few exceptions, innovators do *not* think that patents are very useful either for excluding imitators or for capturing royalties in most industries. (Fields generally cited as exceptions are pharmaceuticals, chemicals, and chemical processes, where patents do enable markets for technical information (Arora et al. 2001).) Most respondents also say that the availability of patent protection does not induce them to invest more in research and development than they would if patent protection did not exist. Taylor and Silberston (1973) reported that 24 of 32 firms said that only 5 percent or less of their R&D expenditures were dependent on the availability of patent protection. Levin et al. (1987) surveyed 650 R&D executives in 130 different industries and found that all except respondents from the chemical and pharmaceutical industries judged patents to be "relatively ineffective." Similar findings have been reported by Mansfield (1968, 1985), by Cohen et al. (2000, 2002), by Arundel (2001), and by Sattler (2003).

Despite recent governmental efforts to strengthen patent enforcement, a comparison of survey results indicates only a modest increase between 1983 and 1994 in large firms' evaluations of patents' effectiveness in protecting innovations or promoting innovation investments. Of course, there are notable exceptions: some firms, including IBM and TI, report significant income from the licensing of their patented technologies.

Obtaining a patent typically costs thousands of dollars, and it can take years (Harhoff, Henkel, and von Hippel 2003). This makes patents especially impractical for many individual user-innovators, and also for small and medium-size firms of limited means. As a stark example, it is hard to imagine that an individual user who has developed an innovation in sports equipment would find it appealing to invest in a patent and in follow-on efforts to find a licensee and enforce payment. The few that do attempt this, as Shah (2000) has shown, seldom gain any return from licensees as payment for their time and expenditures.

Copyright is a low-cost and immediate form of legal protection that applies to original writings and images ranging from software code to movies. Authors do not have to apply for copyright protection; it "follows the author's pen across the page." Licensing of copyrighted works is common, and it is widely practiced by commercial software firms. When one buys a copy of a non-custom software product, one is typically buying only a license to use the software, not buying the intellectual property itself. However, copyright protection is also limited in an important way. Only the specific original writing itself is protected, not the underlying invention or ideas. As a consequence, copyright protections can be circumvented. For example, those who wish to imitate the function of a copyrighted software program can do so by writing new software code to implement that function.

Given the above, we may conclude that in practice little profit is being sacrificed by many user-innovator firms or individuals that choose to forgo the possibility of legally protecting their innovations in favor of free revealing.

Positive Incentives for Free Revealing

As was noted earlier, when we say that an innovator "freely reveals" proprietary information we mean that all existing and potential intellectual property rights to that information are voluntarily given up by that innovator and that all interested parties are given access to it—the information becomes a public good. These conditions can often be met at a very low cost. For example, an innovator can simply post information about the innovation on a website without publicity, so those potentially interested must discover it. Or a firm that has developed a novel process machine can agree to give a factory tour to any firm or individual that thinks to ask for one, without attempting to publicize the invention or the availability of such tours in any way. However, it is clear that many innovators go beyond basic, low-cost forms of free revealing. They spend significant money and time to ensure that their innovations are seen in a favorable light, and that information about them is effectively and widely diffused. Writers of computer code may work hard to eliminate all bugs and to document their code in a way that is very easy for potential adopters to understand before freely revealing it. Plant owners may repaint their plant, announce the availability of tours at a general industry meeting, and then provide a free lunch for their visitors.

Innovators' *active* efforts to diffuse information about their innovations suggest that there are positive, private rewards to be obtained from free revealing. A number of authors have considered what these might be. Allen (1983) proposed that reputation gained for a firm or for its managers might offset a reduction in profits for the firm caused by free revealing. Raymond (1999) and Lerner and Tirole (2002) elaborated on this idea when explaining free revealing by contributors to open source software development projects. Free revealing of high-quality code, they noted, can increase a programmer's reputation with his peers. This benefit can lead to other benefits, such as an increase in the programmer's value on the job market. Allen has argued that free revealing might have effects that actually increase a firm's profits if the revealed innovation is to some degree specific to assets owned by the innovator (see also Hirschleifer 1971).

Free revealing may also increase an innovator's profit in other ways. When an innovating user freely reveals an innovation, the direct result is to increase the diffusion of that innovation relative to what it would be if the innovation were either licensed at a fee or held secret. The innovating user may then benefit from the increase in diffusion via a number of effects. Among these are network effects. (The classic illustration of a network effect is that the value of each telephone goes up as more are sold, because the value of a phone is strongly affected by the number of others who can be contacted in the network.) In addition, and very importantly, an innovation that is freely revealed and adopted by others can become an informal standard that may preempt the development and/or commercialization of other versions of the innovation. If, as Allen suggested, the innovation that is revealed is designed in a way that is especially appropriate to conditions unique to the innovator, this can result in creating a permanent source of advantage for that innovator.

Being first to reveal a certain type of innovation increases a user firm's chances of having its innovation widely adopted, other things being equal. This may induce innovators to race to reveal first. Firms engaged in a patent race may disclose information voluntarily if the profits from success do not go only to the winner of the race. If being second quickly is preferable to being first relatively late, there will be an incentive for voluntary revealing in order to accelerate the race (de Fraja 1993).

Incentives to freely reveal have been most deeply explored in the specific case of open source software projects. Students of the open source software development process report that innovating users have a number of motives for freely revealing their code to open source project managers and open source code users in general. If they freely reveal, others can debug and improve upon the modules they have contributed, to everyone's benefit. They are also motivated to have their improvement incorporated into the standard version of the open source software that is generally distributed by the volunteer open source user organization, because it will then be updated and maintained without further effort on the innovator's part. This volunteer organization is the functional equivalent of a manufacturer with respect to inducing user improvements, because a user-developed improvement will be assured of inclusion in new "official" software releases only if it is approved and adopted by the coordinating user group. Innovating users also report being motivated to freely reveal their code under a free or open source license by a number of additional factors. These include giving support to open code and "giving back" to those whose freely revealed code has been of value to them (Lakhani and Wolf 2005).

By freely revealing information about an innovative product or process, a user makes it possible for manufacturers to learn about that innovation. Manufacturers may then improve upon it and/or offer it at a price lower than users' in-house production costs (Harhoff et al. 2003). When the improved version is offered for sale to the general market, the original user-innovator (and other users) can buy it and gain from in-house use of the improvements. For example, consider that manufacturers often convert user-developed innovations ("home-builts") into a much more robust and reliable form when preparing them for sale on the commercial market. Also, manufacturers offer related services, such as field maintenance and repair programs, that innovating users must otherwise provide for themselves.

A variation of this argument applies to the free revealing among competing manufacturers documented by Henkel (2003). Competing developers of embedded Linux systems were creating software that was specifically designed to run the hardware products of their specific clients. Each manufacturer could freely reveal this equipment-specific code without fear of direct competitive repercussions: it was applicable mainly to specific products made by a manufacturer's client, and it was less valuable to others. At the same time, all would jointly benefit from free revealing of improvements to the underlying embedded Linux code base, upon which they all build their proprietary products. After all, the competitive advantages of all their products depended on this code base's being equal to or better than the proprietary software code used by other manufacturers of similar products. Additionally, Linux software was a complement to hardware that many of the manufacturers in Henkel's sample also sold. Improved Linux software would likely increase sales of their complementary hardware products. (Complement suppliers' incentives to innovate have been modeled by Harhoff (1996).)

Free Revealing and Reuse

Of course, free revealing is of value only if others (re)use what has been revealed. It can be difficult to track what visitors to an information commons take away and reuse, and there is as yet very little empirical information on this important matter. Valuable forms of reuse range from the gaining of general ideas of development paths to pursue or avoid to the adoption of specific designs. For example, those who download software code from an open source project repository can use it to learn about approaches to solving a particular software problem and/or they may reuse portions of the downloaded code by inserting it directly into a software program of their own. Von Krogh et al. (2004) studied the latter type of code reuse in open source software and found it very extensive. Indeed, they report that *most* of the lines of software code in the projects they studied were taken from the commons of other open source software projects and software libraries and reused.

In the case of academic publications, we see evidence that free revealing does increase reuse—a matter of great importance to academics. A citation is an indicator that information contained in an article has been reused: the article has been read by the citing author and found useful enough to draw to readers' attention. Recent empirical studies are finding that articles to which readers have open access—articles available for free download from an author's website, for example—are cited significantly more often than are equivalent articles that are available only from libraries or from publishers' fee-based websites. Antelman (2004) finds an increase in citations ranging from 45 percent in philosophy to 91 percent in mathematics. She notes that "scholars in diverse disciplines are adopting open-access practices at a surprisingly high rate and are being rewarded for it, as reflected in [citations]."

Implications for Theory

We have seen that in practice free revealing may often be the best practical course of action for innovators. How can we tie these observations back to theory, and perhaps improve theory as a result? At present there are two major models that characterize how innovation gets rewarded. The private investment model is based on the assumption that innovation will be supported by private investors expecting to make a profit. To encourage private investment in innovation, society grants innovators some limited rights to the innovations they generate via patents, copyrights, and trade secrecy laws. These rights are intended to assist innovators in getting private returns from their innovation-related investments. At the same time, the monopoly control that society grants to innovators and the private profits they reap create a loss to society relative to the free and unfettered use by all of the knowledge that the innovators have created. Society elects to suffer this social loss in order to increase innovators' incentives to invest in the creation of new knowledge (Arrow 1962; Dam 1995).

The second major model for inducing innovation is termed the collective action model. It applies to the provision of public goods, where a public good is defined by its non-excludability and non-rivalry: if any user consumes it, it cannot be feasibly withheld from other users, and all consume it on the same terms (Olson 1967). The collective action model assumes that innovators are *required* to relinquish control of knowledge or other assets they have developed to a project and so make them a public good. This requirement enables collective action projects to avoid the social loss associated with the restricted access to knowledge of the private investment model. At the same time, it creates problems with respect to recruiting and motivating potential contributors. Since contributions to a collective action project are a public good, users of that good have the option of waiting for others to contribute and then free riding on what they have done (Olson 1967).

The literature on collective action deals with the problem of recruiting contributors to a task in a number of ways. Oliver and Marwell (1988) and Taylor and Singleton (1993) predict that the description of a project's goals and the nature of recruiting efforts should matter a great deal. Other researchers argue that the creation and deployment of selective incentives for contributors is essential to the success of collective action projects. For example, projects may grant special credentials to especially productive project members (Friedman and McAdam 1992; Oliver 1980). The importance of selective incentives suggests that small groups will be most successful at executing collective action projects. In small groups, selective incentives can be carefully tailored for each group member and individual contributions can be more effectively monitored (Olson 1967; Ostrom 1998).

Interestingly, successful open source software projects do not appear to follow any of the guidelines for successful collective action projects just described. With respect to project recruitment, goal statements provided by successful open source software projects vary from technical and narrow to ideological and broad, and from precise to vague and emergent (for examples, see goal statements posted by projects hosted on Sourceforge.net).[1] Further, such projects may engage in no active recruiting beyond simply posting their intended goals and access address on a general public website customarily used for this purpose (for examples, see the Freshmeat.net website). Also, projects have shown by example that they can be successful even if large groups—perhaps thousands—of contributors are involved. Finally, open source software projects seem to expend no effort to discourage free riding. Anyone is free to download code or seek help from project websites, and no apparent form of moral pressure is applied to make a compensating contribution (e.g., "If you benefit from this code, please also contribute . . .").

What can explain these deviations from expected practice? What, in other words, can explain free revealing of privately funded innovations and enthusiastic participation in projects to produce a public good? From the theoretical perspective, Georg von Krogh and I think the answer involves revisiting and easing some of the basic assumptions and constraints conventionally applied to the private investment and collective action models of innovation. Both, in an effort to offer "clean" and simple models for research, have excluded from consideration a very rich and fertile middle ground where incentives for private investment and collective action can coexist, and where a "private-collective" innovation model can flourish. More specifically, a private-collective model of innovation occupies the middle ground between the private investment model and the collective action model by:

• Eliminating the assumption in private investment models that free revealing of innovations developed with private funds will represent a loss of private profit for the innovator and so will not be engaged in voluntarily. Instead the private-collective model proposes that under common conditions free revealing of proprietary innovations may increase rather than decrease innovators' private profit.

• Eliminating the assumption in collective action models that a free rider obtains benefits from the completed public good that are equal to those a contributor obtains. Instead, the private-collective model proposes that contributors to a public good can *inherently* obtain greater private benefits than free riders. These provide incentives for participation in collective action projects that need not be managed by project personnel (von Hippel and von Krogh 2003).

In summation: Innovations developed at private cost are often revealed freely, and this behavior makes economic sense for participants under commonly encountered conditions. A private-collective model of innovation incentives can explain why and when knowledge created by private funding may be offered freely to all. When the conditions are met, society appears to have the best of both worlds—new knowledge is created by private funding and then freely revealed to all.

It is now clear that users often innovate, and that they often freely reveal their innovations. But what about informal cooperation among users? What about *organized* cooperation in development of innovations and other matters? The answer is that both flourish among user-innovators. Informal user-to-user cooperation, such as assisting others to innovate, is common. Organized cooperation in which users interact within communities, is also common. Innovation communities are often stocked with useful tools and infrastructure that increase the speed and effectiveness with which users can develop and test and diffuse their innovations.

In this chapter, I first show that user innovation is a widely distributed process and so can be usefully drawn together by innovation communities. I next explore the valuable functions such communities can provide. I illustrate with a discussion of free and open source software projects, a very successful form of innovation community in the field of software development. Finally, I point out that innovation communities are by no means restricted to the development of information products such as software, and illustrate with the case of a user innovation community specializing in the development of techniques and equipment used in the sport of kitesurfing.

User Innovation Is Widely Distributed

When users' needs are heterogeneous and when the information drawn on by innovators is sticky, it is likely that product-development activities will be widely distributed among users, rather than produced by just a few prolific user-innovators. It should also be the case that different users will tend to develop different innovations. As was shown in chapter 5, individual users and user firms tend to develop innovations that serve their particular needs, and that fall within their individual "low-cost innovation niches." For example, a mountain biker who specializes in jumping from high platforms and who is also an orthopedic surgeon will tend to develop innovations that draw on both of these types of information: he might create a seat suspension that reduces shock to bikers' spines upon landing from a jump. Another mountain biker specializing in the same activity but with a different background—say aeronautical engineering—is likely to draw on this different information to come up with a different innovation. From the perspective of Fleming (2001), who has studied innovations as consisting of novel combinations of pre-existing elements, such innovators are using their membership in two distinct communities to combine previously disparate elements. Baldwin and Clark (2003) and Henkel (2004a) explore this type of situation in theoretical terms.

The underlying logic echoes that offered by Eric Raymond regarding "Linus's Law" in software debugging. In software, discovering and repairing subtle code errors or bugs can be very costly (Brooks 1979). However, Raymond argued, the same task can be greatly reduced in cost and also made faster and more effective when it is opened up to a large community of software users that each may have the information needed to identify and fix *some* bugs. Under these conditions, Raymond says, "given a large enough beta tester and co-developer base, almost every problem will be characterized quickly and the fix obvious to someone. Or, less formally, 'given enough eyeballs, all bugs are shallow.'" He explains: "More users find more bugs because adding more users adds more ways of stressing the program. . . . Each [user] approaches the task of bug characterization with a slightly different perceptual set and analytical toolkit, a different angle on the problem. So adding more beta-testers . . . increases the probability that someone's toolkit will be matched to the problem in such a way that the bug is shallow to *that person*." (1999, pp. 41–44)

The analogy to distributed user innovation is, of course, that each user has a different set of innovation-related needs and solution assets in place which makes a particular type of innovation low-cost ("shallow") to *that user*. The assets of *some* user will then generally be found to be a just-right fit to many innovation development problems. (Note that this argument does not mean that *all* innovations will be cheaply done by users, or even

Table 7.1
User innovation is widely distributed, with few users developing more than one major innovation. NA: data not available.

	Number of users developing this number of major innovations					
	1	2	3	6	NA	Sample (*n*)
Scientific Instruments[a]	28	0	1	0	1	32
Scientific Instruments[b]	20	1	0	1	0	28
Process equipment[c]	19	1	0	0	8	29
Sports equipment[d]	7	0	0	0	0	7

a. Source: von Hippel 1988, appendix: GC, TEM, NMR Innovations.
b. Source: Riggs and von Hippel, Esca and AES.
c. Source: von Hippel 1988, appendix: Semiconductor and pultrusion process equipment innovations.
d. Source: Shah 2000, appendix A: skateboarding, snowboarding, and windsurfing innovations.

done by users at all. In essence, users will find it cheaper to innovate when manufacturers' economies of scale with respect to product development are more than offset by the greater scope of innovation assets held by the collectivity of individual users.)

Available data support these expectations. In chapter 2 we saw evidence that users tended to develop very different innovations. To test whether commercially important innovations are developed by just a few users or by many, I turn to studies documenting the functional sources of important innovations later commercialized. As is evident in table 7.1, most of the important innovations attributed to users in these studies were done by *different* users. In other words, user innovation does tend to be widely distributed in a world characterized by users with heterogeneous needs and heterogeneous stocks of sticky information.

Innovation Communities

User-innovators may be generally willing to freely reveal their information. However, as we have seen, they may be widely distributed and each may have only one or a few innovations to offer. The practical value of the "freely revealed innovation commons" these users collectively offer will be increased if their information is somehow made conveniently accessible. This is one of the important functions of "innovation communities."

I define "innovation communities" as meaning nodes consisting of individuals or firms interconnected by information transfer links which may involve face-to-face, electronic, or other communication. These can, but need not, exist within the boundaries of a membership group. They often do, but need not, incorporate the qualities of communities for participants, where "communities" is defined as meaning "networks of interpersonal ties that provide sociability, support, information, a sense of belonging, and social identity" (Wellman et al. 2002, p. 4).[1]

Innovation communities can have users and/or manufacturers as members and contributors. They can flourish when at least some innovate and voluntarily reveal their innovations, and when others find the information revealed to be of interest. In previous chapters, we saw that these conditions do commonly exist with respect to user-developed innovations: users innovate in many fields, users often freely reveal, and the information revealed is often used by manufacturers to create commercial products—a clear indication many users, too, find this information of interest.

Innovation communities are often specialized, serving as collection points and repositories for information related to narrow categories of innovations. They may consist only of information repositories or directories in the form of physical or virtual publications. For example, userinnovation.mit.edu is a specialized website where researchers can post articles on their findings and ideas related to innovation by users. Contributors and non-contributors can freely access and browse the site as a convenient way to find such information.

Innovation communities also can offer additional important functions to participants. Chat rooms and email lists with public postings can be provided so that contributors can exchange ideas and provide mutual assistance. Tools to help users develop, evaluate, and integrate their work can also be provided to community members—and such tools are often developed by community members themselves.

All the community functionality just mentioned and more is visible in communities that develop free and open source software programs. The emergence of this particular type of innovation community has also done a great deal to bring the general phenomenon to academic and public notice, and so I will describe them in some detail. I first discuss the history and nature of free and open source software itself (the product). Next I outline key characteristics of the free and open source software development projects typically used to create and maintain such software (the community-based development process).

Open Source Software

In the early days of computer programming, commercial "packaged" software was a rarity—if you wanted a particular program for a particular purpose, you typically wrote the code yourself or hired someone to write it for you. Much of the software of the 1960s and the 1970s was developed in academic and corporate laboratories by scientists and engineers. These individuals found it a normal part of their research culture to freely give and exchange software they had written, to modify and build on one another's software, and to freely share their modifications. This communal behavior became a central feature of "hacker culture." (In communities of open source programmers, "hacker" is a positive term that is applied to talented and dedicated programmers.[2])

In 1969, the Defense Advanced Research Projects Agency, a part of the US Department of Defense, established the ARPANET, the first transcontinental high-speed computer network. This network eventually grew to link hundreds of universities, defense contractors, and research laboratories. Later succeeded by the Internet, it also allowed hackers to exchange software code and other information widely, easily, and cheaply—and also enabled them to spread hacker norms of behavior.

The communal hacker culture was very strongly present among a group of programmers—software hackers—housed at MIT's Artificial Intelligence Laboratory in the 1960s and the 1970s (Levy 1984). In the 1980s this group received a major jolt when MIT licensed some of the code created by its hacker employees to a commercial firm. This firm, in accordance with normal commercial practice, then promptly restricted access to the "source code"[3] of that software, and so prevented non-company personnel—including the MIT hackers who had been instrumental in developing it—from continuing to use it as a platform for further learning and development.

Richard Stallman, a brilliant programmer in MIT's Artificial Intelligence Laboratory, was especially distressed by the loss of access to communally developed source code. He also was offended by a general trend in the software world toward development of proprietary software packages and the release of software in forms that could not be studied or modified by others. Stallman viewed these practices as morally wrong impingements on the rights of software users to freely learn and create. In 1985, in response, he founded the Free Software Foundation and set about to develop and diffuse a legal mechanism that could preserve free access for all to the software developed by software hackers. Stallman's pioneering idea was to use the existing mechanism of copyright law to this end. Software authors interested in preserving the status of their software as "free" software could use their own copyright to grant licenses on terms that would guarantee a number of rights to all future users. They could do this by simply affixing a standard license to their software that conveyed these rights.

The basic license developed by Stallman to implement his seminal idea was the General Public License or GPL (sometimes referred to as copyleft, in a play on the word "copyright"). Basic rights transferred to those possessing a copy of free software include the right to use it at no cost, the right to study its source code, the right to modify it, and the right to distribute modified or unmodified versions to others at no cost. Licenses conveying similar rights were developed by others, and a number of such licenses are currently used in the open source field. Free and open source software licenses do not grant users the full rights associated with free revealing as that term was defined earlier. Those who obtain the software under a license such as the GPL are restricted from certain practices. For example, they cannot incorporate GPL software into proprietary software that they then sell.[4] Indeed, contributors of code to open source software projects are very concerned with enforcing such restrictions in order to ensure that their code remains accessible to all (O'Mahony 2003).

The idea of free software did not immediately become mainstream, and industry was especially suspicious of it. In 1998, Bruce Perens and Eric Raymond agreed that a significant part of the problem resided in Stallman's term "free" software, which might understandably have an ominous ring to the ears of businesspeople. Accordingly, they, along with other prominent hackers, founded the open source software movement (Perens 1999). Open source software uses the licensing practices pioneered by the free software movement. It differs from that movement primarily on philosophical grounds, preferring to emphasize the practical benefits of its licensing practices over issues regarding the moral importance of granting users the freedoms offered by both free and open source software. The term "open source" is now generally used by both practitioners and scholars to refer to free or open source software, and that is the term I use in this book.

Open source software has emerged as a major cultural and economic phenomenon. The number of open source software projects has been growing rapidly. In mid 2004, a single major infrastructure provider and repository for open source software projects, Sourceforge.net,[5] hosted 83,000 projects and had more than 870,000 registered users. A significant amount of software developed by commercial firms is also being released under open source licenses.

Open Source Software Development Projects
Software can be termed "open source" independent of how or by whom it has been developed: the term denotes only the type of license under which it is made available. However, the fact that open source software is freely accessible to all has created some typical open source software development practices that differ greatly from commercial software development models—and that look very much like the "hacker culture" behaviors described above.

Because commercial software vendors typically wish to sell the code they develop, they sharply restrict access to the source code of their software products to firm employees and contractors. The consequence of this restriction is that only insiders have the information required to modify and improve that proprietary code further (Meyer and Lopez 1995; Young, Smith, and Grimm 1996; Conner and Prahalad 1996). In sharp contrast, all are offered free access to the source code of open source software if that code is distributed by its authors. In early hacker days, this freedom to learn and use and modify software was exercised by informal sharing and co-development of code—often by the physical sharing and exchange of computer tapes and disks on which the code was recorded. In current Internet days, rapid technological advances in computer hardware and software and networking technologies have made it much easier to create and sustain a communal development style on ever-larger scales. Also, implementing new projects is becoming progressively easier as effective project design becomes better understood, and as prepackaged infrastructural support for such projects becomes available on the Web.

Today, an open source software development project is typically initiated by an individual or a small group seeking a solution to an individual's or a firm's need. Raymond (1999, p. 32) suggests that "every good work of software starts by scratching a developer's personal itch" and that "too often software developers spend their days grinding away for pay at programs they neither need nor love. But not in the (open source) world. . . ." A project's initiators also generally become the project's "owners" or "maintainers" who take on responsibility for project management.[6] Early on, this individual or group generally develops a first, rough version of the code that outlines the functionality envisioned. The source code for this initial version is then made freely available to all via downloading from an Internet website established by the project. The project founders also set up infrastructure for the project that those interested in using or further developing the code can use to seek help, provide information or provide new open source code for others to discuss and test. In the case of projects that are successful in attracting interest, others do download and use and "play with" the code—and some of these do go on to create new and modified code. Most then post what they have done on the project website for use and critique by any who are interested. New and modified code that is deemed to be of sufficient quality and of general interest by the project maintainers is then added to the authorized version of the code. In many projects the privilege of adding to the authorized code is restricted to only a few trusted developers. These few then serve as gatekeepers for code written by contributors who do not have such access (von Krogh and Spaeth 2002).

Critical tools and infrastructure available to open source software project participants includes email lists for specialized purposes that are open to all. Thus, there is a list where code users can report software failures ("bugs") that they encounter during field use of the software. There is also a list where those developing the code can share ideas about what would be good next steps for the project, good features to add, etc. All of these lists are open to all and are also publicly archived, so anyone can go back and learn what opinions were and are on a particular topic. Also, programmers contributing to open source software projects tend to have essential tools, such as specific software languages, in common. These are generally not specific to a single project, but are available on the web. Basic toolkits held in common by all contributors tends to greatly ease interactions. Also, open source software projects have version-control software that allows contributors to insert new code contributions into the existing project code base and test them to see if the new code causes malfunctions in existing code. If so, the tool allows easy reversion to the status quo ante. This makes "try it and see" testing much more practical, because much less is at risk if a new contribution inadvertently breaks the code. Toolkits used in open source projects have been evolved through practice and are steadily being improved by user-innovators. Individual projects can now start up using standard infrastructure sets offered by sites such as Sourceforge.net.

Two brief case histories will help to further convey the flavor of open source software development.

Apache Web Server Software

Apache web server software is used on web server computers that host web pages and provide appropriate content as requested by Internet browsers. Such[7] computers are a key element of the Internet-based World Wide Web infrastructure.

The web server software that evolved into Apache was developed by University of Illinois undergraduate Rob McCool for, and while working at, the National Center for Supercomputing Applications (NCSA). The source code as developed and periodically modified by McCool was posted on the web so that users at other sites could download it, use it, modify it, and develop it further. When McCool departed NCSA in mid 1994, a small group of webmasters who had adopted his web server software for their own sites decided to take on the task of continued development. A core group of eight users gathered all documentation and bug fixes and issued a consolidated patch. This "patchy" web server software evolved over time into Apache. Extensive user feedback and modification yielded Apache 1.0, released on December 1, 1995.

In 4 years, after many modifications and improvements contributed by many users, Apache became the most popular web server software on the Internet, garnering many industry awards for excellence. Despite strong competition from commercial software developers such as Microsoft and Netscape, it is currently used by over 60 percent of the world's millions of websites. Modification and updating of Apache by users and others continues, with the release of new versions being coordinated by a central group of 22 volunteers.

Fetchmail—An Internet Email Utility Program

Fetchmail is an Internet email utility program that "fetches" email from central servers to a local computer. The open source project to develop, maintain, and improve this program was led by Eric Raymond (1999).

Raymond first began to puzzle about the email delivery problem in 1993 because he was personally dissatisfied with then-existing solutions. "What I wanted," Raymond recalled (1999, p. 31), "was for my mail to be delivered on snark, my home system, so that I would be notified when it arrived and could handle it using all my local tools." Raymond decided to try and develop a better solution. He began by searching databases in the open source world for an existing, well-coded utility that he could use as a development base. He knew it would be efficient to build on others' related work if possible, and in the world of open source software (then generally called free software) this practice is understood and valued. Raymond explored several candidate open source programs, and settled on one in small-scale use called "popclient." He developed a number of improvements to the program and proposed them to the then maintainer of popclient. It turned out that this individual had lost interest in working further on the program, and so his response to Raymond's suggestions was to offer his role to Raymond so that he could evolve the popclient further as he chose.

Raymond accepted the role of popclient's maintainer, and over the next months he improved the program significantly in conjunction with advice and suggestions from other users. He carefully cultivated his more active beta list of popclient users by regularly communicating with them via messages posted on an public electronic bulletin board set up for that purpose. Many responded by volunteering information on bugs they had found and perhaps fixed, and by offering improvements they had developed for their own use. The quality of these suggestions was often high because "contributions are received not from a random sample, but from people who are interested enough to use the software, learn about how it works, attempt to find solutions to the problems they encounter, and actually produce an apparently reasonable fix. Anyone who passes all these filters is highly likely to have something useful to contribute." (ibid., p. 42)

Eventually, Raymond arrived at an innovative design that he knew worked well because he and his beta list of co-developers had used it, tested it and improved it every day. Popclient (now renamed fetchmail) became standard software used by millions users. Raymond continues to lead the group of volunteers that maintain and improve the software as new user needs and conditions dictate.

Development of Physical Products by Innovation Communities

User innovation communities are by no means restricted to the development of information products like software. They also are active in the development of physical products, and in very similar ways. Just as in the case of communities devoted to information product, communities devoted to physical products can range from simple information exchange sites to sites well furnished with tools and infrastructure. Within sports, Franke and Shah's study illustrates relatively simple community infrastructure. Thus, the boardercross community they studied consisted of semi-professional athletes from all over the world who meet in up to 10 competitions a year in Europe, North America, and Japan. Franke and Shah report that community members knew one another well, and spent a considerable amount of time together. They also assisted one another in developing and modifying equipment for their sport. However, the community had no specialized sets of tools to support joint innovation development.

More complex communities devoted to the development of physical products often look similar to open source software development communities in terms of tools and infrastructure. As an example, consider the recent formation of a community dedicated to the development and diffusion of information regarding novel kitesurfing equipment. Kitesurfing is a water sport in which the user stands on a special board, somewhat like a surfboard, and is pulled along by holding onto a large, steerable kite. Equipment and technique have evolved to the point that kites can be guided both with and against the wind by a skilled kitesurfer, and can lift rider and board many meters into the air for tens of seconds at a time.

Designing kites for kitesurfing is a sophisticated undertaking, involving low-speed aerodynamical considerations that are not yet well understood. Early kites for kitesurfing were developed and built by user-enthusiasts who were inventing both kitesurfing techniques and kitesurfing equipment interdependently. In about 2001, Saul Griffith, an MIT PhD student with a long-time interest in kitesurfing and kite development, decided that kitesurfing would benefit from better online community interaction. Accordingly, he created a site for the worldwide community of user-innovators in kitesurfing (www.zeroprestige.com). Griffith began by posting patterns for kites he had designed on the site and added helpful hints and tools for kite construction and use. Others were invited to download this information for free and to contribute their own if they wished. Soon other innovators started to post their own kite designs, improved construction advice for novices, and sophisticated design tools such as aerodynamics modeling software and rapid prototyping software. Some kitesurfers contributing innovations to the site had top-level technical skills; at least one was a skilled aerodynamicist employed by an aerospace firm.

Note that physical products are information products during the design stage. In earlier days, information about an evolving design was encoded on large sheets of paper, called blueprints, that could be copied and shared. The information on blueprints could be understood and assessed by fellow designers, and could also be used by machinists to create the actual physical products represented. Today, designs for new products are commonly encoded in computer-aided design (CAD) files. These files can be created and seen as two-dimensional and three-dimensional renderings by designers. The designs they contain can also be subjected to automated analysis by various engineering tools to determine, for example, whether they can stand up to stresses to which they will be subjected. CAD files can then be downloaded to computer-controlled fabrication machinery that will actually build the component parts of the design.

The example of the kitesurfing group's methods of sharing design information illustrates the close relationship between information and physical products. Initially, users in the group exchanged design ideas by means of simple sketches transferred over the Internet. Then group members learned that computerized cutters used by sail lofts to cut sails from large pieces of cloth are suited to cutting cloth for surfing kites. They also learned that sail lofts were interested in their business. Accordingly, innovation group members began to exchange designs in the form of CAD files compatible with sail lofts' cutting equipment. When a user was satisfied with a design, he would transmit the CAD file to a local sail loft for cutting. The pieces were then sewn together by the user or sent to a sewing facility for assembly. The total time required to convert an information product into a physical one was less than a week, and the total cost of a finished kite made in this way was a few hundred dollars—much less than the price of a commercial kite.

User-to-User Assistance

Clearly, user innovation communities can offer sophisticated support to individual innovators in the form of tools. Users in these innovation communities also tend to behave in a collaborative manner. That is, users not only distribute and evaluate completed innovations; they also volunteer other important services, such as assisting one another in developing and applying innovations.

Franke and Shah (2003) studied the frequency with which users in four sporting communities assisted one another with innovations, and found that such assistance was very common (table 7.2). They also found that those who assisted were significantly more likely to be innovators themselves (table 7.3). The level of satisfaction reported by those assisted was very high. Seventy-nine percent agreed strongly with the statement "If I had a similar problem I would ask the same people again." Jeppesen (2005) similarly found extensive user-to-user help being volunteered in the field of computer gaming.

Table 7.2
Number of people from whom innovators received assistance.

Number of people	Number of cases	Percentage
0	0	0
1	3	6
2	14	26
3–5	25	47
6–10	8	15
> 10	3	6
Total	53	100

Source: Franke and Shah 2003, table 4.

Table 7.3
Innovators tended to be the ones assisting others with their innovations ($p < 0.0001$).

	Innovators	Non-innovators	Total
Gave assistance	28	13	41
Did not give assistance	32	115	147
Total	60	128	

Source: Franke and Shah 2003, table 7.

Such helping activity is clearly important to the value contributed by innovation communities to community participants. Why people might voluntarily offer assistance is a subject of analysis. The answers are not fully in, but the mysteries lessen as the research progresses. An answer that appears to be emerging is that there are private benefits to assistance providers, just as there are for those who freely reveal innovations (Lakhani and von Hippel 2003). In other words, provision of free assistance may be explicable in terms of the private-collective model of innovation-related incentives discussed earlier.

8 | Adapting Policy to User Innovation

Government policy makers generally wish to encourage activities that increase social welfare, and to discourage activities that reduce it. Therefore, it is important to ask about the social welfare effects of innovation by users. Henkel and von Hippel (2005) explored this matter and concluded that social welfare is likely to be higher in a world in which both users and manufacturers innovate than in a world in which only manufacturers innovate.

In this chapter, I first explain that innovation by users complements manufacturer innovation and can also be a source of success-enhancing new product ideas for manufacturers. Next, I note that innovation by users does not exhibit several welfare-reducing effects associated with innovation by manufacturers. Finally, I evaluate the effects of public policies on user innovation, and suggest modifications to those that—typically unintentionally—discriminate against innovation by users.

Social Welfare Effects of User Innovation

Social welfare functions are used in welfare economics to provide a measure of the material welfare of society, using economic variables as inputs. A social welfare function can be designed to express many social goals, ranging from population life expectancies to income distributions. Much of the literature on product diversity, innovation, and social welfare evaluates the impact of economic phenomena and policy on social welfare from the perspective of total income of a society without regard to how that income is distributed. We will take that viewpoint here.

User Innovation Improves Manufacturers' Success Rates

It is striking that most new products developed and introduced to the market by manufacturers are commercial failures. Mansfield and Wagner

(1975) found the overall probability of success for new industrial products to be only 27 percent. Elrod and Kelman (1987) found an overall probability of success of 26 percent for consumer products. Balachandra and Friar (1997), Poolton and Barclay (1998), and Redmond (1995) found similarly high failure rates in new products commercialized. Although there clearly is some recycling of knowledge from failed projects to successful ones, much of the investment in product development is highly specific. This high failure rate therefore represents a huge inefficiency in the conversion of R&D investment to useful output, and a corresponding reduction in social welfare.

Research indicates that the major reason for the commercial failure of manufacturer-developed products is poor understanding of users' needs by manufacturer-innovators. The landmark SAPPHO study showed this in a very clear and convincing way. This study was based on a sample of 31 product pairs. Members of each pair were selected to address the same function and market. (For example, one pair consisted of two "roundness meters," each developed by a separate company.) One member of each pair was a commercial success (which showed that there *was* a market for the product type); the other was a commercial failure. The development process for each successful and failing product was then studied in detail. The primary factor found to distinguish success from failure was that a deeper understanding of the market and the need was associated with successful projects (Achilladelis et al. 1971; Rothwell et al. 1974). A study by Mansfield and Wagner (1975) came to the same conclusion. More recent studies of information stickiness and the resulting asymmetries of information held by users and manufacturers, discussed in chapter 3, support the reasonableness of this general finding. Users are the generators of information regarding their needs. The decline in accuracy and completeness of need information after transfer from user to manufacturer is likely to be substantial because important elements of this information are likely to be sticky (von Hippel 1994; Ogawa 1998).

Innovations developed by users can improve manufacturers' information on users' needs and so improve their new product introduction success rates. Recall from previous chapters that innovation by users is concentrated among lead users. These lead users tend, as we have seen, to develop functionally novel products and product modifications addressing their own needs at the leading edge of markets where potential sales are both small and uncertain. Manufacturers, in contrast, have poorer information on users' needs and use contexts, and will prefer to manufacture innovations for larger, more certain markets. In the short term, therefore, user innovations will tend to *complement* rather than substitute for products developed by manufacturers. In the longer term, the market as a whole catches up to the needs that motivated the lead user developments, and manufacturers will begin to find production of similar innovations to be commercially attractive. At that point, innovations by lead users can provide very useful information to manufacturers that they would not otherwise have.

As lead users develop and test their solutions in their own use environments, they learn more about the real nature of their needs. They then often freely reveal information about their innovations. Other users then may adopt the innovations, comment on them, modify and improve them, and freely reveal what they have done in turn. All of this freely revealed activity by lead users offers manufacturers a great deal of useful information about both needs embodied in solutions and about markets. Given access to a user-developed prototype, manufacturers no longer need to understand users' needs very accurately and richly. Instead they have the much easier task of replicating the function of user prototypes that users have already demonstrated are responsive to their needs. For example, a manufacturer seeking to commercialize a new type of surgical equipment and coming upon prototype equipment developed by surgeons need not understand precisely why the innovators want this product or even precisely how it is used; the manufacturer need only understand that many surgeons appear willing to pay for it and then reproduce the important features of the user-developed prototypes in a commercial product.

Observation of innovation by lead users and adoption by follow-on users also can give manufacturers a better understanding of the size of the potential market. Projections of product sales have been shown to be much more accurate when they are based on actual customer behavior than when they are based on potential buyers' pre-use expectations. Monitoring of field use of user-built prototypes and of their adoption by other users can give manufacturers rich data on precisely these matters and so should improve manufacturer's commercial success. In net, user innovation helps to reduce information asymmetries between users and manufacturers and so increases the efficiency of the innovation process.

User Innovation and Provisioning Biases

The economic literature on the impact of innovation on social welfare generally seeks to understand effects that might induce society to create too many product variations (overprovisioning) or too few (underprovisioning) from the viewpoint of net social economic income (Chamberlin 1950). Greater variety of products available for purchase is assumed to be desirable, in that it enables consumers to get more precisely what they want and/or to own a more diverse array of products. However, increased product diversity comes at a cost: smaller quantities of each product will be produced on average. This in turn means that development-related and production-related economies of scale are likely to be less. The basic tradeoff between variety and cost is what creates the possibility of overprovisioning or underprovisioning product variety. Innovations such as flexible manufacturing may reduce fixed costs associated with increased diversity and so shift the optimal degree of diversity upward. Nonetheless, the conflict still persists.

Henkel and I studied the welfare impact of adding users as a source of innovation to existing analyses of product diversity, innovation, and social welfare. Existing models uniformly contained the assumption that new products and services were supplied to the economy by manufacturers only. We found that the addition of innovation by users to these analyses largely avoids the welfare-reducing biases that had been identified. For example, consider "business stealing" (Spence 1976). This term refers to the fact that commercial manufacturers benefit by diverting business from their competitors. Since they do not take this negative externality into account, their private gain from introducing new products exceeds society's total gain, tilting the balance toward overprovisioning of variety. In contrast, a freely revealed user innovation may also reduce incumbent manufacturer's business, but not to the user-innovator's benefit. Hence, innovation incentives are not socially excessive.

Freely revealed innovations by users are also likely to reduce deadweight loss caused by pricing of products above their marginal costs. (Deadweight loss is a reduction in social welfare that occurs when goods are sold at a price above their marginal cost of production.) When users make information about their innovations available for free, and if the marginal cost of revealing that information is zero, an imitator only has to bear the cost of adoption. This is statically efficient. The availability of free user innovations can also induce sellers of competing commercial offerings to reduce their prices, thus indirectly leading to another reduction in dead-weight loss. Reducing prices toward marginal costs can also reduce incentives to over-provision variety (Tirole 1988).

Henkel and I also explored a few special situations where social welfare might be *reduced* by the availability of freely revealed user innovations. One of these was the effect of reduced pricing power on manufacturers that create "platform" products. Often, a manufacturer of such a product will want to sell the platform—a razor, an ink-jet printer, a video-game player—at a low margin or a loss, and then price necessary add-ons (razor blades, ink cartridges, video games) at a much higher margin. If the possibility of freely revealed add-ons developed by users makes development of a platform unprofitable for a manufacturer, social welfare can thereby be reduced. However, it is only the razor-vs.-blade pricing scheme that may become unprofitable. Indeed, if the manufacturer makes positive margins on the platform, then the availability of user-developed add-ons can have a positive effect: it can increase the value of the platform to users, and so allow manufacturers to charge higher margins on it and/or sell more units. Jeppesen (2004) finds that this is in fact the outcome when users introduce free game modifications (called mods) operating on proprietary game software platform products (called engines) sold by game manufacturers. Even though the game manufacturers also sell mods commercially that compete with free user mods, many provide active support for the development and diffusion of user mods built on their proprietary game engines, because they find that the net result is increased sales and profits.

Public Policy Choices

If innovation by users is welfare enhancing and is also significant in amount and value, then it makes sense to consider the effects of public policy on user innovation. An important first step would be to collect better data. Currently, much innovation by users—which may in aggregate turn out to be a very large fraction of total economic investment in innovation—goes uncounted or undercounted. Thus, innovation effort that is volunteered by users, as is the case with many contributions to open source software, is currently not recorded by governmental statistical offices. This is also the case for user innovation that is integrated with product and service production. For example, much process innovation by manufacturers occurs on the factory floor as they produce goods and simultaneously learn how to improve their production processes. Similarly, many important innovations developed by surgeons are woven into learning by doing as they deliver services to patients.

Next, it will be important to review innovation-related public policies to identify and correct biases with respect to sources of innovation. On a level playing field, users will become a steadily more important source of innovation, and will increasingly substitute for or complement manufacturers' innovation-related activities. Transitions required of policy making to support this ongoing evolution are important but far from painless. To illustrate, we next review issues related to the protection intellectual property, related to policies restricting product modifications, related to source-biased subsidies for R&D, and related to control over innovation diffusion channels.

Intellectual Property

Earlier, when we explored why users might freely reveal their innovations, we concluded that it was often their best *practical* choice in view of how intellectual property law actually functions (or, often, does not function) to protect innovations today. For example, recall from chapter 6 that most innovators do not judge patents to be very effective, and that the availability of patent grant protection does not appear to increase innovation investments in most fields. Recall also that patent protection is costly to obtain, and thus of little value to developers of minor innovations—with most innovations being minor. We also saw that in practice it was often difficult for innovators to protect their innovations via trade secrecy: it is hard to keep a secret when many others know similar things, and when some of these information holders will lose little or nothing from freely revealing what they know.

These findings show that the characteristics of present-day intellectual property regimes as actually experienced by innovators are far from the expectations of theorists and policy makers. The fundamental reason that societies elect to grant intellectual property rights to innovators is to increase private investment in innovation. At the same time, economists have long known that there will be social welfare losses associated with these grants: owners of intellectual property will generally restrict the use of their legally protected information in order to increase private profits. In other words, intellectual property rights are thought to be good for innovation and bad for competition. The consensus view has long been that the good outweighs the bad, but Foray (2004) explains that this consensus is now breaking down. Some—not all—are beginning to think that intellectual property rights are bad for innovation too in many cases.

The need to grant private intellectual property rights to achieve socially desirable levels of innovation is being questioned in the light of apparent counterexamples. Thus, as we saw earlier, open source software communities do not allow contributing innovators to use their intellectual property rights to control the use of their code. Instead, contributors use their authors' copyright to assign their code to a common pool to which all—contributors and non-contributors alike—are granted equal access. Despite this regime, innovation seems to be flourishing. Why? As we saw in our earlier discussions of why innovators might freely reveal their innovations, researchers now understand that significant private rewards to innovation can exist independent of intellectual property rights grants. As a general principle, intellectual property rights grants should not be offered if and when developers would seek protection but would innovate without it.

The debate rages. Gallini and Scotchmer (2002) assert that "intellectual property is the foundation of the modern information economy" and that "it fuels the software, lifesciences and computer industries, and pervades most other products we consume." They also conclude that the positive or negative effect of intellectual property rights on innovation depends centrally on "the ease with which innovators can enter into agreements for rearranging and exercising those rights." This is precisely the rub from the point of view of those who urge that present intellectual property regimes be reconsidered: it is becoming increasingly clear that in practice rearranging and exercising intellectual property rights is often difficult rather than easy. It is also becoming clear that the protections afforded by existing intellectual property law can be strategically deployed to achieve private advantage at the expense of general innovative progress (Foray 2004).

Consider an effect first pointed out by Merges and Nelson (1990) and further explored as the "tragedy of the anticommons" by Heller (1998) and Heller and Eisenberg (1998). A resource such as innovation-related information is prone to underuse—a tragedy of the anticommons—when multiple owners each have a right to exclude others and no one has an effective privilege of use. The nature of the patent grant can lead to precisely this type of situation. Patent law is so arranged that an owner of a patent is not granted the right to practice its invention—it is only granted the right to exclude others from practicing it. For example, suppose you invent and patent the chair. I then follow by inventing and patenting the rocking chair—implemented by building rockers onto a chair covered by your patent. In this situation I cannot manufacture a rocking chair without getting a license from you for the use of your chair patent, and you cannot build rocking chairs either without a license to my rocker patent. If we cannot agree on licensing terms, no one will have the right to build rocking chairs.

In theory and in a world of costless transactions, people could avoid tragedies of the anticommons by licensing or trading their intellectual property rights. In practice the situation can be very different. Heller and Eisenberg point specifically to the field of biomedical research, and argue that conditions for anticommons effects do exist there. In that field, patents are routinely allowed on small but important elements of larger research problems, and upstream research is increasingly likely to be private. "Each upstream patent," Heller and Eisenberg note, "allows its owner to set up another tollbooth on the road to product development, adding to the cost and slowing the pace of downstream biomedical innovation."

A second type of strategic behavior based on patent rights involves investing in large portfolios of patents to create "patent thickets"—dense networks of patent claims across a wide field (Merges and Nelson 1990; Hall and Ham Ziedonis 2001; Shapiro 2001; Bessen 2003). Patent thickets create plausible grounds for patent infringement suits across a wide field. Owners of patent thickets can use the threat of such suits to discourage others from investing research dollars in areas of technical advance relevant to their products. Note that this use of patents is precisely opposite to policy makers' intentions to stimulate innovation by providing ways for innovators to assert intellectual property rights. Indeed, Bessen and Hunt (2004) have found in the field of software that, on average, as firm's investments in patent protection go up, their investments in research and development actually go down. If this relationship proves causal, there is a reasonable explanation from the viewpoint of private profit: corporations that can use a patent thicket to deter others' research in a field might well decide that there is less need to do research of their own.

Similar innovation-retarding strategies can be applied by owners of large collections of copyrighted work in the movie, publishing, and software fields. Copyright owners can prevent others from building new works on characters (e.g. Mickey Mouse) that are already familiar to customers. The result is that owners of large portfolios of copyrighted work can gain an advantage over those with no or small portfolios in the creation of derivative works. Indeed, Benkler (2002) argues that institutional changes strengthening intellectual property protection tend to foster concentration of information production in general. Lessig (2001) and Boldrin and Levine (2002) arrive at a similarly negative valuation of overly strong and lengthy copyright protection.

These types of innovation-discouraging effects can affect innovation by users especially strongly. The distributed innovation system we have documented consists of users each of whom might have only a few innovations and a small amount of intellectual property. Such innovators are clearly hurt differentially by a system that gives advantage to the owners of large shares of the intellectual property in a field.

What can be done? A solution approach open to policy makers is to change intellectual property law so as to level the playing field. But owners of large amounts of intellectual property protected under the present system are often politically powerful, so this type of solution will be difficult to achieve.

Fortunately, an alternative solution approach may be available to innovators themselves. Suppose that many elect to contribute the intellectual property they individually develop to a commons in a particular field. If the commons then grows to contain reasonable substitutes for much of the proprietary intellectual property relevant to the field, the relative advantage accruing to large holders of this information will diminish and perhaps even disappear. At the same time and for the same reason, the barriers that privately held stocks of intellectual property currently may raise to further intellectual advance will also diminish. Lessig supports this possibility with his creation and publication of standard "Creative Commons" licenses on the website creativecommons.org. Authors interested in contributing their work to the commons, perhaps with some restrictions, can easily find and adopt an appropriate license at that site.

Reaching agreement on conditions for the formation of an intellectual commons can be difficult. Maurer (2005) makes this clear in his cautionary tale of the struggle and eventual failure to create a commons for data on human mutations. However, success is possible. For example, an extensive intellectual commons of software code is contained and maintained in the many open source software projects that now exist.

Interesting examples also exist regarding on the impact a commons can have on the value of intellectual property innovators seek to hold apart from it. Weber (2004) recounts the following anecdote: In 1998, Linux developers were building new graphical interfaces for their open source software. One of the most promising of these, KDE, was offered under the General Public License. However, Matthias Ettrich, its developer, had built KDE using a proprietary graphical library called Qt. He felt at the time that this could be an acceptable solution because Qt was of good quality and Troll Tech, owner of Qt, licensed Qt at no charge under some circumstances. However, Troll Tech did require a developer's fee be paid under other circumstances, and some Linux developers were concerned about having code not licensed under the GPL as part of their code. They tried to convince Troll Tech to change the Qt license so that it would be under the GPL when used in free software. But Troll Tech, as was fully within its rights, refused to do this. Linux developers then, as was fully within their rights, began to develop open source alternatives to Qt that could be licensed under the GPL. As those projects moved toward success, Troll Tech recognized that Qt might be surpassed and effectively shut out of the Linux market. In 2000 the company therefore decided to license Qt under the GPL.

Similar actions can keep conditions for free access to materials held within a commons from degrading and being lost over time. Chris Hanson, a Principal Research Scientist at MIT, illustrates this with an anecdote regarding an open source software component called ipfilter. The author of ipfilter attempted to "lock" the program by changing licensing terms of his program to disallow the distribution of modified versions. His reasoning was that Ipfilter, a network-security filter, must be as bug-free as possible, and that this could best be ensured by his controlling access. His actions ignited a flame war in which the author was generally argued to be selfish and overreaching. His program, then an essential piece of BSD operating systems, was replaced by newly written code in some systems within the year. The author, Hanson notes, has since changed his licensing terms back to a standard BSD-style (unrestricted) license.

We will learn over time whether and how widely the practice of creating and defending intellectual commons diffuses across fields. There obviously can be cases where it will continue to make sense for innovators, and for society as well, to protect innovations as private intellectual property. However, it is likely that many user innovations are kept private not so much out of rational motives as because of a general, not-thought-through attitude that "we do not give away our intellectual property," or because the administrative cost of revealing is assumed to be higher than the benefits. Firms and society can benefit by rethinking the benefits of free revealing and (re)developing policies regarding what is best kept private and what is best freely revealed.

Constraints on Product Modification

Users often develop prototypes of new products by buying existing commercial products and modifying them. Current efforts by manufacturers to build technologies into the products they sell that restrict the way these products are used can undercut users' traditional freedom to modify what they purchase. This in turn can raise the costs of innovation development by users and so lessen the amount of user innovation that is done. For example, makers of ink-jet printers often follow a razor-and-blade strategy, selling printers at low margins and the ink cartridges used in them at high margins. To preserve this strategy, printer manufacturers want to prevent users from refilling ink cartridges with low-cost ink and using them again. Accordingly, they may add technical modifications to their cartridges to prevent them from functioning if users have refilled them. This manufacturer strategy can potentially cut off both refilling by the economically minded and modifications by user-innovators that might involve refilling (Varian 2002). Some users, for example, have refilled cartridges with special inks not sold by printer manufacturers in order to adapt ink-jet printing to the printing of very high-quality photographs. Others have refilled cartridges with food colorings instead of inks in order to develop techniques for printing images on cakes. Each of these applications might have been retarded or prevented by technical measures against cartridge refilling.

The Digital Millennium Copyright Act, a legislative initiative intended to prevent product copying, may negatively affect users' abilities to change and improve the products they own. Specifically, the DMCA makes it a crime to circumvent anti-piracy measures built into most commercial software. It also outlaws the manufacture, sale, or distribution of code-cracking devices used to illegally copy software. Unfortunately, code cracking is also a needed step for modification of commercial software products by user-innovators. Policy makers should be aware of "collateral damage" that may be inflicted on user innovation by legislation aimed at other targets, as is likely in this case.

Control over Distribution Channels

Users that innovate and wish to freely diffuse innovation-related information are able to do so cheaply in large part because of steady advances in Internet distribution capabilities. Controls placed on such infrastructural factors can threaten and maybe even totally disable distributed innovation systems such as the user innovation systems documented in this book. For example, information products developed by users are commonly distributed over the Internet by peer-to-peer sharing networks. A firm that owns both a channel and content (e.g., a cable network) may have a strong incentive to shut out or discriminate against content developed by users or others in favor of its own content. The transition from the chaotic, fertile early days of radio in the United States when many voices were heard, to an era in which the spectrum was dominated by a few major networks—a transition pushed by major firms and enforced by governmental policy making—provides a sobering example of what could happen (Lessig 2001). It will be important for policy makers to be aware of this kind of incentive problem and address it—in this case perhaps by mandating that ownership of content and ownership of channel be separated, as has long been the case for other types of common carriers.

R&D Subsidies and Tax Credits

In many countries, manufacturing firms are rewarded for their innovative activity by R&D subsidies and tax credits. Such measures can make economic sense if average social returns to innovation are significantly higher than average private returns, as has been found by Mansfield et al. (1977) and others. However, important innovative activities carried out by users are often not similarly rewarded, because they tend to not be documentable as formal R&D activities. As we have seen, users tend to develop innovations in the course of "doing" in their normal use environments. Bresnahan and Greenstein (1996a) make a similar point. They investigate the role of "co-invention" in the move by users from mainframe to client-server architecture.[1] By "co-invention" Bresnahan and Greenstein mean organizational changes and innovations developed and implemented by users that are required to take full advantage of a new invention. They point out the high importance that co-invention has for realizing social returns from innovation. They consider the federal government's support for creating "national information infrastructures" insufficient or misallocated, since they view co-invention is the bottleneck for social returns and likely the highest value locus for intervention.

Efforts to level the playing field for user innovation and manufacturer innovation could, of course, also go in the direction of lessening R&D subsidies or tax credits for all rather than attempting to increase user-innovators' access to subsidies. However, if directing subsidies to user-innovators seems desirable, social welfare will be best served if policy makers link them to free revealing by user-innovators as well as or instead of tying them to users' private investments in the development of products for exclusive in-house use. Otherwise, duplication of effort by users interested in the same innovation will reduce potential welfare gains.

In sum, the welfare-enhancing effects found for freely revealed user innovations suggest that policy makers should consider conditions required for user innovation when creating policy and legislation. Leveling the playing field for user-innovators and manufacturer-innovators will doubtless force more rapid change onto manufacturers. However, as will be seen in the next chapter, manufacturers can adapt to a world in which user innovation is at center stage.

We have learned that lead users sometimes develop and modify products for themselves and often freely reveal what they have done. We have also seen that many users can be interested in adopting the solutions that lead users have developed. Taken together, these findings offer the basis for user-centered innovation systems that can entirely supplant manufacturer-based innovation systems under some conditions and complement them under most. User-centered innovation is steadily increasing in importance as computing and communication technologies improve.

I begin this chapter with a discussion of the ongoing democratization of innovation. I then describe some of the patterns in user-centered innovation that are emerging. Finally, I discuss how manufacturers can find ways to profitably participate in emerging, user-centered innovation processes.

The Trend toward Democratization

Users' abilities to develop high-quality new products and services for themselves are improving radically and rapidly. Steady improvements in computer software and hardware are making it possible to develop increasingly capable and steadily cheaper tools for innovation that require less and less skill and training to use. In addition, improving tools for communication are making it easier for user innovators to gain access to the rich libraries of modifiable innovations and innovation components that have been placed into the public domain. The net result is that rates of user innovation will increase even if users' heterogeneity of need and willingness to pay for "exactly right" products remain constant.

The radical nature of the change that is occurring in design capabilities available to even individual users is perhaps difficult for those without personal innovation experience to appreciate. An anecdote from my own experience may help as illustration. When I was a child and designed new products that I wanted to build and use, the ratio of not-too-pleasurable (for me) effort required to actually build a prototype relative to the very pleasurable effort of inventing it and use-testing it was huge. (That is, in terms of the design, build, test, evaluate cycle illustrated in figure 5.1, the effort devoted to the "build" element of the cycle was very large and the rate of iteration and learning via trial and error was very low.)

In my case it was especially frustrating to try to build anything sophisticated from mechanical parts. I did not have a machine shop in which I could make good parts from scratch, and it often was difficult to find or buy the components I needed. As a consequence, I had to try to assemble an approximation of my ideas out of vacuum cleaner parts and other bits of metal and plastic and rubber that I could buy or that were lying around. Sometimes I failed at this and had to drop an exciting project. For example, I found no way to make the combustion chamber I needed to build a large pulse-jet engine for my bicycle (in retrospect, perhaps a lucky thing!). Even when I succeeded, the result was typically "unaesthetic": the gap between the elegant design in my mind and the crude prototype that I could realize was discouragingly large.

Today, in sharp contrast, user firms and increasingly even individual hobbyists have access to sophisticated design tools for fields ranging from software to electronics to musical composition. All these information-based tools can be run on a personal computer and are rapidly coming down in price. With relatively little training and practice, they enable users to design new products and services—and music and art—at a satisfyingly sophisticated level. Then, if what has been created is an information product, such as software or music, the design is the actual product—software you can use or music you can play.

If one is designing a physical product, it is possible to create a design and even conduct some performance testing by computer simulation. After that, constructing a real physical prototype is still not easy. However, today users do have ready access to kits that offer basic electronic and mechanical building blocks at an affordable price, and physical product prototyping is becoming steadily easier as computer-driven 3-D parts printers continue to go up in sophistication while dropping in price. Very excitingly, even today home-built prototypes need not be poorly fashioned items that will fall apart with a touch in the wrong place—the solution components now available to users are often as good as those available to professional designers.

Functional equivalents of the resources for innovation just described have long been available within corporations to a lucky few. Senior designers at firms have long been supported by engineers and designers under their direct control, and also with other resources needed to quickly construct and test prototype designs. When I took a job as R&D manager at a start-up firm after college, I was astounded at the difference professional-quality resources made to both the speed and the joy of innovation. Product development under these conditions meant that the proportion of one's effort that could be focused on the design and test portions of the innovation cycle rather than on prototype building was much higher, and the rate of progress was much faster.

The same story can be told in fields from machine design to clothing design: just think of the staffs of seamstresses and models supplied by clothing manufacturers to their "top designers" so that these few can quickly realize and test many variations on their designs. In contrast, think of the time and effort that equally talented designers without such staff assistance must engage in to stitch together even a single high-quality garment prototype on their own.

But, as we learned in chapter 7, the capability and the information needed to innovate in important ways are in fact widely distributed. Given this finding, we can see that the traditional pattern of concentrating innovation-support resources on just a few pre-selected potential innovators is hugely inefficient. High-cost resources for innovation support cannot be allocated to "the right people," because one does not know who they are until they develop an important innovation. When the cost of high-quality resources for design and prototyping becomes very low—which is the trend we have described—these resources can be diffused widely, and the allocation problem then diminishes in significance. The net result is and will be to democratize the opportunity to create.

Democratization of the opportunity to create is important beyond giving more users the ability to make exactly right products for themselves. As we saw in a previous chapter, the joy and the learning associated with creativity and membership in creative communities are also important, and these experiences too are made more widely available as innovation is democratized. The aforementioned Chris Hanson, a Principal Research Scientist at MIT and a maintainer in the Debian Linux community, speaks eloquently of this in his description of the joy and value he finds from his participation in an open source software community:

Creation is unbelievably addictive. And programming, at least for skilled programmers, is highly creative. So good programmers are compelled to program to feed the addiction. (Just ask my wife!) Creative programming takes time, and careful attention to the details. Programming is all about expressing intent, and in any large program there are many areas in which the programmer's intent is unclear. Clarification requires insight, and acquiring insight is the primary creative act in programming. But insight takes time and often requires extensive conversation with one's peers.

Free-software programmers are relatively unconstrained by time. Community standards encourage deep understanding, because programmers know that understanding is essential to proper function. They are also programming for themselves, and naturally they want the resulting programs to be as good as they can be. For many, a free software project is the only context in which they can write a program that expresses their own vision, rather than implementing someone else's design, or hacking together something that the marketing department insists on. No wonder programmers are willing to do this in their spare time. This is a place where creativity thrives.

Creativity also plays a role in the programming community: programming, like architecture, has both an expressive and a functional component. Unlike architecture, though, the expressive component of a program is inaccessible to non-programmers. A close analogy is to appreciate the artistic expression of a novel when you don't know the language in which it is written, or even if you know the language but are not fluent. This means that creative programmers want to associate with one another: only their peers are able to truly appreciate their art. Part of this is that programmers want to earn respect by showing others their talents. But it's also important that people want to share the beauty of what they have found. This sharing is another act that helps build community and friendship.

Adapting to User-Centered Innovation—Like It or Not

User-centered innovation systems involving free revealing can sometimes supplant product development carried out by manufacturers. This outcome seems reasonable when manufacturers can obtain field-tested user designs at no cost. As an illustration, consider kitesurfing (previously discussed in chapter 7). The recent evolution of this field nicely shows how manufacturer-based product design may not be able to survive when challenged by a user innovation community that freely reveals leading-edge designs developed by users. In such a case, manufacturers may be obliged to retreat to manufacturing only, specializing in modifying user-developed designs for producibility and manufacturing these in volume.

Recall that equipment for kitesurfing was initially developed and built by user-enthusiasts who were inventing both kitesurfing techniques and kitesurfing equipment interdependently. Around 1999, the first of several small manufacturers began to design and sell kitesurfing equipment commercially. The market for kitesurfing equipment then began to grow very rapidly. In 2001 about 5,000 kite-and-board sets were sold worldwide. In 2002 the number was about 30,000, and in 2003 it was about 70,000. With a basic kite-and-board set selling for about $1,500, total sales in 2003 exceeded $100 million. (Many additional kites, home-made by users, are not included in this calculation.) As of 2003, about 40 percent of the commercial market was held by a US firm called Robbie Naish (Naishkites.com).

Recall also that in 2001 Saul Griffith, an MIT graduate student, established an Internet site called Zeroprestige.com as a home for a community of kitesurfing users and user-innovators. In 2003, the general consensus of both site participants and manufacturers was that the kite designs developed by users and freely revealed on Zeroprestige.com were at least as advanced as those developed by the leading manufacturers. There was also a consensus that the level of engineering design tools and aggregate rate of experimentation by kite users participating on the Zeroprestige.com site was superior to that within any kite manufacturer. Indeed, this collective user effort was probably superior in quality and quantity to the product-development work carried out by all manufacturers in the industry taken together.

In late 2003, a perhaps predictable event occurred: a kite manufacturer began downloading users' designs from Zeroprestige.com and producing them for commercial sale. This firm had no internal kitesurfing product-development effort and offered no royalties to user-innovators—who sought none. It also sold its products at prices much lower than those charged by companies that both developed and manufactured kites.

It is not clear that manufacturers of kitesurfing equipment adhering to the traditional developer-manufacturer model can—or should—survive this new and powerful combination of freely revealed collaborative design and prototyping effort by a user innovation community combined with volume production by a specialist manufacturer. In effect, free revealing of product designs by users offsets manufacturers' economies of scale in design with user communities' economies of scope. These economies arise from the heterogeneity in information and resources found in a user community.

Manufacturers' Roles in User-Centered Innovation

Users are not required to incorporate manufacturers in their product-development and product-diffusion activities. Indeed, as open source software projects clearly show, horizontal innovation communities consisting entirely of users can develop, diffuse, maintain, and consume software and other *information* products by and for themselves—no manufacturer is required. Freedom from manufacturer involvement is possible because information products can be "produced" and distributed by users essentially for free on the web (Kollock 1999). In contrast, production and diffusion of physical products involves activities with significant economies of scale. For this reason, while product development and early diffusion of copies of physical products developed by users can be carried out by users themselves and within user innovation communities, mass production and general diffusion of physical products incorporating user innovations are usually carried out by manufacturing firms.

For information products, general distribution is carried out within and beyond the user community by the community itself; no manufacturer is required:

Innovating lead users → All users.

For physical products, general distribution typically requires manufacturers:

Innovating lead users → Manufacturer → All users.

In light of this situation, how can, should, or will manufacturers of products, services, and processes play profitable roles in user-centered innovation systems? Behlendorf (1999), Hecker (1999) and Raymond (1999) explore what might be possible in the specific context of open source software. More generally, many are experimenting with three possibilities: (1) Manufacturers may produce user-developed innovations for general commercial sale and/or offer a custom manufacturing service to specific users. (2) Manufacturers may sell kits of product-design tools and/or "product platforms" to ease users' innovation-related tasks. (3) Manufacturers may sell products or services that are complementary to user-developed innovations.

Producing User-Developed Products

Firms can make a profitable business from identifying and mass producing user-developed innovations or developing and building new products based on ideas drawn from such innovations. They can gain advantages over competitors by learning to do this better than other manufacturers. They may, for example, learn to identify commercially promising user innovations more effectively that other firms. Firms using lead user search techniques such as those we will describe in chapter 10 are beginning to do this systematically rather than accidentally—surely an improvement. Effectively transferring user-developed innovations to mass manufacture is seldom as simple as producing a product based on a design by a single lead user. Often, a manufacturer combines features developed by several independent lead users to create an attractive commercial offering. This is a skill that a company can learn better than others in order to gain a competitive advantage.

The decision as to whether or when to take the plunge and commercialize a lead user innovation(s) is also not typically straightforward, and companies can improve their skills at inviting in the relevant information and making such assessments. As was discussed previously, manufacturers often do not understand emerging user needs and markets nearly as well as lead users do. Lead users therefore may engage in entrepreneurial activities, such as "selling" the potential of an idea to potential manufacturers and even lining up financing for a manufacturer when they think it very important to rapidly get widespread diffusion of a user-developed product. Lettl, Herstatt, and Gemünden (2004), who studied the commercialization of major advances in surgical equipment, found innovating users commonly engaging in these activities. It is also possible, of course, for innovating lead users to become manufacturers and produce the products they developed for general commercial sale. This has been shown to occur fairly frequently in the field of sporting goods (Shah 2000; Shah and Tripsas 2004; Hienerth 2004).

Manufacturers can also elect to provide custom production or "foundry" services to users, differentiating themselves by producing users' designs faster, better, and/or cheaper than competitors. This type of business model is already advanced in many fields. Custom machine shops specialize in manufacturing mechanical parts to order; electronic assembly shops produce custom electronic products, chemical manufacturers offer "toll" manufacturing of custom products designed by others, and so on. Suppliers of custom integrated circuits offer an especially good example of custom manufacture of products designed by users. More than $15 billion worth of custom integrated circuits were produced in 2002, and the cumulative average growth rate of that market segment was 29 percent. Users benefit from designing their own circuits by getting exactly what they want more quickly than manufacturer-based engineers could supply what they need, and manufacturers benefit from producing the custom designs for users (Thomke and von Hippel 2002).

Supplying Toolkits and/or Platform Products to Users

Users interested in designing their own products want to do it efficiently. Manufacturers can therefore attract them to kits of design tools that ease their product-development tasks and to products that can serve as "platforms" upon which to develop and operate user-developed modifications. Some are supplying users with proprietary sets of design tools only. Cadence, a supplier of design tools for corporate and even individual users interested in designing their own custom semiconductor chips, is an example of this. Other manufacturers, including Harley-Davidson in the case of motorcycles and Microsoft in the case of its Excel spreadsheet software, sell platform products intentionally designed for post-sale modification by users.

Some firms that sell platform products or design tools to users have learned to systematically incorporate valuable innovations that users may develop back into their commercial products. In effect, this second strategy can often be pursued jointly with the manufacturing strategy described above. Consider, for example, StataCorp of College Station, Texas. StataCorp produces and sells Stata, a proprietary software program designed for statistics. It sells the basic system bundled with a number of families of statistical tests and with design tools that enable users to develop new tests for operation on the Stata platform. Advanced customers, many of them statisticians and social science researchers, find this capability very important to their work and do develop their own tests. Many then freely reveal tests they have developed on Internet websites set up by the users themselves. Other users then visit these sites to download and use, and perhaps to test, comment on, and improve these tests, much as users do in open source software communities.

StataCorp personnel monitor the activity at user sites, and note the new tests that are of interest to many users. They then bring the most popular tests into their product portfolio as Stata modules. To do this, they rewrite the user's software code while adhering to the principles pioneered by the user-innovator. They then subject the module to extensive validation testing—a very important matter for statisticians. The net result is a symbiotic relationship. User-innovators are publicly credited by Stata for their ideas, and benefit by having their modules professionally tested. StataCorp gains a new commercial test module, rewritten and sold under its own copyright. Add-ons developed by users that are freely revealed will increase StataCorp's profits more than will equivalent add-ons developed and sold by StataCorp itself (Jokisch 2001). Similar strategies are pursued by manufacturers of simulator software (Henkel and Thies 2003).

Note, however, that StataCorp, in order to protect its proprietary position, does not reveal the core of its software program to users, and does not allow any user to modify it. This creates problems for those users who need to make modifications to the core in order to solve particular problems they encounter. Users with problems of this nature and users especially concerned about price have the option of turning to non-proprietary free statistical software packages available on the web, such as the "R" project (www.r-project.org). These alternatives are developed and supported by user communities and are available as open source software. The eventual effect of open source software alternatives on the viability of the business models of commercial vendors such as StataCorp and its competitors remains to be seen.

A very similar pattern exists in the online gaming industry. Vendors of early online computer games were surprised to discover that sophisticated users were deciphering their closed source code in order to modify the games to be more to their liking. Some of these "mods" attracted large followings, and some game vendors were both impressed and supportive. Manufacturers also discovered that the net effect of user-developed mods was positive for them: mods actually increased the sales of their basic software, because users had to buy the vendors' proprietary software engine code in order to play the mods. Accordingly, a number of vendors began to actively support user-developers by supplying them with design tools to make it easier for them to build mods on their proprietary engine platforms (Jeppesen and Molin 2003).

Both manufacturers and users involved with online gaming are experimenting with the possibilities of user-manufacturer symbiosis in a number of additional ways. For example, some vendors are experimenting with creating company-supported distribution channels through which users—who then become vendors—can sell their mods rather than simply offering them as free downloads (Jeppesen 2004). At the same time, some user communities are working in the opposite direction by joining together to develop open source software engines for video games. If the latter effort is successful, it will offer mod developers a platform and design tools that are entirely non-proprietary for the first time. As in the case of statistical software, the eventual outcomes of all these experiments are not yet clear.

As a final example of a strategy in which manufacturers offer a platform to support user innovation of value to them, consider General Electric's innovation pattern with respect to the magnetic-resonance imaging machines it sells for medical use. Michael Harsh (GE's Director of R&D in the division that produces MRI machines) and his colleagues realized that nearly all the major, commercially important improvements to these machines are developed by leading-edge users rather than by GE or by competing machine producers. They also knew that commercialization of user-developed improvements would be easier and faster for GE if the users had developed their innovations using a GE MRI machine as a platform rather than a competitor's machine. Since MRI machines are expensive, GE developed a policy of selectively supplying machines at a very low price to scientists GE managers judged most likely to develop important improvements. These machines are supplied with restrictive interlocks removed so that the users can easily modify them. In exchange for this research support, the medical researchers give GE preferred access to innovations they develop. Over the years, supported researchers have provided a steady flow of significant improvements that have been first commercialized by GE. Managers consider the policy a major source of GE's commercial success in the MRI field.

Providing Complementary Products or Services

Many user innovations require or benefit from complementary products or services, and manufacturers can often supply these at a profit. For example, IBM profits from user innovation in open source software by selling the complement of computer hardware. Specifically, it sells computer servers with open source software pre-installed, and as the popularity of that software goes up, so do server sales and profits. A firm named Red Hat distributes a version of the open source software computer operating system Linux, and also sells the complementary service of Linux technical support to users. Opportunities to provide profitable complements are not necessarily obvious at first glance, and providers often reap benefits without being aware of the user innovation for which they are providing a complement. Hospital emergency rooms, for example, certainly gain considerable business from providing medical care to the users and user-developers of physically demanding sports, but may not be aware of this.

Discussion

All the examples above explore how manufacturers can integrate themselves into a user-centered innovation system. However, manufacturers will not always find user innovations based on or related to their products to be in their interest. For example, manufacturers may be concerned about legal liabilities and costs sometimes associated with "unauthorized user tinkering." For example, an automaker might legitimately worry about the user-programmed engine controller chips that racing aficionados and others often install to change their cars' performance. The result can be findings of eventual commercial value as users explore new performance regimes that manufacturers' engineers might not have considered. However, if users choose to override manufacturers' programming to increase engine performance, there is also a clear risk of increased warrantee costs for manufacturers if engines fail as a consequence (Mollick 2004).

We have seen that manufacturers can often find ways to profit from user innovation. It is also the case, however, that user innovators and user innovation communities can provide many of these same functions for themselves. For example, StataCorp is successfully selling a proprietary statistical software package. User-developed alternatives exist on the web that are developed and maintained by user-innovators and can be downloaded at no charge. Which ownership model will prove more robust under what circumstances remains to be seen. Ultimately, since users are the customers, they get to choose.

Users and manufacturers can apply the insights developed in this book to improve their innovation processes. In this chapter, I illustrate by showing how firms can profit by *systematically* searching for innovations developed by lead users. I first explain how this can be done. I then present findings of a study conducted at 3M to assess the effectiveness of lead user idea-generation techniques. Finally, I briefly review other studies reporting systematic searches for lead users by manufacturers, and the results obtained.

Searching for Lead Users

Product-development processes traditionally used by manufacturers start with market researchers who study customers in their target markets to learn about unsatisfied needs. Next, the need information they uncover is transferred to in-house product developers who are charged with developing a responsive product. In other words, the approach is to find a user need and to fill it by means of in-house product development.

These traditional processes cannot easily be adapted to systematic searching for lead user innovations. The focus on target-market customers means that lead users are regarded as outliers of no interest. Also, traditional market-research analyses focus on collecting and analyzing need information and not on possible solutions that users may have developed. For example, if a user says "I have developed this new product to make task X more convenient," market-research analyses typically will note that more convenience is wanted but not record the user-developed solution. After all, product development is the province of in-house engineers!

We are therefore left with a question: How can manufacturers build a product-development process that systematically searches for and evaluates

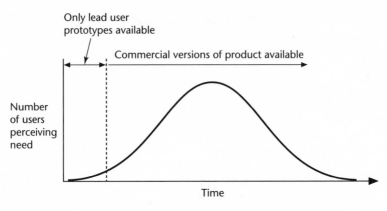

Figure 10.1
Innovations by lead users precede equivalent commercial products.

lead user-generated innovations? (See figure 10.1.) It turns out that the answer differs depending on whether the lead users sought are at the leading edge of "advanced analog" fields or at the leading edge of target markets. Searching for the former is more difficult, but experience shows that the user-developed innovations that are most radical (and profitable) relative to conventional thinking often come from lead users in "advanced analog" fields.

Identifying Lead Users in Advanced Analog Fields

Lead users in advanced analog fields experience needs that are related to but more extreme than those being faced by *any* users, including lead users, within the target market. They also often face a different set of constraints than those affecting users in the target market. These differences can force them to develop solutions that are entirely new from the perspective of the target market.

As an example, consider the relationship between the braking requirements faced by users of automobiles (let's call auto users the target market) and the braking requirements faced by large commercial airplanes as they land on an airport runway (the advanced analog market). Clearly, the braking demands on large airplanes are much more extreme. Airplanes are much heavier than autos and land at higher speeds: their brakes must rapidly dissipate hundreds of times more energy to bring the vehicle to a stop. Also, the situational constraints are different. For example, auto drivers are often assisted in braking in winter by the application of salt or sand to icy roads. These aids cannot be applied in the case of aircraft: salt would damage aircraft bodies, and sand would be inhaled into jet engines and damage them.

The result of the more extreme demands and additional constraints placed on solutions to aircraft braking was the development of antilock braking systems (ABS) for aircraft. Auto firms conducting searches for valuable lead user innovations regarding auto braking were able to learn about this out-of-field innovation and adapt if for use in autos—where it is common today. Before the development of ABS for autos, an automobile firm could have learned about the underlying concept by studying the practices of users with a strong need for controlling skidding while braking such as stock car auto racing teams. These lead users had learned to manually "pump" their brakes to help control this problem. However, auto company engineers were able to learn much more by studying the automated solutions developed in the "advanced analog" field of aerospace.[1]

Finding lead users in advanced analog markets can be difficult because discovering the relevance of a particular analog can itself be a creative act. One approach that has proven effective is to ask the more easily identified lead users in target markets for nominations. These lead users tend to know about useful advanced analogs, because they have been struggling with their leading-edge problems for a long time, and often have searched beyond the target market for information.

Networking from innovators to more advanced innovators in this way is called pyramiding (von Hippel, Thomke, and Sonnack 1999). Pyramiding is a modified version of the "snowballing" technique sometimes used by sociologists to identify members of a group or accumulate samples of rare respondents (Bijker 1995). Snowballing relies on the fact that people with rare interests or attributes tend to know others like themselves. Pyramiding modifies this idea by assuming that people with a strong interest in a topic or field can direct an enquiring researcher to people *more* expert than themselves. Experiments have shown that pyramiding can identify high-quality informants much more efficiently than can mass-screening techniques under many conditions (von Hippel, Franke, and Prugl 2005). Pyramiding was made into a practical industrial process by Mary Sonnack, a Division Scientist at 3M, and Joan Churchill, a psychologist specializing in the development of industrial training programs.

Identifying Lead Users in Target Markets

In general it is easier to identify users at the leading edge of target markets than it is to identify users in advanced analog fields. Screening for users with lead user characteristics can be used. When the desired type of lead user is so rare as to make screening impractical—often the case—pyramiding can be applied. In addition, manufacturers can take advantage of the fact that users at the leading edge of a target market often congregate at specialized sites or events that manufacturers can readily identify. At such sites, users may freely reveal what they have done and may learn from others about how to improve their own practices still further. Manufacturers interested in learning from these lead users can easily visit the sites and listen in. For example, sports equipment companies can go to sporting meets where lead users are known to compete, observe user innovations in action, and compare notes.

Essentially the same thing can be done at virtual sites. For example, recall the practices of StataCorp, a supplier of statistical software. Stata sells a set of standard statistical tests and also a language and tools that statisticians can use to design new tests to serve their own evolving needs. Some Stata users (statisticians) took the initiative to set up a few specialized websites, unaffiliated with StataCorp, where they post their innovations for others to download, use, comment on, and improve. StataCorp personnel visit these sites, learn about the user innovations, and observe which tests seem to be of interest to many users. They then develop proprietary versions of the more generally useful tests as commercial products.

When specialized rendezvous sites for lead users don't exist in a particular field, manufacturers may be able to create them. Technicon Corporation, for example, set up a series of seminars at which innovating users of their medical equipment got together and exchanged information on their innovations. Technicon engineers were free to listen in, and the innovations developed by these users were the sources of most of Technicon's important new product improvements (von Hippel and Finkelstein 1979).

The 3M Experiment

To test whether lead users in advanced analog fields can in fact generate information that leads to commercially valuable new products, Lilien, Morrison, Searls, Sonnack, and von Hippel (2002) studied a natural experiment at 3M. That firm was carrying out both lead user projects and traditional market research-based idea-generation projects in the same divisions at the same time, and in sufficient numbers to make statistical comparisons of outcomes possible.

Methods

3M first began using the lead user method in one division in 1996. By May 2000, when data collection began, five divisions of 3M had completed seven lead user (LU) idea-generation projects and had funded further development of the product concepts generated by five of these. These same five divisions also had 42 contemporaneously funded projects that used "find a need and fill it" idea-generation methodologies that were traditional practice at 3M. We used these two samples of funded ideas to compare the performance of lead user idea-generation projects with traditional idea-generation projects. Although 3M cooperated in the study and permitted access to company records and to members of the product-development teams, the firm did not offer a controlled experimental setting. Rather, we as researchers were required to account for any naturally occurring differences after the fact.

Our study methodology required a pre-post/test-control situation, with at least quasi-random assignments to treatment cells (Cook and Campbell 1979). In other words, our goal was to compare samples of development projects in 3M divisions that differed with respect to their use of lead user idea-generation methods, but that were as similar as possible in other respects. Identifying, understanding, and controlling for the many potential sources of difference that could affect the natural experiment involved careful field explorations. Thus, possible differences between project staffing and performance incentives applied to LU and non-LU idea-generation projects were assessed. We looked for (and did not find) differences in the capabilities or motivation of LU and non-LU project team members with respect to achieving a major new product advance. 3M managers also said that there was no difference in these matters, and a content analysis of formal annual performance goals set for the individual LU and non-LU team members in a division that allowed access to these data supported their views.

We also found no major differences in the innovation opportunities teams faced. We also looked for Hawthorne or placebo effects that might affect the project teams differentially, and found none. (The Hawthorne effect can be described as "I do better because extra attention is being paid to me or to my performance." The placebo effect can be described as "I expect this process will work and will strive to get the results I have been told are likely.") We concluded that the 3M samples of funded LU and non-LU idea-generation projects, though not satisfying the random assignment criterion for experimental design, appeared to satisfy rough equivalence criteria in test and control conditions associated with natural or quasi-experimentation. Data were collected by interviews and by survey instruments.

With respect to the intended difference under study—the use of lead user methods within projects—all lead user teams employed an identical lead user process taught to them with identical coaching materials and with coaching provided by members of the same small set of internal 3M coaches. Each lead user team consisted of three or four members of the marketing and technical departments of the 3M division conducting the project. Teams began by identifying important market trends. Then, they engaged in pyramiding to identify lead users with respect to each trend both within the target market and in advanced analog markets. Information from a number of innovating lead users was then combined by the team to create a new product concept and business plan—a "LU idea" (von Hippel, Thomke, and Sonnack 1999).

Non-lead-user idea-generation projects were conducted in accordance with traditional 3M practices. I refer to these as non-LU idea generation methods and to teams using them as non-LU teams. Non-LU teams were similar to lead user teams in terms of size and make-up. They used data sources for idea generation that varied from project to project. Market data collected by outside organizations were sometimes used, as were data from focus groups with major customers and from customer panels, and information from lab personnel. Non-LU teams collected market information from target markets users but not from lead users.

Findings
Our research compared all funded product concepts generated by LU and non-LU methods from February 1999 to May 2000 in each of the five 3M divisions that had funded one or more lead-user-developed product concepts. During that time, five ideas generated by lead user projects were

Table 10.1

Concepts for new products developed by lead user project teams had far more commercial promise than those developed by non-lead-user project teams.

	LU product concepts (n =5)	Non-LU product concepts (n = 42)	Significance
Factors related to value of concept			
Novelty compared with competition[a]	9.6	6.8	0.01
Originality/newness of customer needs addressed	8.3	5.3	0.09
% market share in year 5	68%	33%	0.01
Estimated sales in year 5 (deflated for forecast error)	$146m	$18m	0.00
Potential for entire product family[a]	10.0	7.5	0.03
Operating profit	22%	24.0%	0.70
Probability of success	80%	66%	0.24
Strategic importance[a]	9.6	7.3	0.08
Intellectual property protection[a]	7.1	6.7	0.80
Factors related to organizational fit of concept			
Fit with existing distribution channels[a]	8.8	8.0	0.61
Fit with existing manufacturing capabilities[a]	7.8	6.7	0.92
Fit with existing strategic plan[a]	9.8	8.4	0.24

Source: Lilien et al. 2002, table 1.
a. Rated on a scale from 1 to 10.

being funded, along with 42 ideas generated by non-LU idea-generation methods. The results of these comparisons can be seen in table 10.1. Product concepts generated by seeking out and learning from lead users were found to be significantly more novel than those generated by non-LU methods. They were also found to address more original or newer customer needs, to have significantly higher market share, to have greater potential to develop into an entire product line, and to be more strategically important. The lead-user-developed product concepts also had projected annual sales in year 5 that were greater than those of ideas generated by non-LU methods by a factor of 8—an average of $146 million versus an average of $18 million in forecast annual sales. Thus, at 3M, lead user idea-generation projects clearly did generate new product concepts with much greater commercial potential than did traditional, non-LU methods ($p < 0.005$).

Note that the sales data for both the LU and non-LU projects are forecasts. To what extent can we rely on these? We explored this matter by collecting both forecast and actual sales data from five 3M division controllers. (Division controllers are responsible for authorizing new product-development investment expenditures.) We also obtained data from a 1995 internal study that compared 3M's sales forecasts with actual sales. We combined this information to develop a distribution of forecast errors for a number of 3M divisions, as well as overall forecast errors across the entire corporation. Those errors range from forecast/actual of +30 percent (over-forecast) to –13 percent (underforecast). On the basis of the information just described, and in consultation with 3M management, we deflated all sales forecast data by 25 percent. That deflator is consistent with 3M's historical experience and, we think, provides conservative sales forecasts.[2] Deflated data appear in table 10.1 and in the following tables.

Rather strikingly, all five of the funded 3M lead user projects created the basis for major new product lines for 3M (table 10.2). In contrast, 41 of 42 funded product concepts generated by non-LU methods were improvements or extensions of existing product lines (χ^2 test, $p < 0.005$).

Following the advice of 3M divisional controllers, major product lines were defined as those separately reported in divisional financial statements. In 1999 in the 3M divisions we studied, sales of individual major product lines ranged from 7 percent to 73 percent of total divisional sales. The sales projections for funded lead user project ideas all fell well above the lower end of this range: projected sales five years after introduction for funded LU ideas, conservatively deflated as discussed above, ranged from 25 percent to over 300 percent of current total divisional sales.

Table 10.2
Lead user project teams developed concepts for major new product lines. Non-lead-user project teams developed concepts for incremental product improvements.

	Incremental product improvements	Major new product lines
LU method	0	5
Non-LU method	41	1

Source: Lilien et al. 2002, table 2.

To illustrate what the major product line innovations that the LU process teams generated at 3M were like, I briefly describe four (one is not described for 3M proprietary reasons):

• A new approach to the prevention of infections associated with surgical operations. The new approach replaced the traditional "one size fits all" approach to infection prevention with a portfolio of patient-specific measures based on each patient's individual biological susceptibilities. This innovation involved new product lines plus related business and strategy innovations made by the team to bring this new approach to market successfully and profitably.

• Electronic test and communication equipment for telephone field repair workers that pioneered the inclusion of audio, video, and remote data access capabilities. These capabilities enabled physically isolated workers to carry out their problem-solving work as a virtual team with co-workers for the first time.

• A new approach, implemented via novel equipment, to the application of commercial graphics films that cut the time of application from 48 hours to less than 1 hour. (Commercial graphics films are used, for example, to cover entire truck trailers, buses, and other vehicles with advertising or decorative graphics.) The LU team's solutions involved technical innovations plus related channel and business model changes to help diffuse the innovation rapidly.

• A new approach to protecting fragile items in shipping cartons that replaces packaging materials such as foamed plastic. The new product lines implementing the approach were more environmentally friendly and much faster and more convenient for both shippers and package recipients than other products and methods on the market.

Lilien, Morrison, Searls, Sonnack, and I also explored to see whether the major product lines generated by the lead user projects had characteristics similar to those of the major product lines that had been developed at 3M in the past, including Scotch Tape. To determine this we collected data on all major new product lines introduced to the market between 1950 and 2000 by the five 3M divisions that had executed one or more lead user studies. (The year 1950 was as far back as we could go and still find company employees who could provide some data about the innovation histories of these major products lines.) Examples from our 1950–2000 sample include the following:

• Scotch Tape: A line of transparent mending tapes that was first of its type and a major success in many household and commercial applications.

• Disposable patient drapes for operating room use: A pioneering line of disposable products for the medical field now sold in many variations.

• Box sealing tapes: The first type of tape strong enough to reliably seal corrugated shipping boxes, it replaced stapling in most "corrugated shipper" applications.

• Commercial graphics films: Plastic films capable of withstanding outdoor environments that could be printed upon and adhered to large surfaces on vehicles such as the sides of trailer trucks. This product line changed the entire approach to outdoor signage.

Table 10.3 provides profiles of the five LU major product lines and the 16 non-LU major product lines for which we were able to collect data. As can be seen, innovations generated with inputs from lead users are similar in many ways to the major innovations developed by 3M in the past.

Discussion

The performance comparison between lead user and "find a need and fill it" idea-generation projects at 3M showed remarkably strong advantages associated with searching for ideas among lead users in advanced analog fields with needs similar to, but even more extreme than, needs encountered in the intended target market. The direction of this outcome is supported by findings from three other real-world industrial applications of lead user idea-generation methods that studied lead users in the target market but not in advanced analog markets. I briefly describe these three studies next. They each appear to have generated primarily next-generation products—valuable for firms, but not the basis for radically new major product lines.

• Recall that Urban and von Hippel (1988) tested the relative commercial attractiveness of product concepts developed in the field of computer-aided systems for the design of printed circuit boards (PC-CAD). One of the concepts they tested contained novel features proposed by lead users that had innovated in the PC-CAD field in order to serve in-house need. The attractiveness of the "lead user concept" was then evaluated by a sample of 173

Table 10.3

Major new product lines (MNPLs) generated by lead-user methods are similar to MNPLs generated by 3M in the past.

	LU MNPLs (n = 5)	Past 3M MNPLs (n = 16)	Significance
Novelty[a] compared with competition	9.6	8.0	0.21
Originality/newness of customer needs addressed[a]	8.3	7.9	0.78
% market share in year 5	68%	61%	0.76
Estimated sales in year 5 (deflated for forecast error)	146m[b]	$62m[b]	0.04
Potential for entire product family[a]	10.0	9.4	0.38
Operating profit	22%	27%	0.41
Probability of success	80%	87%	0.35
Strategic importance*	9.6	8.5	0.39
Intellectual property protection[a]	7.1	7.4	0.81
Fit with distribution channels[a]	8.8	8.4	0.77
Fit with manufacturing capabilities[a]	7.8	6.7	0.53
Fit with strategic plan[a]	9.8	8.7	0.32

Source: Lilien et al. 2002, table 4.

a. Measured on a scale from 1 to 10.

b. Five-year sales forecasts for all major product lines commercialized in 1994 or later (5 LU and 2 non-LU major product lines) have been deflated by 25% in line with 3M historical forecast error experience (see text). Five-year sales figures for major product lines commercialized before 1994 are actual historical sales data. This data has been converted to 1999 dollars using the Consumer Price Index from the Economic Report of the President (Council of Economic Advisors 2000).

target-market users of PC-CAD systems relative to three other concept choices—one of which was a description of the best system then commercially available. Over 80 percent of the target-market users were found to prefer the concept incorporating the features developed by innovating lead users. Their reported purchase probability for a PC-CAD system incorporating the lead user features was 51 percent, over twice as high as the purchase probability indicated for any other system. The target-market users were also found willing to pay twice as much for a product embodying the lead user features than for PC-CAD products that did not incorporate them.

• Herstatt and von Hippel (1992) documented a lead user project seeking to develop a new line of pipe hangers—hardware used to attach pipes to the ceilings of commercial buildings. Hilti, a major manufacturer of construction-related equipment and products, conducted the project. The firm introduced a new line of pipe hanger products based on the lead user concept and a post-study evaluation has shown that this line has become a major commercial success for Hilti.

• Olson and Bakke (2001) report on two lead user studies carried out by Cinet, a leading IT systems integrator in Norway, for the firm's two major product areas, desktop personal computers, and Symfoni application GroupWare. These projects were very successful, with most of the ideas incorporated into next-generation products having been collected from lead users.

Active search for lead users that have innovated enables manufacturers to more rapidly commercialize lead user innovations. One might think that an alternative approach would be to identify lead users before they have innovated. Alert manufacturers could then make some prior arrangements to get preferred access to promising user-developed innovations by, for example, purchasing promising lead user organizations. I myself think that such vertical integration approaches are not practical. As was shown earlier, the character and attractiveness of innovations lead users may develop is based in part on the particular situations faced by and information stocks held by individual lead users. User innovation is therefore likely to be a widely distributed phenomenon, and it would be difficult to predict in advance which users are most likely to develop very valuable innovations.

How do we square these findings with the arguments, put forth by Christensen (1997), by Slater and Narver (1998), and by others, that firms are likely to miss radical or disruptive innovations if they pay close attention to requests from their customers? Christensen (1997, p. 59, n. 21) writes: "The research of Eric von Hippel, frequently cited as evidence of the value of listening to customers, indicates that customers originate a large majority of new product ideas. . . . The [Christensen] value network framework would predict that the innovations toward which the customers in von Hippel's study led their suppliers would have been sustaining innovations. We would expect disruptive innovations to have come from other sources."

Unfortunately, the above contains a basic misunderstanding of my research findings. My findings, and related findings by others as well, deal with innovations by lead users, not customers, and *lead users are a much broader category than customers of a specific firm.* Lead users that generate innovations of interest to manufacturers can reside, as we have seen, at the leading edges of target markets, and also in advanced analog markets. The innovations that some lead users develop are certainly disruptive from the viewpoint of some manufacturers—but the lead users are unlikely to care about this. After all, they are developing products to serve their own needs. Tim Berners-Lee, for example, developed the World Wide Web as a lead user working at CERN—a user of that software. The World Wide Web was certainly disruptive to the business models of many firms, but this was not Berners-Lee's concern. Lead users typically have no reason to lead, mislead, or even contact manufacturers that might eventually benefit from or be disrupted by their innovations. Indeed, the likely absence of a preexisting customer relationship is the reason that manufacturing firms must search for lead user innovations *outside* their customer lists—as 3M did in its lead user idea generation studies. "Listening to the voice of the customer" is *not* the same thing as seeking out and learning from lead users (Danneels 2004).

That basic misunderstanding aside, I do agree with Christensen and others that a manufacturer may well receive mainly requests for sustaining innovations from its *customers*. As was discussed in chapter 4, manufacturers have an incentive to develop innovations that utilize their existing capabilities—that are "sustaining" for them. Customers know this and, when considering switching to a new technology, are unlikely to request it from a manufacturer that would consider it to be disruptive: they know that such a manufacturer is unlikely to respond positively. The net result is that manufacturers' inputs from their existing customers may indeed be biased towards requests for sustaining innovations.

I conclude this chapter by reminding the reader that studies of the sources of innovation show clearly that users will tend to develop some types of innovations but not all. It therefore makes sense for manufacturers to partition their product-development strategies and portfolios accordingly. They may wish, for example, to move away from actual new product development and search for lead users' innovations in the case of functionally novel products. At the same time manufacturers may decide to continue to develop products that do *not* require high-fidelity models of need information and use environments to get right. One notable category of innovations with this characteristic is dimension-of-merit improvements to existing products. Sometimes users state their needs for improved products in terms of dimensions on which improvements are desired—dimensions of merit. As an example, consider that users may say "I want a computer that is as fast and cheap as possible." Similarly, users of medical imaging equipment may say "I want an image that is of as high a resolution as is technically possible." If manufacturers (or users) cannot get to the end point desired by these users right away, they will instead progressively introduce new product generations that move along the dimension of merit as rapidly and well as they can. Their rate of progress is determined by the rate at which *solution* technologies improve over time. This means that sticky solution information rather than sticky need information is central to development of dimension-of-merit improvements. Manufacturers will tend to have the information they need to develop dimension of merit innovations internally.

11 | Application: Toolkits for User Innovation and Custom Design

An improved understanding of the relative innovation capabilities of users and manufacturers can enable designs for more effective joint innovation processes. Toolkits for user innovation and custom design illustrate this possibility. In this new innovation process design, manufacturers actually *abandon* their efforts to understand users' needs accurately and in detail. Instead, they outsource only *need-related* innovation tasks to their users, who are equipped with appropriate toolkits. This process change differs from the lead user search processes discussed earlier in an interesting way. Lead user searchs identify existing innovations, but do nothing to change the conditions affecting user-innovators at the time a new product or service is being developed. Toolkits for users, in contrast, do change the conditions potential innovators face. By making innovation cheaper and quicker for users, they can increase the volume of user innovation. They also can channel innovative effort into directions supported by toolkits.

In this chapter, I first explore why toolkits are useful. Next, I describe how to create an appropriate setting for toolkits and how toolkits function in detail. Finally, I discuss the conditions under which toolkits are likely to be of most value.

Benefits from Toolkits

Toolkits for user innovation and design are integrated sets of product-design, prototyping, and design-testing tools intended for use by end users. The goal of a toolkit is to enable non-specialist users to design high-quality, producible custom products that exactly meet their needs. Toolkits often contain "user-friendly" features that guide users as they work. They are specific to a type of product or service and a specific production system. For example, a toolkit provided to customers interested in designing their own, custom digital semiconductor chips is tailored precisely for that purpose—it cannot be used to design other types of products. Users apply a toolkit in conjunction with their rich understanding of their own needs to create a preliminary design, simulate or prototype it, evaluate its functioning in their own use environment, and then iteratively improve it until they are satisfied.

A variety of manufacturers have found it profitable to shift the tasks of custom product design to their customers along with appropriate toolkits for innovation. Results to date in the custom semiconductor field show development time cut by 2/3 or more for products of equivalent complexity and development costs cut significantly as well via the use of toolkits. In 2000, more than $15 billion worth of custom integrated circuits were sold that had been designed with the aid of toolkits—often by circuit users—and produced in the "silicon foundries" of custom semiconductor manufacturers such as LSI (Thomke and von Hippel 2002). International Flavors and Fragrances (IFF), a global supplier of specialty flavors to the food industry, has built a toolkit that enables its customers to modify flavors for themselves, which IFF then manufactures. In the materials field, GE provides customers with Web-based tools for designing better plastic products. In software, a number of consumer product companies provide toolkits that allow people to add custom-designed modules to their standard products. For example, Westwood Studios provides its customers with toolkits that enable them to design important elements of their own video games (Jeppesen 2005).

The primary function of toolkits for user design is to co-locate product-development and service-development tasks with the sticky information needed to execute them. Need-intensive tasks involved in developing a particular type of product or service are assigned to users, along with the tools needed to carry those tasks out. At the same time, solution-intensive tasks are assigned to manufacturers.

As was discussed in chapter 5, problem solving in general, and product and service development in particular, is carried out via repeated cycles of learning by trial and error. When each cycle of a trial-and-error process requires access to sticky information located at more than one site, co-location of problem-solving activity with sticky information is achieved by repeatedly shifting problem solving to the relevant sticky information sites as product development proceeds.

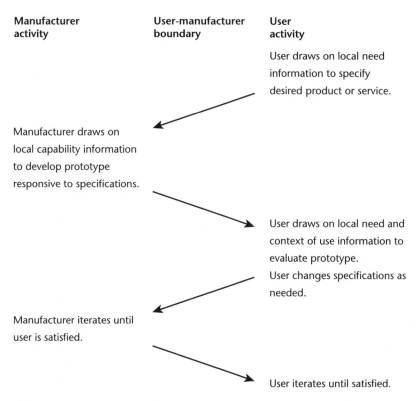

Figure 11.1
A pattern of problem solving often encountered in product and service development.

For example, suppose that need information is sticky at the site of the potential product user and that solution information is sticky at the site of the manufacturer. A user may initiate a development project by drawing on local user-need information to specify a desired new product or service (figure 11.1). This information is likely to be sticky at least in part. Therefore, the user, even when exerting best efforts, will supply only partial and partially correct need and use-context information to the manufacturer. The manufacturer then applies its solution information to the partially accurate user information and creates a prototype that it thinks is responsive to the need and sends it to the user for testing. If the prototype is not satisfactory (and it often is not), the product is returned to the manufacturer for refinement. Typically, as empirical studies show (Tyre and von Hippel 1997; Kristensen 1992), sites of sticky need and / or solution information are

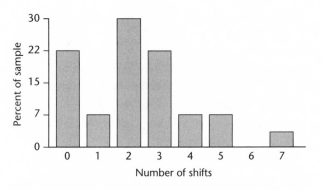

Figure 11.2
Shifts in the location of problem solving from user site to lab observed during process machine debugging. Source: Tyre and von Hippel 1993, figure 2.

repeatedly revisited as problem solvers strive to reach a satisfactory product design (figure 11.2).

Explicit management of user-manufacturer iterations has been built into a number of modern product-development processes. In the rapid application development method (Martin 1991), manufacturers learn to respond to initial user need inputs by quickly developing a partial prototype of a planned product containing the features likely to be most important to users. They deliver this to users, who apply it in their own setting to clarify their needs. Users then relay requests for changes or new features to the product developers, and this process is repeated until an acceptable fit between need and solution is found. Such iteration has been found to "better satisfy true user requirements and produce information and functionality that is more complete, more accurate, and more meaningful" (Connell and Shafer 1989).

Even with careful management, however, iterative shifts in problem solving between users and manufacturer-based developers involve significant coordination costs. For example, a manufacturer's development team may be assigned to other tasks while it waits for user feedback, and so will not be immediately able to resume work on a project when needed feedback is received. It would be much better still to eliminate the need for cross-boundary iteration between user and manufacturer sites during product development, and this is what toolkits for user design are intended to do. The basic idea behind toolkits for user design is, as was mentioned earlier, to partition an overall product-development task into subproblems, each drawing on only one locus of sticky information. Then, each task is assigned to the party already having the sticky information needed to solve it. In this approach, both the user and the manufacturer still engage in iterative, trial-and-error problem solving to solve the problems assigned to them. But this iteration is internal to each party—no costly and time-consuming cross-boundary iteration between user and manufacturer is required (von Hippel 1998, 2001; Thomke and von Hippel 2002; von Hippel and Katz 2002).

To appreciate the major advantage in problem-solving speed and efficiency that concentrating problem solving within a single locus can create, consider a familiar example: the contrast between conducting financial strategy development with and without "user-operated" financial spreadsheet software:

• Before the development of easy-to-use financial spreadsheet programs such as Lotus 1-2-3 and Microsoft Excel, a firm's chief financial officer might have carried out a financial strategy development exercise as follows. First, the CFO would have asked an assistant to develop an analysis incorporating a list of assumptions. A few hours or days might elapse before the result was delivered. Then the CFO would use her rich understanding of the firm and its goals to study the analysis. She would typically almost immediately spot some implications of the patterns developed, and would then ask for additional analyses to explore these implications. The assistant would take the new instructions and go back to work while the CFO switched to another task. When the assistant returned, the cycle would repeat until a satisfactory outcome was found.

• After the development of financial spreadsheet programs, a CFO might begin an analysis by asking an assistant to load up a spreadsheet with corporate data. The CFO would then "play with" the data, trying out various ideas and possibilities and "what if" scenarios. The cycle time between trials would be reduced from days or hours to minutes. The CFO's full, rich information would be applied immediately to the effects of each trial. Unexpected patterns—suggestive to the CFO but often meaningless to a less knowledgeable assistant—would be immediately identified and explored further.

It is generally acknowledged that spreadsheet software that enables expert users to "do it themselves" has led to better outcomes that are achieved faster (Levy 1984; Schrage 2000). The advantages are similar in the case of product and service development. Learning by doing via trial and error still occurs, of course, but the cycle time is much faster because the complete cycle of need-related learning is carried out at a single (user) site earlier in the development process.

Repartitioning of Development Tasks

To create the setting for a toolkit, one must partition the tasks of product development to concentrate need-related information in some and solution-related information in others. This can involve fundamental changes to the underlying architecture of a product or service. As illustration, I first discuss the repartioning of the tasks involved in custom semiconductor chip development. Then, I show how the same principles can be applied in the less technical context of custom food design.

Traditionally, fully customized integrated circuits were developed in an iterative process like that illustrated in figure 11.1. The process began with a user specifying the functions that the custom chip was to perform to a manufacturer of integrated circuits. The chip would then be designed by manufacturer employees, and an (expensive) prototype would be produced and sent to the user. Testing by the user would typically reveal faults in the chip and/or in the initial specification, responsive changes would be made, a new prototype would be built. This cycle would continue until the user was satisfied. In this traditional manufacturer-centered development process, manufacturers' development engineers typically incorporated need-related information into the design of both the fundamental elements of a circuit—such as transistors, and the electrical "wiring" that interconnected those elements into a functioning circuit.

The brilliant insight that allowed custom design of integrated circuits to be partitioned into solution-related and need-related subtasks was made by Mead and Conway (1980). They determined that the design of a digital chip's fundamental elements, such as its transistors, could be made standard for all circuits. This subtask required rich access to the manufacturer's sticky solution information regarding how semiconductors are fabricated, but did not require detailed information on users' specific needs. It could therefore be assigned to manufacturer-based chip-design and chip-fabrication engineers. It was also observed that the subtask of interconnecting standard circuit elements into a functioning integrated circuit required only sticky, need-related information about a chip's function—for example, whether it was to function as a microprocessor for a calculator or as a voice chip for a robotic dog. This subtask was therefore assigned to users along with a toolkit that enabled them to do it properly. In sum, this new type of chip, called a gate array, had a novel architecture created specifically to separate the problem-solving tasks requiring access to a manufacturer's sticky solution information from those requiring access to users' sticky need information.

The same basic principle can be illustrated in a less technical context: food design. In this field, manufacturer-based designers have traditionally undertaken the entire job of developing a novel food, and so they have freely blended need-specific design into any or all of the recipe-design elements wherever convenient. For example, manufacturer-based developers might find it convenient to create a novel cake by both designing a novel flavor and texture for the cake body, and designing a complementary novel flavor and texture into the frosting. However, it is possible to repartition these same tasks so that only a few draw on need-related information, and these can then be more easily transferred to users.

The architecture of the pizza pie illustrates how this can be done. Many aspects of the design of a pizza, such as the dough and the sauce, have been made standard. User choice has been restricted to a single task: the design of toppings. In other words, all need-related information that is unique to a particular user has been linked to the toppings-design task only. Transfer of this single design task to users can still potentially offer creative individuals a very large design space to play in (although pizza shops typically restrict it sharply). Any edible ingredient one can think of, from eye of newt to edible flowers, is a potential topping component. But the fact that need-related information has been concentrated within only a single product-design task makes it much easier to transfer design freedom to the user.

The Functionality of Toolkits

If a manufacturer outsources need-intensive design tasks to users, it must also make sure that users have the information they need to carry out those tasks effectively. This can be done via a toolkit for user innovation. Toolkits are not new as a general concept—every manufacturer equips its own engineers with a set of tools suitable for developing the type of products or services it wishes to produce. Toolkits for users also are not new—many users have personal collections of tools that they have assembled to help them create new items or modify standard ones. For example, some users have woodworking tools ranging from saws to glue which can be used to create or modify furniture—in very novel or very standard ways. Others may have a kit of software tools needed to create or modify software. What is new, however, is integrated toolkits enabling users to create *and* test designs for custom products or services that can then be produced "as is" by manufacturers.

Present practice dictates that a high-quality toolkit for user innovation will have five important attributes. (1) It will enable users to carry out complete cycles of trial-and-error learning. (2) It will offer users a solution space that encompasses the designs they want to create. (3) It will be user friendly in the sense of being operable with little specialized training. (4) It will contain libraries of commonly used modules that users can incorporate into custom designs. (5) It will ensure that custom products and services designed by users will be producible on a manufacturer's' production equipment without modification by the manufacturer.

Learning through Trial and Error

It is crucial that user toolkits for innovation enable users to go through complete trial-and-error cycles as they create their designs. Recall that trial-and-error problem solving is essential to product development. For example, suppose that a user is designing a new custom telephone answering system for her firm, using a software-based computer-telephony integration (CTI) design toolkit provided by a vendor. Suppose also that the user decides to include a new rule to "route all calls of X nature to Joe" in her design. A properly designed toolkit would allow her to temporarily place the new rule into the telephone system software, so that she could actually try it out (via a real test or a simulation) and see what happened. She might discover that the solution worked perfectly. Or she might find that the new rule caused some unexpected form of trouble—for example, Joe might be flooded with too many calls—in which case it would be "back to the drawing board" for another design and another trial.

In the same way, toolkits for innovation in the semiconductor design field allow users to design a circuit that they think will meet their needs and then test the design by "running" it in the form of a computer simulation. This quickly reveals errors that the user can then quickly and cheaply fix using toolkit-supplied diagnostic and design tools. For example, a user might discover by testing a simulated circuit design that a switch needed to adjust the circuit had been forgotten and make that discovery simply by trying to make a needed adjustment. The user could then quickly and cheaply design in the needed switch without major cost or delay.

One can appreciate the importance of giving the user the capability for trial-and-error learning by doing in a toolkit by thinking about the consequences of not having it. When users are not supplied with toolkits that enable them to draw on their local, sticky information and engage in trial-and-error learning, they must actually order a product and have it built to learn about design errors—typically a very costly and unsatisfactory way to proceed. For example, automobile manufacturers allow customers to select a range of options for their cars, but they do not offer the customer a way to learn during the design process and before buying. The cost to the customer is unexpected learning that comes too late: "That wide-tire option did look great in the picture. But now that the car has been delivered, I discover that I don't like the effect on handling. Worse, I find that my car is too wide to fit into my garage!"

Similar disasters are often encountered by purchasers of custom computers. Many custom computer manufacturers offer a website that allows users to "design your own computer online." However, these websites do not allow users to engage in trial-and-error design. Instead, they simply allow users to select computer components such as processor chips and disk drives from lists of available options. Once these selections have been made, the design transaction is complete and the computer is built and shipped. The user has no way to test the functional effects of these choices before purchase and first field use—followed by celebration or regret.

In contrast, a sophisticated toolkit for user innovation would allow the user to conduct trial-and-error tests to evaluate the effects of initial choices made and to improve on them. For example, a computer design site could add this capability by enabling users to actually test and evaluate the hardware configuration they specify on their own programs and computing tasks before buying. To do this, the site might, for example, provide access to a remote computer able to simulate the operation of the computer that the user has specified, and provide performance diagnostics and related choices in terms meaningful to the user (e.g., "If you add option x at cost y, the time it takes to complete your task will decrease by z seconds"). The user could then modify or confirm initial design choices according to trade-off preferences only he or she knows.

Appropriate Solution Spaces

Economical production of custom products and services is achievable only when a custom design falls within the pre-existing capability and degrees of freedom built into a particular manufacturer's production system. My colleagues and I call this the *solution space* offered by that system. A solution space may vary from very large to small, and if the output of a toolkit is tied to a particular production system, then the design freedom that a toolkit can offer a user will be accordingly large or small. For example, the solution space offered by the production process of a manufacturer of custom integrated circuits is huge. It will produce any combination of logic elements interconnected in any way that a user-designer might desire, with the result that the user can invent anything from a novel type of computer processor to a novel silicon organism within that space. However, note that the semiconductor production process also has stringent limits. It will only implement product designs expressed in terms of semiconductor logic—it will not implement designs for bicycles or houses. Also, even within the arena of semiconductors, it will only be able to produce semiconductors that fit within a certain range with respect to size and other properties. Another example of a production system offering a very large solution space to designers—and, potentially to user-designers via toolkits—is the automated machining center. Such a device can basically fashion any shape out of any machinable material that can be created by any combination of basic machining operations such as drilling and milling. As a consequence, toolkits for innovation intended to create designs that can be produced by automated machining centers can offer users access to that very large solution space.

Large solution spaces can typically be made available to user-designers when production systems and associated toolkits allow users to manipulate and combine relatively basic and general-purpose building blocks and operations, as in the examples above. In contrast, small solution spaces typically result when users are only allowed to combine a relatively few pre-designed options. Thus, users who want to design their own custom automobiles are restricted to a relatively small solution space: they can only make choices from lists of options regarding such things as engines, transmissions, and paint colors. Similarly, purchasers of eyeglasses are restricted to combining "any frame from this list" of pre-designed frames, with "any lens type from that list" of pre-designed options.

The reason producers of custom products or services enforce constraints on the solution space that user-designers may use is that custom products can be produced at reasonable prices only when custom user designs can be implemented by simply making low-cost adjustments to the production process. This condition is met within the solution space on offer. However, responding to requests that fall outside that space will require small or large additional investments by the manufacturer. For example, a producer of integrated circuits may have to invest many millions of dollars and rework an entire production process in order to respond to a customer's request for a larger chip that falls outside the solution space associated with its present production equipment.

User-Friendly Tools

User toolkits for innovation are most effective and successful when they are made "user friendly" by enabling users to use the skills they already have and to work in their own customary and well-practiced design language. This means that users don't have to learn the—typically different—design skills and language customarily used by manufacturer-based designers, and so they will require much less training to use the toolkit effectively.

For example, in the case of custom integrated circuit design, the users of toolkits are typically electrical engineers who are designing electronic systems that will incorporate custom semiconductor chips. The digital design language normally used by electrical engineers is Boolean algebra. Therefore, user-friendly toolkits for custom semiconductor design are provided that allow toolkit users to design in this language. That is, users can create a design, test how it works, and make improvements using only their own, customary design language. At the conclusion of the design process, the toolkit then translates the user's logical design into the design inputs required by the semiconductor manufacturer's production system.

A design toolkit based on a language and skills and tools familiar to the user is only possible to the extent that the user *has* familiarity with some appropriate and reasonably complete language and set of skills and tools. Interestingly, this is the case more frequently than one might initially suppose, at least in terms of the *function* that a user wants a product or service to perform—because functionality is the face that the product or a service presents to the user. (Indeed, an expert user of a product or service may be much more familiar with that functional face than manufacturer-based experts.) Thus, the user of a custom semiconductor is the expert in what he or she wants that custom chip to *do*, and is skilled at making complex tradeoffs among familiar functional elements to achieve a desired end: "If I increase chip clock speed, I can reduce the size of my cache memory and. . . ."

As a less technical example, consider the matter of designing a custom hairstyle. There is certainly a great deal of information known to hairstylists that even an expert user may not know, such as how to achieve a certain look by means of layer cutting, or how to achieve a certain streaked color pattern by selectively dying some strands of hair. However, an expert user is often very well practiced at the skill of examining the shape of his or her face and hairstyle as reflected in a mirror, and visualizing specific improvements that might be desirable in matters such as curls, shape, or color. In addition, the user will be very familiar with the nature and functioning of everyday tools used to shape hair, such as scissors and combs.

A user-friendly toolkit for hairstyling innovation can be built upon these familiar skills and tools. For example, a user can be invited to sit in front of a computer monitor, and study an image of her face and hairstyle as captured by a video camera. Then, she can select from a palette of colors and color patterns offered on the screen, can superimpose the effect on her existing hairstyle, can examine it, and can repeatedly modify it in a process of trial-and-error learning. Similarly, the user can select and manipulate images of familiar tools, such as combs and scissors, to alter the image of the length and shape of her own hairstyle as projected on the computer screen, can study and further modify the result achieved, and so forth. Note that the user's new design can be as radically new as is desired, because the toolkit gives the user access to the most basic hairstyling variables and tools such as hair color and scissors. When the user is satisfied, the completed design can be translated into technical hairstyling instructions in the language of a hairstyling specialist—the intended production system in this instance.

In general, steady improvements in computer hardware and software are enabling toolkit designers to provide information to users in increasingly friendly ways. In earlier days, information was often provided to users in the form of specification sheets or books. The user was then required to know when a particular bit of information was relevant to a development project, find the book, and look it up. Today, a large range of potentially needed information can be embedded in a computerized toolkit, which is programmed to offer the user items of information only if and as a development being worked on makes them relevant.

Module Libraries

Custom designs seldom are novel in all their parts. Therefore, a library of standard modules will be a valuable part of a toolkit for user innovation. Provision of such standard modules enables users to focus their creative work on those aspects of their product or service designs that cannot be implemented via pre-designed options. For example, architects will find it very useful to have access to a library of standard components, such as a range of standard structural support columns with pre-analyzed structural characteristics, that they can incorporate into their novel building designs. Similarly, users who want to design custom hairstyles will often find it helpful to begin by selecting a hairstyle from a toolkit library. The goal is to select a style that has some elements of the desired look. Users can then proceed to develop their own desired style by adding to and subtracting from that starting point.

Translating Users' Designs for Production

The "language" of a toolkit for user innovation must be convertible without error into the language of the intended production system at the conclusion of the user's design work. If it is not, the entire purpose of the toolkit will be lost—because a manufacturer receiving a user design will essentially have to do the design work over again. Error-free translation need not emerge as a major problem—for example, it was never a major problem during the development of toolkits for integrated circuit design, because both chip designers and chip producers already used a language based on digital logic. In contrast, in some fields, translating from the design language preferred by users to the language required by intended production systems can be *the* central problem in toolkit design. As an illustration, consider a recent toolkit test project managed by Ernie Gum, the Director of Food Product Development for the USA FoodServices Division of Nestlé.

One major business of Nestlé FoodServices is producing custom food products, such as custom Mexican sauces, for major restaurant chains.

Custom foods of this type have traditionally been developed by or modified by the chains' executive chefs, using what are in effect design and production toolkits taught by culinary schools: recipe development procedures based on food ingredients available to individuals and restaurants, and processed with restaurant-style equipment. After using their traditional toolkits to develop or modify a recipe for a new menu item, executive chefs call in Nestlé Foodservices or another custom food producer and ask that firm to manufacture the product they have designed—and this is where the language translation problem rears its head.

There is no error-free way to translate a recipe expressed in the language of a traditional restaurant-style culinary toolkit into the language required by a food-manufacturing facility. Food factories must use ingredients that can be obtained in quantity at consistent quality. These are not the same as, and may not taste quite the same as, the ingredients used by the executive chef during recipe development. Also, food factories use volume production equipment, such as huge-steam-heated retorts. Such equipment is very different from restaurant-style stoves and pots and pans, and it often cannot reproduce the cooking conditions created by the executive chef on a stove-top—for example, very rapid heating. Therefore, food-production factories cannot simply produce a recipe developed by or modified by an executive chef "as is" under factory conditions—it will not taste the same.

As a consequence, even though an executive chef creates a prototype product using a traditional chef's toolkit, food manufacturers find most of that information—the information about ingredients and processing conditions—useless because it cannot be straightforwardly translated into factory-relevant terms. The only information that can be salvaged is the information about taste and texture contained in the prototype. And so, production chefs carefully examine and taste the customer's custom food prototype, then try to make something that tastes the same using factory ingredients and methods. But an executive chef's taste buds are not necessarily the same as production chef taste buds, and so the initial factory version—and the second and the third—is typically not what the customer wants. So the producer must create variation after variation until the customer is finally satisfied.

To solve the translation problem, Gum created a novel toolkit of pre-processed food ingredients to be used by executive chefs during food development. Each ingredient in the toolkit was the Nestlé factory version of an ingredient traditionally used by chefs during recipe development: That is, it was an ingredient commercially available to Nestlé that had been processed as an independent ingredient on Nestlé factory equipment. Thus, a toolkit designed for developing Mexican sauces would contain a chili puree ingredient processed on industrial equipment identical to that used to produce food in commercial-size lots. (Each ingredient in such a toolkit also contains traces of materials that will interact during production—for example, traces of tomato are included in the chili puree—so that the taste effects of such interactions will also be apparent to toolkit users.)

Chefs interested in using the Nestlé toolkit to prototype a novel Mexican sauce would receive a set of 20–30 ingredients, each in a separate plastic pouch. They would also be given instructions for the proper use of these ingredients. Toolkit users would then find that each component differs slightly from the fresh components he or she is used to. But such differences are discovered immediately through direct experience. The chef can then adjust ingredients and proportions to move to the final taste and texture that is desired. When a recipe based on toolkit components is finished, it can be immediately and precisely reproduced by Nestlé factories—because now the executive chef is using the same language as the factory. In the Nestlé case, field testing by Food Product Development Department researchers showed that adding the error-free translation feature to toolkit-based design by users reduced the time of custom food development from 26 weeks to 3 weeks by eliminating repeated redesign and refinement interactions between Nestlé and purchasers of its custom food products.

Discussion

A toolkit's success in the market is significantly correlated with that toolkit's quality and with industry conditions. Thus, Prügl and Franke (2005) studied the success of 100 toolkits offered in a single industry: computer gaming. They found that success, evaluated by independent experts, was significantly correlated with the quality of execution of the attributes of toolkits that have been discussed in this chapter. That is, success was found to be significantly affected by the quality of trial-and-error learning enabled by a toolkit, by the quality of fit of the solution space offered to users' design problems, by the user friendliness of the tools provided, and by the quality of module libraries offered with the toolkit. Schreier and Franke

(2004) also obtained information on the importance of toolkit quality in a study of the value that users placed on consumer products (scarves, T shirts, cell phone covers) customized with a simple, manufacturer-supplied toolkit. They found user willingness to pay for custom designs, as measured by Vickrey auctions, was significantly negatively affected by the difficulty of creating custom designs with a toolkit. In contrast, willingness to pay was significantly positively affected by enjoyment experienced in using a toolkit.

With respect to industry and market conditions, the toolkit-for-user innovation approach to product design is likely to be most appealing to toolkit suppliers when the heterogeneous needs of *many* users can be addressed by a standard solution approach encoded in a toolkit. This is because it can be costly to encode all the solution and production information relevant to users' design decisions. For example, a toolkit for custom semiconductor design must contain information about the semiconductor production process needed to ensure that product designs created by users are in fact producible. Encoding such information is a one-time cost, so it makes the best economic sense for solution approaches that many will want to use.

Toolkits for user innovation are not an appropriate solution for all product needs, even when heterogeneous needs can be addressed by a common solution approach. Specifically, toolkits will not be the preferred approach when the product being designed requires the highest achievable performance. Toolkits incorporate automated design rules that cannot, at least at present, translate designs into products or software as skillfully as a human designer can. For example, a design for a gate array generated with a toolkit will typically take up more physical space on a silicon chip than would a fully custom-developed design of similar complexity. Even when toolkits are on offer, therefore, manufacturers may continue to design certain products (those with difficult technical demands) while customers take over the design of others (those involving complex or rapidly evolving user needs).

Toolkits can be designed to offer a range of capabilities to users. At the high end, with toolkits such as those used to design custom integrated circuits, users can truly innovate, creating anything implementable in digital electronics, from a dishwasher controller to a novel supercomputer or form of artificial life. At the low end, the product configurators commonly offered by manufacturers of mass-customized products enable, for example, a watch purchaser to create a custom watch by selecting from lists of pre-designed faces, hands, cases, and straps. (Mass-customized production systems can manufacture a range of product variations in single-unit quantities at near mass-production costs (Pine 1993). In the United States, production systems used by these manufacturers are generally based on computerized production equipment.)

The design freedom provided by toolkits for user innovation may not be of interest to all or even to most users in a market characterized by heterogeneous needs. A user must have a great enough need for something different to offset the costs of putting a toolkit to use for that approach to be of interest. Toolkits may therefore be offered only to a subset of users. In the case of software, toolkits may be provided to all users along with a standard, default version of the product or service, because the cost of delivering the extra software is essentially zero. In such a case, the toolkit's capability will simply lie unused in the background unless and until a user has sufficient incentive to evoke and employ it.

Provision of toolkits to customers can be a complement to lead user idea-generation methods for manufacturers. Some users choosing to employ a toolkit to design a product precisely right for their own needs will be lead users, whose present strong need foreshadows a general need in the market. Manufacturers can find it valuable to identify and acquire the generally useful improvements made by lead users of toolkits, and then supply these to the general market. For this reason, manufacturers may find it valuable implement toolkits for innovation even if the portion of the target market that can directly use them is relatively small.

Toolkits can affect existing business models in a field in ways that may or may not be to manufacturers' competitive advantage in the longer run. For example, consider that many manufacturers of products and services profit from both their design capabilities and their production capabilities. A switch to user-based customization via toolkits can affect their ability to do this over the long term. Thus, a manufacturer that is early in introducing a toolkit approach to custom product or service design may initially gain an advantage by tying that toolkit to its particular production facility. However, when toolkits are made available to customer designers, this tie often weakens over time. Customers and independent tool developers can eventually learn to design toolkits applicable to the processes of several manufacturers. Indeed, this is precisely what has happened in the custom integrated circuit industry. The toolkits revealed to users by the initial innovator, LSI, and later by rival producers were producer-specific. Over time, however, Cadance and other specialist toolkit supply firms emerged and developed toolkits that could be used to make designs producible by a number of vendors. The end result is that manufacturers that previously benefited from selling their product-design skills and their production skills can be eventually forced by the shifting of design tasks to customers via toolkits to a position of benefiting from their production skills only.

Manufacturers that think long-term disadvantages may accrue from a switch to toolkits for user innovation and design will not necessarily have the luxury of declining to introduce them. If any manufacturer introduces a high-quality toolkit into a field favoring its use, customers will tend to migrate to it, forcing competitors to follow. Therefore, a firm's only real choice in a field where conditions are favorable to the introduction of toolkits may be whether to lead or to follow.

12 | Linking User Innovation to Other Phenomena and Fields

This final chapter is devoted to describing links between user-centered innovation and other phenomena and literatures. Of course, innovation writ large is related to anything and everything, so the phenomena and the literatures I will discuss here are only those hanging closest on the intellectual tree. My goal is to enable interested readers to migrate to further branches as they wish, assisted by the provision of a few important references. With respect to phenomena, I will first point out the relationship of user innovation to *information* communities—of which user innovation communities are a subset. With respect to related fields, I begin by linking user-centric innovation phenomena explored in this book to the literature on the economics of knowledge, and to the competitive advantage of nations. Next I link it to research on the sociology of technology. Finally, I point out how findings regarding user innovation could—but do not yet—link to and complement the way that product development is taught to managers.

Information Communities

Many of the considerations I have discussed with respect to user innovation communities apply to *information* communities as well—a much more general category of which user innovation communities are a subset. I define information communities as communities or networks of individuals and/or organizations that rendezvous around an information commons, a collection of information that is open to all on equal terms.

In close analogy to our discussions of innovation communities, I propose that commons-based information communities or networks will form when the following conditions hold: (1) Some have information that is not generally known. (2) Some are willing to freely reveal what they know. (3) Some beyond the information source have uses for what is revealed. On an intuitive basis, one can immediately see that these conditions are often met. Of course, people and firms know different things. Of course there are many things that one would not be averse to freely revealing; and of course others would often be interested in what is freely revealed. After all, as individuals we all regularly freely reveal information not generally known to people who ask, and presumably these people value at least some of the information we provide.

The economics of information communities can be much simpler than that of the user innovation communities discussed earlier, because valuable proprietary information is often not at center stage. When the service provided by information communities is to offer non-proprietary "content" in a more convenient and accessible form, one need consider only the costs and benefits associated with information diffusion. One need not also consider potential losses associated with the free revealing of proprietary innovation-related information.

It is likely that information communities are getting steadily more pervasive for the same reasons that user innovation communities are: the costs of diffusing information are getting steadily lower as computing and communication technologies improve. As a result, information communities may have a rapidly increasing impact on the economy and on the landscape of industry. They are and will be especially empowering to fragmented groups, whose members may for the first time gain low-cost access to a great deal of rich and fresh information of mutual interest. As is the case for user innovation networks, information networks can actually store content that participants freely reveal and make it available for free downloading. (Wikipedia is an example of this.) And/or, information networks can function to *link* information seekers and information holders rather than actually storing information. In the latter case, participants post to the network, hoping that someone with the requested information will spot their request and provide an answer (Lakhani and von Hippel 2003). Prominent examples can be found in the medical field in the form of specialized websites where patients with relatively rare conditions can for the first time find each other and also find specialists in those conditions. Patients and specialists who participate in these groups can both provide and get access to information that previously was scattered and for most practical purposes inaccessible.

Just as is the case in user innovation groups, open information communities are developing rapidly, and the behaviors and infrastructure needed for success are being increasingly learned and codified. These communities are by no means restricted to user-participants. Thus, both patients and doctors frequently participate in medical information communities. Also, information communities can be run by profit-making firms and/or on a non-profit basis for and by information providers and users themselves— just as we earlier saw was the case with innovation communities. Firms and users are developing many versions of open information communities and testing them in the market. As an example of a commercially supported information commons, consider e-Bay, where information is freely revealed by many under a structure provided by a commercial firm. The commercial firm then extracts a profit from commissions on transactions consummated between information providers and information seekers. As an example of an information community supported by users themselves, again consider Internet sites specializing in specific diseases—for example, childrenfacingillness.com.

Information communities can have major effects on established ways of doing business. For example, markets become more efficient as the information provided to transaction participants improves. Thus, product and service manufacturers benefit from good information on the perceptions and preferences of potential buyers. Similarly, product and service purchasers benefit from good information on the characteristics of the various offerings in the market. Traditionally, firms have collected information on users' needs and on products' characteristics by means of face-to-face interviewing and (in the case of mass markets) questionnaires. Similar information of high quality now can be collected nearly without cost and can be posted on special Internet sites by users themselves and/or by for-profit enterprises. Dellarocas, Awad, and Zhang (2004) show that volunteered online movie reviews provide information that is just as accurate as that collected by surveys of representative samples of respondents. This emerging new approach to data aggregation will clearly affect the established business models of firms specializing in information collection, with websites like www.ciao.co.uk illustrating new possibilities. If the quality of information available to transaction participants goes up and the information price is low, transaction quality should go up. With the aid of online product-evaluation sites, it is likely that consumers will be able to apply much better information even to small buying decisions, such as the choice of a restaurant for tonight's dinner.

What Paul David and colleagues call "open science" is a type of information community that is closely related to the innovation communities discussed earlier (David 1992; Dasgupta and David 1994; David 1998). Free revealing of findings is, of course, a characteristic of modern science. Academic scientists publish regularly and so freely reveal information that may have high proprietary value. This raises the same question explored in the case of innovation communities: Why, in view of the potential of free ridership, do scientists freely reveal the information they have developed at private cost? The answer overlaps with but also differs from the answers provided in the case of free revealing of proprietary innovations by innovation users. With respect to similarities, sociologists of science have found that reputation among peers is important to scientists, and that priority in the discovery of new knowledge is a major component of reputation. Because of the importance of priority, scientists generally rush their research projects to completion and then rush to freely reveal their new findings. This dynamic creates a great advantage from the point of view of social welfare (Merton 1973).

With respect to major differences, it is public policy in many countries to subsidize research with public funds. These policies are based on the assumption that only inadequate amounts of scientific research can be drawn forth by reputational inducements alone. Recall that, in contrast, innovations developed and freely revealed by innovation users are not subsidized from any source. Users, unlike "scientists," by definition have a personal or corporate use for the innovation-related knowledge they generate. This additional source of private reward may explain why user innovation communities can flourish without subsidy.

The Economics of Knowledge

In this field, Foray (2004) provides a rich road map regarding the economics of knowledge and the central role played by users. Foray argues that the radical changes in information and communication technologies (ICT) are creating major changes in the economics of knowledge production and distribution. Economists have traditionally reduced knowledge production to the function of research and development, defined as the activity specifically devoted to invention and innovation. Starting with Machlup (1962), economists also have identified the knowledge-based economy as consisting of specialized sectors focused on activities related to communication, education, the media, and computing and information-related services. Foray argues that these simplifications, although providing a rationale for a way to measure knowledge-generation activities, were never appropriate and now are totally misleading.

Knowledge generation, Foray says, is now a major activity across all industrial sectors and is by no means restricted to R&D laboratories: we are in the age of the knowledge economy. He makes a central distinction between R&D that is conducted in laboratories remote from doing, and learning by doing at the site of production. He argues that both are important, and have complementary advantages and drawbacks. Laboratory research can ignore some of the complexities involved in production in search of basic understanding. Learning by doing has the contrasting advantage of being in the full fidelity of the real production process. The drawback to learning by doing, however, is that one is attempting to do two things at once—producing and learning—and this can force compromises onto both.

Foray positions users at the heart of knowledge production. He says that one major challenge for management is to capture the knowledge being generated by users "on line" during the process of doing and producing, and to integrate it with knowledge created "off line" in laboratories. He discusses implications of the distributed nature of knowledge production among users and others, and notes that the increased capabilities of information and communication technologies tend to reduce innovators' ability to control the knowledge they create. He proposes that the most effective knowledge-management policies and practices will be biased toward knowledge sharing.

Weber (2004, pp. 72–73) explores similar ideas in the specific context of open source software. "The conventional language of industrial-era economics," he notes, "identifies producers and consumers, supply and demand. The open source process scrambles these categories. Open source software users are not consumers in the conventional sense. . . . Users integrate into the production process itself in a profound way." Weber's central thesis is that the open source process is a new way of organizing production:

One solution is the familiar economy that depends upon a blend of exclusive property rights, divisions of labor, reduction of transaction costs, and the management of principal-agent problems. The success of open source demonstrates the importance

of a fundamentally different solution, built on top of an unconventional understanding of property rights configured around distribution. . . . And it relies on a set
of organizational structures to coordinate behavior around the problem of managing
distributed innovation, which is different from the division of labor. (ibid., p. 224)

Weber details the property-rights regime used by open source projects,
and also the nature of open source innovation communities and incentives
acting on participants. He then argues that this new mode of production
can extend beyond the development of open source software, to an extent
and a degree that are not yet understood:

One important direction in which the open source experiment points is toward mov-
ing beyond the discussion of transaction as a key determinant of institutional design.
. . . The elegant analytics of transaction cost economics do very interesting work in
explaining how divisions of labor evolve through outsourcing of particular functions
(the decision to buy rather than make something). But the open source process adds
another element. The notion of open-sourcing as a strategic organizational decision
can be seen as an efficiency choice around distributed innovation, just as outsourcing was an efficiency choice around transactions costs. . . . As information about
what users want and need to do becomes more fine-grained, more individually
differentiated, and harder to communicate, the incentives grow to shift the locus of
innovation closer to them by empowering them with freely modifiable tools. (ibid.,
pp. 265–267)

National Competitive Advantage

Understanding national innovation systems and the competitive advantage
of a nation's firms is an important matter for national policy makers (Nelson
1993). Can what we have learned in this book shed any light on their concerns? Porter (1991), assessing national competitive advantage through the
intellectual lens of competitive strategy, concludes that one of four major
factors determining the competitive advantage of nations is demand conditions. "A nation's firms," he argues, "gain competitive advantage if domestic
buyers are, or are among, the world's most sophisticated and demanding
buyers for the product or service. Such buyers provide a window into the
most advanced buyer needs. . . . Buyers are demanding where home product
needs are especially stringent or challenging because of local circumstances."
For example: "The continental United States has been intensely drilled, and
wells are being drilled in increasingly difficult and marginal fields. The pressure has been unusually great for American oil field equipment suppliers to
perfect techniques that minimize the cost of difficult drilling and ensure full

recovery from each field. This has pushed them to advance the state of the art and sustain strong international positions." (ibid., pp. 89–90)

Porter also argues that *early* domestic demand is also important: "Provided it anticipates buyer needs in other nations, early local demand for a product or service in a nation helps local firms to move sooner than foreign rivals to become established in an industry. They get the jump in building large-scale facilities and accumulating experience. . . . Only if home demand is anticipatory of international need will home demand contribute to advantage." (ibid., p. 95)

From my perspective, Porter is making the case for the value of a nation's domestic lead users to national competitive advantage. However, he is also assuming that it is *manufacturers* that innovate in response to advanced or stringent user demand. On the basis of the findings reported on in this book, I would modify this assumption by noting that, often, domestic manufacturers' links to *innovating lead users* have the impacts on national competitive advantage that he describes—but that the lead users' input to favored domestic firms would include innovations as well as needs.

Domestic lead users make a difference to national competitive advantage, Porter argues, because "local firms often enjoy some natural advantages in serving their home market compared to foreign firms, a result of proximity as well as language, regulation, and cultural affinities (even, frequently, if foreign firms are staffed with local nationals)." Porter continues: "Preferred access to a large domestic customer base can be a spur to investment by local firms. Home demand may be perceived as more certain and easier to forecast, while foreign demand is seen as uncertain even if firms think they have the ability to fill it." (ibid., p. 93)

What new insights and research questions can the work of this book contribute to this analysis of national competitive advantage? On the one hand, I certainly see the pattern Porter describes in some studies of lead user innovation. For example, early in the history of the US semiconductor industry, AT&T, the inventor of the transistor and an early innovator, developed a number of novel types of production equipment as a user organization. AT&T engineers went to local machine shops to have these machines produced in volume to meet AT&T's in-house production needs. A side effect of this procurement strategy was to put many of these previously undistinguished firms into the business of producing advanced semiconductor equipment to the world (von Hippel 1977, 1988).

On the other hand, the findings of this book suggest that the "natural advantages" Porter proposes that domestic manufacturers will have with respect to filling the needs of local lead users may be eroding in the Internet age. As has been seen in the case of open source software, and by extension in the cases of other information-based products, users are capable of developing complex products in a coordinated way without geographic proximity. Participants in a particular open source project, for example, may come from a number of countries and may never meet face to face. In the case of physical products, the emergence of a pattern of user-based design followed by "foundry-style" production may also reduce the importance of propinquity between innovating lead users and manufacturers. As in the cases of integrated circuits and kitesurfing discussed earlier in this book, users can transmit CAD product-design information files from anywhere to any suitably equipped manufacturer for production. Probably only in the case of physical products where the interaction between product and production methods are not clear will geography continue to matter deeply in the age of the Internet. Nations may be able to create comparative advantages for domestic manufacturers with respect to profiting from innovation by lead users; however, they cannot assume that such advantages will continue to exist simply because of propinquity.

The Sociology of Technical Communities

Relevant elements of this field include studies in the sociology of technology in general and studies of the sociology of open source software communities in particular. Historical accounts of the evolution of a technology have often taken a linear view of their subject. In the linear view, aerodynamics and related products such as the airplane start at point A and then naturally evolve to point B. In other words, it is implicitly assumed that early experimental airplanes could only have evolved into the types of aircraft we know today. Nothing much to explain about that.

In the Social Construction of Technology (SCOT) model of technological evolution (Pinch and Bijker 1987), the direction in which an artifact (a product, for example) evolves depends very much on the meanings that different "groups with a problem" construct for it. These meanings, in turn, affect which of the many possible variations of a product are developed, how they evolve, and whether and how they eventually die. Groups that construct the meanings of a product centrally include, but are not restricted to, product users. For example, in the case of the bicycle, some relevant groups were users of various types—people who wanted to travel from place to place via bicycle, people who wanted to race bicycles, etc. Relevant non-user groups included "anticyclists," who had a negative view of the bicycle in its early days and wanted it to fail (Bijker 1995).

When one takes the views of all relevant groups into account, one gets a much richer view of the "socially constructed" evolution of a technology. As a relatively recent example, consider the supersonic transport plane (SST) planned in the United States during the 1970s. Airlines, and potential passengers were "groups with a problem" who presumably wanted the technology for different reasons. Other relevant groups with a problem included people who expected to be negatively affected by the sonic boom the SST would cause, people who were concerned about the pollution its engines would cause in the stratosphere, and people who had other reasons for opposing or supporting the SST. Proposed designs evolved in an attempt to satisfy the various contending interest groups. Eventually it became clear that the SST designers could not arrive at a generally acceptable compromise solution and so the project failed (Horwich 1982).

Pinch and Kline (1996, pp. 774–775) elaborated on the original SCOT model by pointing out that the way a product is interpreted is not restricted to the design stage of a technology, but also can continue during the product's use. They illustrated with the case of the automobile:

. . . although [automobile] manufacturers may have ascribed a particular meaning to the artifact they were not able to control how that artifact was used once it got into the hands of the users. Users precisely as users can embed new meanings into the technology. This happened with the adaptation of the car into rural life. As early as 1903, farm families started to define the car as more than a transportation device. In particular, they saw it as a general source of power. George Schmidt, a Kansas farmer, advised readers of the *Rural New Yorker* in 1903 to "block up the hind axle and run a belt over the one wheel of the automobile and around the wheel on a [corn] sheller, grinder, saw, pump, or any other machine that the engine is capable of running, and see how the farmer can save money and be in style with any city man." T. A. Pottinger, an Illinois farm man, wrote in *Wallace's Farmer* in 1909 that "the ideal farm car should have a detachable backseat, which could turn the vehicle into a small truck."

Of course, user innovations and modifications are involved in these cases along with users' reinterpretation of product uses. Kline and Pinch report that manufacturers adopted some of the rural users' innovations, generally after a lag. For example, a car that could also serve as a small truck was eventually offered as a commercial product.

Research on communities of practice offers another link between studies of user innovation and sociology (Brown and Duguid 1991; Wenger 1998). The focus of this research is on the functioning of specialist communities. Researchers find that experts in a field spontaneously form interest groups that communicate to exchange their views and learnings on how to carry out and improve the practices of their profession. Members of communities of practice exchange help in informal ways that seem similar to the practices described above as characteristic of open source software projects and communities of sports innovators.

Research on brand communities is still another related research thread (Muniz and O'Guinn 2001). Brand communities form around commercial brands and products (e.g., Lego construction toys) and even around products discontinued by their manufacturers (e.g., Apple's Newton personal digital assistant). Brand communities can be intensely meaningful to participants and can involve user innovation. In Newton groups, for example, users develop new applications and exchange information about how to repair aging equipment (Muniz and Schau 2004). In Lego communities, lead users develop new products, new building techniques, and new offline and online multiplayer building projects that later prove to be of interest to the manufacturer (Antorini 2005).

The Management of Product Development

Finally, I turn to links between user-centered innovation and teaching on the management of product development. Information on lead users as a source of new product ideas now appears in most marketing textbooks. There also should be a link to other elements of user-centered innovation processes in the literature on product-development management—but there really isn't much of one yet. Although much of the research on user innovation cited in this book is going on in schools of management and business economics, little of this information has moved into teaching related to the product-development process as of yet.

Clearly, it would be useful to provide managers of both user firms and manufacturing firms with a better understanding of the management of user-centered innovation. It is a curious fact that even managers of firms that have built major product lines upon user-developed innovations may hold the manufacturer-centric view that "*we* developed that." For example, an early study of innovation in scientific instruments documented that nearly 80 percent of the major improvements commercialized by instrument manufacturers had been developed by users (von Hippel 1976). When I later discussed this finding with managers in instrument firms, most of them were astonished. They insisted that all the innovations in the study sample had been developed within manufacturing firms. They could be convinced otherwise only when supplied with actual publications by user-scientists describing user-built prototypes of those instrument improvements—prototypes developed from 5 to 7 years before any instrument firm had sold a functionally equivalent commercial product.

My inquiries into why managers in this field and others held—and largely still hold—such contrary-to-fact beliefs identified several contributing factors. First, manufacturers seldom track where the major new products and product improvements they sell actually came from. Managers see no need to set up a tracking system, because the conventional wisdom is clear: "Everyone knows new products are developed by manufacturers such as ourselves based on user needs identified by market research." Further, the manufacturing firms have market-research and product-development departments in place, and innovations are somehow being produced. Thus, it is easy to conclude that the manufacturers' innovation processes must be working as expected.

In fact, however, important, functionally novel innovations are often brought into manufacturers by informal channels. Product-development engineers may attend conferences and learn about important user innovations, salesmen and technical service personnel discover user-modified equipment on field visits, and so on. Once the basic innovation-related information is in house, the operating principles of a user's prototype will often be adopted, but the detailed design of the device will be changed and improved for production. After a while, the user's prototype, if remembered at all, will begin to look quite primitive to the firm's engineers relative to the much better product they have designed. Finally, when sales begin, the firm's advertising will urge customers to buy "*our* wonderful new product."

The net result is understandable: the user roots of many new commercial products, never widely known in manufacturing firms, are forgotten. And when it is time to develop the next innovation, management again turns to the conventional methods that "worked so well for us last time." Eventually, information about new user innovations will again arrive by pathways unnoticed and unmanaged—and with an unnecessary lag.

To improve matters, managers must learn when it is appropriate to follow user-centered and manufacturer-centered innovation process paradigms and how user-centered innovation can best be managed when it is the method of choice. Managers in user firms and in manufacturing firms need tools with which to understand the innovate-or-buy decisions they face—to understand which product needs or which service needs users (rather than manufacturers) should invest in developing. Managers in user firms also need to learn how their firms can best carry out development work in their low-cost innovation niches: how they can best deploy their information-related advantages of being actual users and residing in the context of use to cheaply learn by doing. Managers in manufacturing firms will want to learn how they can best play a profitable role in user-centered innovation patterns when these play a role in the markets they serve.

Innovating users may also want to learn whether and how to diffuse their innovations by becoming manufacturers. This may be a fairly common practice in some fields. Shah (2000) found that users of sports equipment sometimes became manufacturers by a very natural process. The users would demonstrate the performance and value of their innovations as they used them in public sporting events. Some of the participants in the meets would then ask "Can you make one of those for me too?" Informal hobby-level production would then sometimes become the basis of a major company. Lettl, Herstatt, and Gemunden (2004) report on case histories in which user-innovators became heavily involved in promoting the commercialization of important innovations in surgical equipment. These innovations tended to be developed by surgeons, who then often made major efforts to induce manufacturers to commercialize them. Hienerth (2004) documents how user-innovators in "rodeo kayaking" build their own boats, discover that kayak manufacturers (even those established by a previous generation of user-innovators) are unwilling to manufacture what they want, and so are driven to become manufacturers themselves.

Managers must learn that no single locus of innovation is the "right" one for either user firms or manufacturer firms. The locus of innovation varies between user firms and manufacturing firms according to market-related and information-related conditions. These conditions may well vary predictably over product life cycles. Utterback and Abernathy (1975) proposed that innovation by users is likely to be more important in the early stages of such cycles. Early in the life of a new product, there is a "fluid" stage in which the nature and the use of a product are unclear. Here, Utterback and Abernathy say, users play a big part in sorting the matter out, in part through innovation. Later, a dominant product design will emerge—a shared sense of exactly what a particular product is, what features and components it should include, and how it should function. (We all know, for example, that a car has four wheels and moves along the ground in directions determined by a steering wheel.) After that time, if the market for the product grows, innovation will shift from product to process as firms shift from the problem of what to produce to the problem of how to produce a well-understood product in ever greater volumes. From a lead user innovation perspective, of course, both functionally novel products and functionally novel processes are likely to be developed by users—in the first case users of the product, and in the second by manufacturing firms that use the process.

In Conclusion

In this book I have explored how and why users, individually and in firms and in communities, develop and freely reveal innovations. I have also argued that there is a general trend toward an open and distributed innovation process driven by steadily better and cheaper computing and communications. The net result is an ongoing shift toward the democratization of innovation. This welfare-enhancing shift is forcing major changes in user and manufacturer innovation practices, and is creating the need for change in government policies. It also, as I noted at the start of the book, presents major new opportunities for us all.

Notes

Chapter 2

1. LES contains four types of measures. Three ("benefits recognized early," "high benefits expected," and "direct elicitation of the construct") contain the core components of the lead user construct. The fourth ("applications generation") is a measure of a number of innovation-related activities in which users might engage: they "suggest new applications," they "pioneer those applications," and (because they have needs or problems earlier than their peers) they may be "used as a test site" (Morrison, Midgely, and Roberts 2004).

Chapter 3

1. Cluster analysis does not specify the "right" number of clusters—it simply segments a sample into smaller and smaller clusters until the analyst calls a halt. Determining an appropriate number of clusters within a sample can be done in different ways. Of course, it always possible to say that "I only want to deal with three market segments, so I will stop my analysis when my sample has been segmented into three clusters." More commonly, analysts will examine the increase of squared error sums of each step, and generally will view the optimal number of clusters as having been reached when the plot shows a sudden "elbow" (Myers 1996). Since this technique does not incorporate information on remaining within-cluster heterogeneity, it can lead to solutions with a large amount of within-cluster variance. The "cubic clustering criterion" (CCC) partially addresses this concern by measuring the within-cluster homogeneity relative to the between-cluster heterogeneity. It suggests choosing the number of clusters where this value peaks (Milligan and Cooper 1985). However, this method appears to be rarely used: Ketchen and Shook (1996) found it used in only 5 of 45 segmentation studies they examined.

2. http://groups-beta.google.com/group/comp.infosystems.www.servers.unix

3. http://modules.apache.org/

4. To measure heterogeneity, Franke and I analyzed the extent to which j standards, varying from $[1; i]$, meet the needs of the i individuals in our sample. Conceptually, we first locate a product in multi-dimensional need space (dimensions = 45 in the case of our present study) that minimizes the distances to each individual's needs. (This step is analogous to the Ward's method in cluster analysis that also minimizes within cluster variation; see Punj and Stewart 1983.) The "error" is then measured as the sum of squared Euclidean distances. We then repeated these steps to determine the error for two optimally positioned products, three products, and so on up to a number equaling $I - 1$. The sum of squared errors for all cases is then a simple coefficient that measures how much the needs of i individuals can be satisfied with j standard products. The "coefficient of heterogeneity" just specified is sensitive both to the (average) *distance* between the needs and for the *configuration* of the needs: when the needs tend to form clusters the heterogeneity coefficient is lower than if they are evenly spread. To make the coefficient comparable across different populations, we calibrate it using a bootstrapping technique (Efron 1979) involving dividing the coefficient by the expected value (this value is generated by averaging the heterogeneity of many random distributions of heterogeneity of the same kind). The average random heterogeneity coefficient is then an appropriate value for calibration purposes: it assumes that there is no systematic relationship between the needs of the individuals or between the need dimensions.

5. Conceptually, it can be possible to generate "one perfect product" for everyone—in which case heterogeneity of demand is zero—by simply creating all the features wanted by anyone (45 + 92 features in the case of this study), and incorporating them in the "one perfect product." Users could then select the features they want from a menu contained in the one perfect product to tailor it to their own tastes. Doing this is at least conceptually possible in the case of software, but less so in the case of a physical product for two reasons: (1) delivering all possible physical options to everyone who buys the product would be expensive for physical goods (while costing nothing extra in the case of information products); (2) some options are mutually exclusive (an automobile cannot be both red and green at the same time).

6. The difference between actual willingness to pay and expressed willingness to pay is much lower for private goods (our case) than for public goods. In the case of private goods, Loomis et al. (1996) found the expressed willingness to pay for art prints to be twice the actual WTP. Willis and Powe (1998) found that among visitors to a castle the expressed WTP was 60 percent lower than the actual WTP. In the case of public goods, Brown et al. (1996), in a study of willingness to pay for removal of a road from a wilderness area, found the expressed WTP to be 4–6 times the actual WTP. Lindsey and Knaap (1999), in a study of WTP for a public urban greenway, found the expressed WTP to be 2-10 times the actual WPT. Neil et al. (1994) found the expressed WTP for conserving an original painting in the desert to be 9 times the actual WTP. Seip and Strand (1992) found that less than 10 percent of those who expressed interest in paying to join an environmental organization actually joined.

Chapter 6

1. As a specific example of a project with an emergent goal, consider the beginnings of the Linux open source software project. In 1991, Linus Torvalds, a student in Finland, wanted a Unix operating system that could be run on his PC, which was equipped with a 386 processor. Minix was the only software available at that time but it was commercial, closed source, and it traded at US$150. Torvalds found this too expensive, and started development of a Posix-compatible operating system, later known as Linux. Torvalds did not immediately publicize a very broad and ambitious goal, nor did he attempt to recruit contributors. He simply expressed his private motivation in a message he posted on July 3, 1991, to the USENET newsgroup comp.os.minix (Wayner 2000): *Hello netlanders, Due to a project I'm working on (in minix), I'm interested in the posix standard definition.* [Posix is a standard for UNIX designers. A software using POSIX is compatible with other UNIX-based software.] *Could somebody please point me to a (preferably) machine-readable format of the latest posix-rules? Ftp-sites would be nice.* In response, Torvalds got several return messages with Posix rules and people expressing a general interest in the project. By the early 1992, several skilled programmers contributed to Linux and the number of users increased by the day. Today, Linux is the largest open source development project extant in terms of number of developers.

Chapter 7

1. When they do not incorporate these qualities, they would be more properly referred to as networks—but communities is the term commonly used, and I follow that practice here.

2. **hacker** n. [originally, someone who makes furniture with an axe] 1. A person who enjoys exploring the details of programmable systems and how to stretch their capabilities, as opposed to most users, who prefer to learn only the minimum necessary. 2. One who programs enthusiastically (even obsessively) or who enjoys programming rather than just theorizing about programming. 3. A person capable of appreciating **hack value**. 4. A person who is good at programming quickly. . . . 8. [deprecated] A malicious meddler who tries to discover sensitive information by poking around. Hence *password hacker, network hacker.* The correct term for this sense is **cracker** (Raymond 1996).

3. Source code is a sequence of instructions to be executed by a computer to accomplish a program's purpose. Programmers write computer software in the form of source code, and also document that source code with brief written explanations of the purpose and design of each section of their program. To convert a program into a form that can actually operate a computer, source code is translated into machine code using a software tool called a compiler. The compiling process removes program documentation and creates a binary version of the program—a sequence of computer

instructions consisting only of strings of ones and zeros. Binary code is very difficult for programmers to read and interpret. Therefore, programmers or firms that wish to prevent others from understanding and modifying their code will release only binary versions of the software. In contrast, programmers or firms that wish to enable others to understand and update and modify their software will provide them with its source code. (Moerke 2000, Simon 1996).

4. See www.gnu.org/licenses/licenses.html#GPL

5. http://www.sourceforge.net

6. "The owner(s) [or 'maintainers'] of an open source software project are those who have the exclusive right, recognized by the community at large, to *redistribute modified versions*. . . . According to standard open source licenses, all parties are equal in the evolutionary game. But in practice there is a very well-recognized distinction between 'official' patches [changes to the software], approved and integrated into the evolving software by the publicly recognized maintainers, and 'rogue' patches by third parties. Rogue patches are unusual and generally not trusted." (Raymond 1999, p. 89)

Chapter 8

1. See also Bresnahan and Greenstein 1996b; Bresnahan and Saloner 1997; Saloner and Steinmueller 1996.

Chapter 10

1. ABS braking is intended to keep a vehicle's wheels turning during braking. ABS works by automatically and rapidly "pumping" the brakes. The result is that the wheels continue to revolve rather than "locking up," and the operator continues to have control over steering.

2. In the general literature, Armstrong's (2001) review on forecast bias for new product introduction indicates that sales forecasts are generally optimistic, but that that upward bias decreases as the magnitude of the sales forecast increases. Coller and Yohn (1998) review the literature on bias in accuracy of management earnings forecasts and find that little systematic bias occurs. Tull's (1967) model calculates $15 million in revenue as a level above which forecasts actually become pessimistic on average. We think it reasonable to apply the same deflator to LU vs. non-LU project sales projections. Even if LU project personnel were for some reason more likely to be optimistic with respect to such projections than non-LU project personnel, that would not significantly affect our findings. Over 60 percent of the total dollar value of sales forecasts made for LU projects were actually made by personnel not associated with those projects (outside consulting firms or business analysts from other divisions).

Bibliography

Achilladelis, B., A. B. Robertson, and P. Jervis. 1971. *Project SAPPHO*. Centre for the Study of Industrial Innovation, London.

Aghion, P., and J. Tirole. 1994. "The Management of Innovation." *Quarterly Journal of Economics* 109: 1185–1209.

Allen, R. C. 1983. "Collective Invention." *Journal of Economic Behavior and Organization* 4, no. 1: 1–24.

Allen, T. J. 1966. "Studies of the Problem-Solving Process in Engineering Design." *IEEE Transactions on Engineering Management* 13, no. 2: 72–83.

Amabile, T. M. 1996. *Creativity in Context*. Westview.

Antelman, Kristin. 2004. "Do Open Access Articles Have a Greater Research Impact?" *College and Research Libraries* 65, no. 5: 372–382.

Antorini, Y. M. 2005. The Making of a Lead User. Working paper, Copenhagen Business School.

Armstrong, J. S., ed. 2001. *Principles of Forecasting*. Kluwer.

Arora, A., A. Fosfuri, and A. Gambardella. 2001. *Markets for Technology*. MIT Press.

Arora, A., and A. Gambardella. 1994. "The Changing Technology of Technological Change." *Research Policy* 23, no. 5: 523–532.

Arrow, K. 1962. "Economic Welfare and the Allocation of Resources for Inventions." In R. R. Nelson, ed., *The Rate and Direction of Inventive Activity*. Princeton University Press.

Arundel, A. 2001. "The Relative Effectiveness of Patents and Secrecy for Appropriation." *Research Policy* 30, no. 4: 611–624.

Balachandra, R., and J. H. Friar. 1997. "Factors for Success in R&D Projects and New Product Introduction: A Contextual Framework." *IEEE Transactions on Engineering Management* 44, no. 3: 276–287.

Baldwin, C. Y., and K. B. Clark. 2003. Does Code Architecture Mitigate Free Riding in the Open Source Development Model? Working paper, Harvard Business School.

Barnes, B., and D. Ulin. 1984. "Liability for New Products." *AWWA Journal*, February: 44–47.

Baron, J. 1988. *Thinking and Deciding*. Cambridge University Press.

Behlendorf, B. 1999. "Open Source as a Business Strategy." In C. Dibona, S. Ockman, and M. Stone, eds., *Open Sources*. O'Reilly.

Benkler, Y. 2002. "Intellectual Property and the Organization of Information Production." *International Review of Law and Economics* 22, no. 1: 81–107.

Bessen, J. 2003. Patent Thickets. Working paper, Research on Innovation and Boston University School of Law.

Bessen, J. 2004. Open Source Software. Working paper, Research on Innovation.

Bessen, J., and R. M. Hunt. 2004. An Empirical Look at Software Patents. Working paper, Federal Reserve Bank of Philadelphia.

Bijker, Wiebe. 1995. *Of Bicycles, Bakelites and Bulbs*. MIT Press.

Boldrin, M., and D. Levine. 2002. "The Case against Intellectual Property." *AEA Papers and Proceedings*, May: 209–212.

Bresnahan, T. F., and S. Greenstein. 1996a. "Technical Progress and Co-Invention in Computing and in the Uses of Computers." *Brookings Papers on Economic Activity. Microeconomics* 1996: 1–77.

Bresnahan, T. F., and S. Greenstein. 1996b. "The Competitive Crash in Large-Scale Commercial Computing." In R. Landau, T. Taylor, and G. Wright, eds., *The Mosaic of Economic Growth*. Stanford University Press.

Bresnahan, T. F., and G. Saloner. 1997. "'Large Firms' Demand for Computer Products and Services: Market Models, Inertia, and Enabling Strategic Change." In D. B. Yoffie, ed., *Competing in the Age of Digital Convergence*. Harvard Business School Press.

Brooks, P. F., Jr. 1979. *The Mythical Man-Month*. Addison-Wesley.

Brown, J. S., and P. Duguid. 1991. "Organizational Learning and Communities-of-Practice: Toward a Unified View of Working, Learning, and Innovation." *Organization Science* 2, no. 1: 40–57.

Brown, T. C., P. A. Champ, R. C. Bishop, and D. W. McCollum. 1996. "Which Response Format Reveals the Truth about Donations to a Public Good." *Land Economics* 72, no. 2: 152–166.

Buenstorf, G. 2002. "Designing Clunkers: Demand-Side Innovation and the Early History of Mountain Bike." In J. S. Metcalfe and U. Cantner, eds., *Change, Transformation and Development*. Physica.

Chamberlin, E. H. 1950. "Product Heterogeneity and Public Policy." *American Economic Review* 40, no. 2: 85–92.

Christensen, C. M. 1997. *The Innovator's Dilemma*. Harvard Business School Press.

Cohen, W. M., A. Goto, A. Nagata, R. R. Nelson, and J. P. Walsh. 2002. "R&D Spillovers, Patents and the Incentives to Innovate in Japan and the United States." *Research Policy* 31 (8–9): 1349–1367.

Cohen, W. M., and D. A. Levinthal. 1990. "The Implications of Spillovers for R&D Investment and Welfare: A New Perspective." *Administrative Science Quarterly* 35: 128–152.

Cohen, W. M., R. R. Nelson, and J. P. Walsh. 2000. Protecting Their Intellectual Assets. Working paper, National Bureau of Economic Research.

Coller, M., and T. L. Yohn. 1998. "Management Forecasts: What Do We Know?" *Financial Analysts Journal* 54, no. 1: 58–62.

Connell, J. L., and L. B. Shafer. 1989. *Structured Rapid Prototyping*. Prentice-Hall.

Conner, K. R., and C. K. Prahalad. 1996. "A Resource-Based Theory of the Firm: Knowledge versus Opportunism." *Organization Science* 7, no. 5: 477–501.

Cook, T. D., and D. T. Campbell. 1979. *Quasi-Experimentation*. Houghton Mifflin.

Csikszentmihalyi, M. 1975. *Beyond Boredom and Anxiety*. Jossey-Bass.

Csikszentmihalyi, M. 1990. *Flow*. Harper and Row.

Csikszentmihalyi, M. 1996. *Creativity*. HarperCollins.

Dam, K. W. 1995. "Some Economic Considerations in the Intellectual Property Protection of Software." *Journal of Legal Studies* 24, no. 2: 321–377.

Danneels, Erwin. 2004. "Disruptive Technology Reconsidered: A Critique and Research Agenda." *Journal of Product Innovation Management* 21: 246–258.

Dasgupta, P., and P. A. David. 1994. "Toward a New Economics of Science." *Policy Research* 23: 487–521.

David, P. A. 1992. "Knowledge, Property, and the System Dynamics of Technological Change." *Proceedings of the World Bank Annual Conference on Development Economics* 1992: 215–247.

David, P. A. 1998. Knowledge Spillovers, Technology Transfers, and the Economic Rationale for Public Support of Exploratory Research in Science. Background paper for European Committee for Future Accelerators.

de Fraja, G. 1993. "Strategic Spillovers in Patent Races." *International Journal of Industrial Organization* 11, no. 1: 139–146.

Dellarocas, C., N. F. Awad, and X. (M.) Zhang. 2004. Exploring the Value of Online Reviews to Organizations. Working paper, MIT Sloan School of Management.

Duke, R. 1988. *Local Building Codes and the Use of Cost-Saving Methods*. US Federal Trade Commission, Bureau of Economics.

Efron, B. 1979. "Bootstrap Methods: Another Look at the Jackknife." *Annals of Statistics* 7: 1–26.

Ehrenkrantz Group. 1979. *A Study of Existing Processes for the Introduction of New Products and Technology in the Building Industry*. US Institute of Building Sciences.

Elrod, T., and A. P. Kelman. 1987. Reliability of New Product Evaluation as of 1968 and 1981. Working paper, Owen Graduate School of Management, Vanderbilt University.

Enos, J. L. 1962. *Petroleum Progress and Profits*. MIT Press.

Fleming, L. 2001. "Recombinant Uncertainty in Technological Search." *Management Science* 47, no. 1: 117–132.

Foray, D. 2004. *Economics of Knowledge*. MIT Press.

Franke, N., and H. Reisinger. 2003. Remaining within Cluster Variance. Working paper, Vienna Business University.

Franke, N., and S. Shah. 2003. "How Communities Support Innovative Activities: An Exploration of Assistance and Sharing Among End-Users." *Research Policy* 32, no. 1: 157–178.

Franke, N., and E. von Hippel. 2003a. Finding Commercially Attractive User Innovations. Working paper, MIT Sloan School of Management.

Franke, N., and E. von Hippel. 2003b. "Satisfying Heterogeneous User Needs via Innovation Toolkits: The Case of Apache Security Software." *Research Policy* 32, no. 7: 1199–1215.

Freeman, C. 1968. "Chemical Process Plant: Innovation and the World Market." *National Institute Economic Review* 45, August: 29–57.

Friedman, D., and D. McAdam. 1992. "Collective Identity and Activism: Networks, Choices, and the Life of a Social Movement." In A. D. Morris and C. McClurg, eds., *Frontiers in Social Movement Theory*. Yale University Press.

Gallini, N., and S. Scotchmer. 2002. "Intellectual Property: When Is It the Best Incentive System?" In A. Jaffe, J. Lerner, and S. Stern, eds., *Innovation Policy and the Economy*, volume 2. MIT Press.

Green, P. E. 1971. "A New Approach to Market Segmentation." *Business Horizons* 20, February: 61–73.

Green, P. E., and C. M. Schaffer. 1998. "Cluster-Based Market Segmentation: Some Further Comparisons of Alternative Approaches." *Journal of the Market Research Society* 40, no. 2: 155–163.

Hall, B. H., and R. Ham Ziedonis. 2001. "The Patent Paradox Revisited: An Empirical Study of Patenting in the US Semiconductor Industry, 1979–1995." *RAND Journal of Economics* 32, no. 1: 101–128.

Hall, B. H., and D. Harhoff. 2004. "Post-Grant Reviews in the US Patent System: Design Choices and Expected Impact." *Berkeley Law Technology Journal*, in press.

Harhoff, D. 1996. "Strategic Spillovers and Incentives for Research and Development." *Management Science* 42, no. 6: 907–925.

Harhoff, D., J. Henkel, and E. von Hippel. 2003. "Profiting from Voluntary Information Spillovers: How Users Benefit by Freely Revealing Their Innovations." *Research Policy* 32, no. 10: 1753–1769.

Hecker, F. 1999. "Setting Up Shop: The Business of Open Source Software." *IEEE Software* 16, no. 1: 45–51.

Heller, M. A. 1998. "The Tragedy of the Anticommons: Property in the Transition from Marx to Markets." *Harvard Law Review* 111: 621–688.

Heller, M. A., and R. S. Eisenberg. 1998. "Can Patents Deter Innovation? The Anticommons in Biomedical Research." *Science Magazine* 280 (5364): 698–701.

Henkel, J. 2003. "Software Development in Embedded Linux: Informal Collaboration of Competing Firms." In W. Uhr, W. Esswein, and E. Schoop, eds., *Proceedings der 6. Internationalen Tagung Wirtschaftsinformatik 2003*, volume 2. Physica.

Henkel, J. 2004a. The Jukebox Mode of Innovation. Discussion paper, CEPR.

Henkel, J. 2004b. Patterns of Free Revealing. Working paper, University of Munich.

Henkel, J., and S. Thies. 2003. "Customization and Innovation: User Innovation Toolkits for Simulator Software." In Proceedings of the 2003 Congress on Mass Customization and Personalization (MCPC 2003), Munich.

Henkel, J., and E. von Hippel. 2005. "Welfare Implications of User Innovation." *Journal of Technology Transfer* 30, no. 1/2: 73–87.

Herstatt, C., and E. von Hippel. 1992. "From Experience: Developing New Product Concepts via the Lead User Method." *Journal of Product Innovation Management* 9, no. 3: 213–222.

Hertel, G., S. Niedner, and S. Herrmann. 2003. "Motivation of Software Developers in Open Source Projects: An Internet-Based Survey of Contributors to the Linux Kernel." *Research Policy* 32, no. 7: 1159–1177.

Hienerth, C. 2004. "The Commercialization of User Innovations: Sixteen Cases in an Extreme Sporting Industry." In Proceedings of the 26th R&D Management Conference, Sesimbra, Portugal.

Hirschleifer, J. 1971. "The Private and Social Value of Information and the Reward to Inventive Activity." *American Economic Review* 61, no. 4: 561–574.

Hollander, S. 1965. *The Sources of Increased Efficiency.* MIT Press.

Horwich, M. 1982. *Clipped Wings.* MIT Press.

Hunt, R. M., and J. Bessen. 2004. "The Software Patent Experiment." *Business Review, Federal Reserve Bank of Philadelphia* Q3: 22–32.

Jensen, M. C., and W. H. Meckling. 1976. "Theory of the Firm: Managerial Behavior, Agency Costs, and Ownership Structure." *Journal of Financial Economics* 3, no. 4: 305–360.

Jeppesen, L. B. 2004. Profiting from Innovative User Communities. Working paper, Department of Industrial Economics and Strategy, Copenhagen Business School.

Jeppesen, L. B. 2005. "User Toolkits for Innovation: Users Support Each Other." *Journal of Product Innovation Management,* forthcoming.

Jeppesen, L. B., and M. J. Molin. 2003. "Consumers as Co-developers: Learning and Innovation Outside the Firm." *Technology Analysis and Strategic Management* 15, no. 3: 363–84.

Jokisch, M. 2001. Open Source Software-Entwicklung: Eine Analyse des Geschäftsmodells der STATA Corp. Master's thesis, University of Munich.

Ketchen, D. J., Jr., and C. L. Shook. 1996. "The Application of Cluster Analysis in Strategic Management Research: An Analysis and Critique." *Strategic Management Journal* 17, no. 6: 441–459.

Knight, K. E. 1963. A Study of Technological Innovation: The Evolution of Digital Computers. PhD dissertation, Carnegie Institute of Technology.

Kollock, P. 1999. "The Economies of Online Cooperation: Gifts and Public Goods in Cyberspace." In M. A. Smith and P. Kollock, eds., *Communities in Cyberspace.* Routledge.

Kotabe, M. 1995. "The Return of 7-Eleven . . . from Japan: The Vanguard Program." *Columbia Journal of World Business* 30, no. 4: 70–81.

Kristensen, P. S. 1992. "Flying Prototypes: Production Departments' Direct Interaction with External Customers." *International Journal of Operations and Production Management* 12, no. 2: 195–211.

Lakhani, K. 2005. Distributed Coordination Practices in Free and Open Source Communities. PhD thesis, Massachusetts Institute of Technology.

Lakhani, K. R., and E. von Hippel. 2003. "How Open Source Software Works: 'Free' User-to-User Assistance." *Research Policy* 32, no. 6: 923–943.

Lakhani, K. R., and B. Wolf. 2005. "Why Hackers Do What They Do: Understanding Motivation and Effort in Free/Open Source Software Projects." In J. Feller, B. Fitzgerald, S. Hissam, and K. R. Lakhani, eds., *Perspectives on Free and Open Source Software*. MIT Press.

Lerner, J., and J. Tirole. 2002. "Some Simple Economics of Open Source." *Journal of Industrial Economics* 50, no. 2: 197–234.

Lessig, L. 2001. *The Future of Ideas*. Random House.

Lettl, C., C. Herstatt and H. Gemünden. 2004. The Entrepreneurial Role of Innovative Users. Working paper, Technical University, Berlin.

Levin, R. C., A. Klevorick, R. R. Nelson, and S. G. Winter. 1987. "Appropriating the Returns from Industrial Research and Development." *Brookings Papers on Economic Activity* 3: 783–820.

Levy, S. 1984. *Hackers*. Doubleday.

Lilien, G. L., P. D. Morrison, K. Searls, M. Sonnack, and E. von Hippel. 2002. "Performance Assessment of the Lead User Idea-Generation Process for New Product Development." *Management Science* 48, no. 8: 1042–1059.

Lim, K. 2000. The Many Faces of Absorptive Capacity. Working paper, MIT Sloan School of Management.

Lindsey, G., and G. Knaap. 1999. "Willingness to Pay for Urban Greenway Projects." *Journal of the American Planning Association* 65, no. 3: 297–313.

Loomis, J., T. Brown, B. Lucero, and G. Peterson. 1996. "Improving Validity Experiments of Contingent Valuation Methods: Results of Efforts to Reduce the Disparity of Hypothetical and Actual Willingness to Pay." *Land Economics* 72, no. 4: 450–461.

Lüthje, C. 2003. "Customers as Co-Inventors: An Empirical Analysis of the Antecedents of Customer-Driven Innovations in the Field of Medical Equipment." In Proceedings of the 32th EMAC Conference, Glasgow.

Lüthje, C. 2004. "Characteristics of Innovating Users in a Consumer Goods Field: An Empirical Study of Sport-Related Product Consumers." *Technovation* 24, no. 9: 683–695.

Lüthje, C., C. Herstatt, and E. von Hippel. 2002. The Dominant Role of Local Information in User Innovation: The Case of Mountain Biking. Working Paper, MIT Sloan School of Management.

Machlup, F. 1962. *Knowledge Production and Distribution in the United States*. Princeton University Press.

Mansfield, E. 1968. *Industrial Research and Technological Innovation.* Norton.

Mansfield, E. 1985. "How Rapidly Does New Industrial Technology Leak Out?" *Journal of Industrial Economics* 34: 217–223.

Mansfield, E., J. Rapoport, A. Romeo, S. Wagner and G. Beardsley. 1977. "Social and Private Rates of Return from Industrial Innovations." *Quarterly Journal of Economics* 91, no. 2: 221–240.

Mansfield, E., A. Romeo, M. Schwartz, D. Teece, S. Wagner and P. Brach. 1982. *Technology Transfer, Productivity, and Economic Policy.* Norton.

Mansfield, E., and S. Wagner. 1975. "Organizational and Strategic Factors Associated With Probabilities of Success in Industrial R&D." *Journal of Business* 48, no. 2: 179–198.

Marples, D. L. 1961. "The Decisions of Engineering Design." *IRE Transactions on Engineering Management*, June: 55–71.

Martin, J. 1991. *Rapid Application Development.* Macmillan.

Matthews, J. 1985. *Public Access to Online Catalogs*, second edition. Neal-Schuman.

Maurer, S. 2005. "Inside the Anticommons: Academic Scientists' Struggle to Commercialize Human Mutations Data, 1999–2001." *Research Policy*, forthcoming.

Mead, C., and L. Conway. 1980. *Introduction to VLSI Systems.* Addison-Wesley.

Means, R. S. 1989. *Building Construction Cost Data 1989.* R. S. Means.

Merges, R., and R. R. Nelson. 1990. "On the Complex Economics of Patent Scope." *Columbia Law Review* 90: 839–916.

Merton, R. K. 1973. *The Sociology of Science.* University of Chicago Press.

Meyer, M. H., and L. Lopez. 1995. "Technology Strategy in a Software Products Company." *Journal of Product Innovation Management* 12, no. 4: 194–306.

Milligan, G. W., and M. C. Cooper. 1985. "An Examination of Procedures for Determining the Number of Clusters in a Data Set." *Psychometrica* 45: 159–179.

Mishina, K. 1989. Essays on Technological Evolution. PhD thesis, Harvard University.

Mitchell, R. C., and R. T. Carson. 1989. *Using Surveys to Value Public Goods.* Resources for the Future.

Moerke, K. A. 2000. "Free Speech to a Machine." *Minnesota Law Review* 84, no. 4: 1007–1008.

Mollick, E. 2004. Innovations from the Underground: Towards a Theory of Parasitic Innovation. Master's thesis, Massachusetts Institute of Technology.

Mountain Bike. 1996. *Mountain Biking Skills.* Rodale.

Morrison, P. D., J. H. Roberts, and D. F. Midgley. 2004. "The Nature of Lead Users and Measurement of Leading Edge Status." *Research Policy* 33, no. 2: 351–362.

Morrison, P. D., J. H. Roberts, and E. von Hippel. 2000. "Determinants of User Innovation and Innovation Sharing in a Local Market." *Management Science* 46, no. 12: 1513–1527.

Muñiz, A. M., Jr., and T. C. O'Guinn. 2001. "Brand Community." *Journal of Consumer Research* 27: 412–432.

Muñiz, A. M., Jr., and H. J. Schau. 2004. When the Consumer Becomes the Marketer. Working paper, DePaul University.

Myers, J. H. 1996. *Segmentation and Positioning for Strategic Marketing Decisions.* American Marketing Association.

National Sporting Goods Association. 2002. *Sporting Goods Market in 2001.*

Neil, H., R. Cummings, P. Ganderton, G. Harrison, and G. McGuckin. 1994. "Hypothetical Surveys and Real Economic Commitments." *Land Economics* 70: 145–154.

Nelson, R. R. 1982. "The Role of Knowledge in R&D Efficiency." *Quarterly Journal of Economics* 97, no. 3: 453–470.

Nelson, R. R. 1990. What Is Public and What Is Private About Technology? Working paper, Consortium on Competitiveness and Cooperation, University of California, Berkeley.

Nelson, R. R. 1993. *National Innovation Systems: A Comparative Analysis.* Oxford University Press.

Nuvolari, A. 2004. "Collective Invention during the British Industrial Revolution: The Case of the Cornish Pumping Engine." *Cambridge Journal of Economics* 28, no. 3: 347–363.

Ogawa, S. 1998. "Does Sticky Information Affect the Locus of Innovation? Evidence from the Japanese Convenience-Store Industry." *Research Policy* 26, no. 7–8: 777–790.

Oliver, P. E. 1980. "Rewards and Punishment as Selective Incentives for Collective Action: Theoretical Investigations." *American Journal of Sociology* 85: 1356–1375.

Oliver, P. E., and G. Marwell. 1988. "The Paradox of Group Size in Collective Action: A Theory of the Critical Mass II." *American Sociological Review* 53, no. 1: 1–18.

Olson, E. L., and G. Bakke. 2001. "Implementing the Lead User Method in a High Technology Firm: A Longitudinal Study of Intentions versus Actions." *Journal of Product Innovation Management* 18, no. 2: 388–395.

Olson, M. 1967. *The Logic of Collective Action.* Harvard University Press.

O'Mahony, S. 2003. "Guarding the Commons: How Open Source Contributors Protect Their Work." *Research Policy* 32, no. 7: 1179–1198.

Ostrom, E. 1998. "A Behavioral Approach to the Rational Choice Theory of Collective Action." *American Political Science Review* 92, no. 1: 1–22.

Pavitt, K. 1984. "Sectoral Patterns of Technical Change: Towards a Taxonomy and a Theory." *Research Policy* 13 (6): 343–373.

Penning, C. 1998. *Bike History*. Delius & Klasing.

Perens, B. 1999. "The Open Source Definition." In C. DiBona, S. Ockman, and M. Stone, eds., *Opensources*. O'Reilly.

Pinch, T., and R. Kline. 1996. "Users as Agents of Technological Change. The Social Construction of the Automobile in Rural America." *Technology and Culture* 37: 763–795.

Pinch, T. J., and W. E. Bijker. 1987. "The Social Construction of Facts and Artifacts." In W. Bijker, T. Hughes, and T. Pinch, eds., *The Social Construction of Technological Systems*. The MIT Press.

Pine, J. B. II. 1993. *Mass Customization*. Harvard Business School Press.

Polanyi, M. 1958. *Personal Knowledge*. University of Chicago Press.

Poolton, J., and I. Barclay. 1998. "New Product Development: From Past Research to Future Applications." *Industrial Marketing Management* 27: 197–212.

Porter, M. E. 1991. *Competitive Advantage of Nations*. Free Press.

Prügl, R., and N. Franke. 2005. Factors Impacting the Success of Toolkits for User Innovation and Design. Working paper, Vienna University of Economics.

Punj, G., and D. W. Stewart. 1983. "Cluster Analysis in Marketing Research: Review and Suggestions for Application." *Journal of Marketing Research* 20, May: 134–148.

Raymond, E., ed. 1996. *The New Hacker's Dictionary*, third edition. MIT Press.

Raymond, E. 1999. *The Cathedral and the Bazaar*. O'Reilly.

Redmond, W. H. 1995. "An Ecological Perspective on New Product Failure: The Effects of Competitive Overcrowding." *Journal of Product Innovation Management* 12: 200–213.

Riggs, W., and E. von Hippel. 1994. "Incentives to Innovate and the Sources of Innovation: The Case of Scientific Instruments." *Research Policy* 23, no. 4: 459–469.

Rogers, E. M. 1994. *Diffusion of Innovation*, fourth edition. Free Press.

Rosenberg, N. 1976. *Perspectives on Technology*. Cambridge University Press.

Rosenberg, N. 1982. *Inside the Black Box*. Cambridge University Press.

Rothwell, R., C. Freeman, A. Horsley, V. T. P. Jervis, A. B. Roberts, and J. Townsend. 1974. "SAPPHO Updated: Project SAPPHO Phase II." *Research Policy* 3, no. 3: 258–291.

Saloner, G., and W. E. Steinmueller. 1996. Demand for Computer Products and Services in Large European Organizations. Research paper, Stanford Graduate School of Business.

Sattler, H. 2003. "Appropriability of Product Innovations: An Empirical Analysis for Germany." *International Journal of Technology Management* 26, no. 5–6: S. 502–516.

Schmookler, J. 1966. *Invention and Economic Growth*. Harvard University Press.

Schrage, M. 2000. *Serious Play*. Harvard Business School Press.

Schreier, M., and N. Franke. 2004. Value Creation by Self-Design. Working paper, Vienna University of Economics.

Seip, K., and J. Strand. 1992. "Willingness to Pay for Environmental Goods in Norway: A Contingent Valuation Study with Real Payment." *Environmental and Resource Economics* 2: 91–106.

Shah, S. 2000. Sources and Patterns of Innovation in a Consumer Products Field. Working paper, MIT Sloan School of Management.

Shah, S., and M. Tripsas. 2004. When Do User-Innovators Start Firms? Working paper, University of Illinois.

Shapiro, C. 2001. "Navigating the Patent Thicket: Cross Licenses, Patent Pools, and Standard Setting." In A. Jaffe, J. Lerner, and S. Stern, eds., *Innovation Policy and the Economy*, volume 1. MIT Press.

Simon, E. 1996. "Innovation and Intellectual Property Protection: The Software Industry Perspective." *Columbia Journal of World Business* 31, no. 1: 30–37.

Slater, Stanley F., and Narver, John C. 1998. "Customer-Led and Market-Oriented: Let's Not Confuse the Two." *Strategic Management Journal* 19, no. 1:1001–1006.

Slaughter, S. 1993. "Innovation and Learning during Implementation: A Comparison of User and Manufacturer Innovations." *Research Policy* 22, no. 1: 81–95.

Smith, A. 1776. *An Inquiry into the Nature and Causes of the Wealth of Nations*. Modern Library edition. Random House, 1937.

Spence, M. 1976. "Product Differentiation and Welfare." *American Economic Review* 66, no. 2, Papers and Proceedings: 407–414.

Taylor, C. T., and Z. A. Silberston. 1973. *The Economic Impact of the Patent System*. Cambridge University Press.

Taylor, M., and S. Singleton. 1993. "The Communal Resource: Transaction Costs and the Solution of Collective Action Problems." *Politics and Society* 21, no. 2: 195–215.

Tedd, L. A. 1994. "OPACs through the Ages." *Library Review* 43, no. 4: 27–37.

Teece, D. J. 1977. "Technology Transfer by Multinational Firms: The Resource Cost of Transferring Technological Know-How." *Economic Journal* 87: 242–261.

Thomke, S. H. 1998. "Managing Experimentation in the Design of New Products." *Management Science* 44, no. 6: 743–762.

Thomke, S. H. 2003. *Experimentation Matters*. Harvard Business School Press.

Thomke, S. H., and E. von Hippel. 2002. "Customers as Innovators: A New Way to Create Value." *Harvard Business Review* 80, no. 4: 74–81.

Thomke, S. H., E. von Hippel, and R. Franke. 1998. "Modes of Experimentation: An Innovation Process—and Competitive—Variable." *Research Policy* 27, no. 3: 315–332.

Tirole, J. 1988. *The Theory of Industrial Organization*. MIT Press.

Tull, D. 1967. "The Relationship of Actual and Predicted Sales and Profits in New Product Introductions." *Journal of Business* 40: 233–250.

Tyre, M., and E. von Hippel. 1997. "Locating Adaptive Learning: The Situated Nature of Adaptive Learning in Organizations." *Organization Science* 8, no. 1: 71–83.

Urban, G. L., and E. von Hippel. 1988. "Lead User Analyses for the Development of New Industrial Products." *Management Science* 34, no. 5: 569–82.

Utterback, J. M., and W. J. Abernathy. 1975. "A Dynamic Model of Process and Product Innovation." *Omega* 3, no. 6: 639–656.

van der Plas, R., and C. Kelly. 1998. *The Original Mountain Bike Book*. MBI.

Varian, H. R. 2002. "New Chips Can Keep a Tight Rein on Consumers." *New York Times,* July 4.

von Hippel, E. 1976. "The Dominant Role of Users in the Scientific Instrument Innovation Process." *Research Policy* 5, no. 3: 212–39.

von Hippel, E. 1977. "Transferring Process Equipment Innovations from User-Innovators to Equipment Manufacturing Firms." *R&D Management* 8, no. 1:13–22.

von Hippel, E. 1986. "Lead Users: A Source of Novel Product Concepts." *Management Science* 32, no. 7: 791–805.

von Hippel, E. 1988. *The Sources of Innovation*. Oxford University Press.

von Hippel, E. 1994. "Sticky Information and the Locus of Problem Solving: Implications for Innovation." *Management Science* 40, no. 4: 429–439.

von Hippel, E. 1998. "Economics of Product Development by Users: The Impact of Sticky Local Information." *Management Science* 44, no. 5: 629–644.

von Hippel, E. 2001. "Perspective: User Toolkits for Innovation." *Journal of Product Innovation Management* 18: 247–257.

von Hippel, E., and S. N. Finkelstein. 1979. "Analysis of Innovation in Automated Clinical Chemistry Analyzers." *Science and Public Policy* 6, no. 1: 24–37.

von Hippel, E., N. Franke, and R. Prügl. 2005. Screening vs. Pyramiding. Working paper, MIT Sloan School of Management.

von Hippel, E., and R. Katz. 2002. "Shifting Innovation to Users via Toolkits." *Management Science* 48, no. 7: 821–833.

von Hippel, E., S. H. Thomke, and M. Sonnack. 1999. "Creating Breakthroughs at 3M." *Harvard Business Review* 77, no. 5: 47–57.

von Hippel, E., and M. Tyre. 1995. "How 'Learning by Doing' is Done: Problem Identification in Novel Process Equipment." *Research Policy* 24, no. 1: 1–12.

von Hippel, E., and G. von Krogh. 2003. "Open Source Software and the "Private-Collective" Innovation Model: Issues for Organization Science." *Organization Science* 14, no. 2: 209–223.

von Krogh, G., and S. Spaeth. 2002. Joining, Specialization, and Innovation in Open Source Software Development. Working paper, University of St. Gallen.

von Krogh, G., S. Haefliger and S. Spaeth. 2004. The Practice of Knowledge Reuse in Open Source Software. Working paper, University of St. Gallen.

Wellman, B., J. Boase, and W. Chen. 2002. The Networked Nature of Community On and Off the Internet. Working paper, Centre for Urban and Community Studies, University of Toronto.

Wenger, E. 1998. *Communities of Practice*. Cambridge University Press.

Wayner, P. 2000. *Free for All*. Harper Business.

Weber, S. 2004. *The Success of Open Source*. Harvard University Press.

Willis, K. G., and N. A. Powe. 1998. "Contingent Valuation and Real Economic Commitments: A Private Good Experiment." *Journal of Environmental Planning and Management* 41, no. 5: 611–619.

Wind, Y. 1978. "Issues and Advances in Segmentation Research." *Journal of Marketing Research* 15, August: 317–337.

Winter, S. G., and G. Szulanski. 2001. "Replication as Strategy." *Organization Science* 12, no. 6: 730–743.

Young, G., K. G. Smith, and C. M. Grimm. 1996. "Austrian and Industrial Organization Perspectives on Firm Level Competitive Activity and Performance." *Organization Science* 7, no. 3: 243–254.

Index